자유롭고 행복한 삶을 꿈꾸는
이 세상의 모든 딸들에게

가깝고도 먼 사이, 아버지와 딸의 관계심리학

아버지의 딸 父女

"더 이상 상처받지 않겠다는 각오와 용기"
아버지로 인해 행복하거나 불행한 딸들의
심리탐구 에세이

이우경 지음

나는
아버지의
딸이었다

사실 이 책은 오래전부터 구상해왔다. 30대 중반 어느 지점, 예상치 못했던 인생의 굴곡을 겪을 때였던 것으로 기억한다. 마치 사춘기를 겪듯이 격정적인 감정의 소용돌이가 몰아친 후 마음결이 다시 잠잠해졌을 때, 그 시기를 돌이켜보면서 핵심에 다름 아닌 아버지가 있었다는 것을 깨달았다. 서른이라는 늦은 나이에 전공을 바꾸어 심리학을 공부한 일도 그렇고, 술을 전혀 마시지 않는 남편을 배우자로 선택한 일도 그렇고, 늘 일에 중독되어 살아왔던 것도 그렇고, 내 인생의 중요한 선택에는 아버지 영향이 있었다.

나는 대체로 아버지에게 긍정적인 영향을 받았다. 아버지는 다른 자식들보다도 자신을 가장 많이 닮고 어려서부터 공부 욕심이 많았던 내게 기대를 많이 하셨던 것 같다. 중·고등학교 시절 아버지는 책벌레였던 나를 동네 서점에 자주 데리고 가셨다. 그때 아버지가 사주셨던 《안네의 일기》, 《부활》, 《전쟁과 평화》 등과 같은 세계명작을 읽으면서 좀 더 넓은 세상에 나가고 싶은 꿈을 꾸었다. 아프리카, 남아메리카와 같은 미지의 세계로 나가서 뭔가를 탐색하고 탐험하고 싶은 막연한 동경과 꿈을 아버지도 지지해주셨다.

그러나 한창 미래의 꿈을 이루기 위해 준비하던 스무 살의 어느 겨울 날 아버지가 갑자기 세상에서 사라졌다. 아버지 없는 세상에서 어린 시절부터 꿈꾸어왔던 꿈은 더 이상 의미가 없어졌다. 그래서 어떤 꿈을 다시 꾸어야 할지 많은 시간을 헤매었다. 그러다가 어렵사리 미지의 세상 대신 미궁 속에 빠진 사람들의 마음을 탐색하는 사람이 되고 싶어 임상심리학을 선택하였다.

아버지를 닮아 타고난 성실함으로 늘 일에 몰두하였지만 나이가 들어갈수록 뭔가 미진한 느낌이 떠나지 않았다. 자기분석 시간을 통해 그 미진한 느낌의 근원을 알 수 있었는데, 그것은 바로 아버지의 물리적 부재를 받아들이지 못하는 데서 온 것이었다. 심리치료적인 용어로 말하자면 아버지의 부재를 충분히 애도하지 못한 데서 온 것이었다. 아버지의 딸로 살아온 20년과 아버지 없는 딸로 살아온 나머지 30여 년의 세월이 나에게 주는 의미를 되짚어보고 싶었다. 그것은 비단 나만의 문제가 아니라 아버지의 특별한 영향을 받은 모든 딸들, 모든 여성의 문제다. 그래서 나뿐만 아니라 그동안 내가 살면서 만났던 많은 딸의 이야기를 풀어내고 싶었다. 그 딸들은 나 자신이거나 나와 직접 관계를 맺었던 여성들이거나 상담실에서 만난 내담자들, 임상 장면에서 만났던 환자들 또는 내 강의에 참여했던 학생들이었다.

막상 책을 쓰기로 결정하고 나서도 한동안 글이 써지지 않았다. 머릿속은 복잡한 실타래가 헝클어져 있었고 어디서부터 어떻게 시작해야 할지 몰라 막막하기도 했고, 때로는 너무 많은 생각과 감정이 올라와 한 줄도 쓰지 못한 때도 있었다. 그러면서도 아버지의 딸에 대한 이야기를 쓰지 않으면 안 될 것 같은 마음속의 압력은 계속되었고 이를 밀어내는 힘으로 결국 글로 풀어낼 수 있었다.

이 글은 아버지와 딸의 관계의 문제에 대한 해답을 알려주는 치유서가 아니다. 단지 그동안 잘 몰랐던 아버지와 딸의 관계에 조명을 비추어 여성 그리고 딸의 삶에서 아버지 혹은 아버지라는 한 남자의 영향력을 알아채기 위한 것이다.

우리 모두는 아버지의 딸이다. 어떤 딸에게는 아버지가 삶에서 매우 중요한 존재였을 수도 있고, 존재감이 전혀 없는 사람이었을 수도 있다. 어떤 딸에게 아버지는 머리에만 존재하는 사람이기 때문에 항상 마음으로 아버지를 그리워하고, 다른 남자들과의 관계 속에서 아버지를 대신할 수 있는 사람을 찾아 헤매었을 수도 있다. 나이가 몇 살이든 딸의 삶에서 아버지 영향력을 이해하는 것은 매우 중요하다.

임상심리학자로서 일해 오면서 관계 손상을 겪는 사람을 많이 만나왔다. 그리고 그 관계 손상의 핵심에는 대부분 어머니, 아버지가 있다. 모성 신화가 워낙 강한 탓에 어머니와 딸, 어머니와 아들에 대한 이야기는 도처에 넘쳐난다. 반면 아버지와 딸에 대한 이야기는 상대적으로 드물고 그동안 사람들의 관심 밖에 있다가 근래 '아버지의 역할'에 대한 중요성이 재조명되면서 이에 대한 콘텐츠도 늘고 있는 추세다. 그래서 이 책에서는 딸들의 무의식에 여러 형태로 자리 잡은 아버지의 영향력을 관계심리학으로 풀어내고 싶었다.

아버지의 딸들이 한쪽만을 추구하면 인생 후반기에 여러 심리적 어려움을 겪기 때문에 이를 바로 진단하고 자신의 내면을 비추어보는 것이 필요하다. 나아가 우리 모두 아버지의 딸이긴 하지만 궁극적으로는 아버지의 딸로서가 아닌 온전한 '나'로서 살아가도록 도와주는 것이 이 책의 목표다. 지금 성인이 되어 사회 개체로 살아가는 자신의 모습을 살펴보라. 그 모습에서 아버지의 모습을 발견하게 될 것이다. 그래서 행복하거나, 불행하겠지만….

아버지와 딸의 관계를 쓰는 것은 남자, 여자의 러브스토리와 비슷하다.

시작과 중간과 끝이 있는 이 러브스토리의 엔딩이 행복하든 불행하든 모든 딸들은 아버지와의 네버엔딩 스토리를 갖는다. 내담자나 학생들에게 아버지에 대한 이야기를 물어보면 대부분은 아버지에게 받은 영향을 애써 무시하거나 부인하면서 살아왔다고 전한다. 또 아버지와의 관계를 생각하고 나서부터는 아버지가 이렇게 자신의 삶에 많은 영향을 끼친 줄 몰랐다며 놀라워한다.

이 책에 나오는 딸들의 이야기를 읽으면서 아버지에 대해 행복한 기억을 떠올리는 딸도 있을 것이고, 아버지에게서 비롯된 깊은 상흔을 되새기며 몸부림치는 딸도 있을 것이다. 아버지로부터 입은 깊은 상처를 잘 극복하는 딸도 있지만 평생에 걸쳐 치유의 손길이 필요한 딸도 있을 것이다. 또한 아버지에 대한 기억을 더듬으며 잠시 행복한 기분에 젖어보는 딸도 있을 것이고, 한편으로는 그동안 해결되지 않은 감정의 중심에 다름 아닌 아버지가 있다는 사실을 발견하고 그 실마리를 푸는 계기를 만나는 딸도 있을 것이다.

어린 시절부터 아버지와 함께 경험했던 어떤 일이 성인이 되고 난 후 자신의 인생에서 많은 선택을 하게 만든 계기가 되었거나 세상과 삶을 바라보는 방식조차 가족, 특히 아버지와의 관계 경험에서 나왔다는 것을 알게 되면 좋든 싫든 아버지가 삶에 미친 영향을 부인할 수 없을 것이다. 아버지와 딸의 관계를 더 깊이 알게 될수록 자신을 더 깊게 이해하고 사랑할 수 있다. 물론 남자 독자들은 딸, 아내, 직장동료 등 자신과 관계 맺고 있는 여성들을 더 잘 이해할 수 있게 되고 그들과 함께 살아가는 자신에 대해서도 더 많이 배우게 될 것이다.

이 책이 어떤 딸에게는 아버지에 대해 한없는 감사의 마음을 불러일으키면서 그리움의 이름으로 아버지를 나지막이 불러볼 수 있는 시간을 만들어 줄 수 있을 것이다. 아버지에게 받은 상처를 여전히 기억하고 있는 딸이라면 아버지의 부정적인 영향력에서 벗어나서 좀 더 자기다워지는 방법을 스스로 모색할 수 있는 계기가 되었으면 한다. 현재 딸을 키우고 있는 아버지라면 어떻게 해야 딸의 인생에 중요한 한 남자가 될 수 있을지 마음속의 깊은 울림과 함께 생각할 거리가 떠오른다면 더할 나위 없이 좋을 것 같다.

이우경

CONTENTS

첫 번째

.

우리
　　모두는
　아버지의
　딸이다

아버지하면 떠오르는 이미지나 단어, 감정, 생각, 색깔, 노래, 물건 등을
물어보면 많은 딸들은 기억 속에서 아버지와 관련된 낡은 이미지, 단어,
노래 등을 주섬주섬 꺼내놓는다. 그와 함께 그리움, 고마움, 즐거움,
원망, 분노, 슬픔 등의 오랜 감정도 함께 실려 온다. 그리움과 고마움으로
아버지를 기억하는 딸은 아버지에 대한 행복한 기억을 많이 갖고 있는
딸들이다. 반면, 분노나 원망감, 깊은 아픔으로 아버지를 기억하는 딸은
아버지에 대해 아직 해결되지 않은 일이 남아 있고 마음 깊숙이
복합적인 감정이 겹겹이 쌓여 있다. 게슈탈트Gestalt 심리학 용어로
표현하면 아버지와 딸 사이에 미해결 과제unfinished business가
남아 있는 탓이다.
분석심리학자들은 아버지에게 각별한 영향을 받은 딸을 특별히
'아버지의 딸father's daughter'이라고 표현하고 있다. 이런 딸들은 형제자매
중에서 어린 시절 아버지의 사랑을 제일 많이 받은 딸이기도 했고,
아버지와 닮지 않으려고 했지만 무의식적으로 아버지를 닮아가는
딸이기도 하다.

아버지와의 관계를 살펴보는 워크숍이나 강의를 하면 아버지를
오랫동안 부인해오다가 자신이 영락없는 '아버지의 딸'임을 알고
놀라는 딸들이 많다. 이런 여성은 사회적으로도 유능하고 별 문제없이
잘 지내고 있으며, 마음속에는 어떠한 일도 할 수 있다는 자신감을
가지고 있는 경우가 많다. 그렇게 사회적인 의무와 책임을 다하고
열심히 살아온 딸들의 내면에는 무의식적으로는 아버지와 닮으려고
하거나 무능하고 약한 아버지를 보완하려고 애쓰거나 아버지 존재를
부인하면서 살아온 딸이 많다. 그러나 이들 모두 아버지의 특별한
딸이다. 물론 딸의 인생에서 엄마의 역할도 중요하다.
엄마의 역할에 대해서는 지금까지 많이 이야기되었기 때문에
아버지의 영향에 대해 탐색하고 싶었다.
그래서 이 책은 아버지의 특별한 영향에 초점을 두고자 한다.
아버지의 특별한 딸로 살아간다는 것이 어떤 의미가 있는지 살펴보는
것은 딸에게도 아버지에게도 가장 근원적인 관계가 미치는 영향력을
알아차리고 궁극적으로는 서로를 긍정하는 계기가 될 수 있다.

아버지의
새드 무비

"빨간 불이 켜지고 뉴스가 끝날 때 나는 깜짝 놀라 미칠 것만
같았죠… 오-오-오 쌔-애-애드 무비…."

아버지하면 떠오르는 노래가 바로 이 '새드 무비'다. 강원
도 산골 마을의 초등학교 선생님이셨던 아버지는 잘생기고 키
도 크고 코가 높아 서양인 같은 외모를 가지고 계셨다. 그래서
인지 〈주말의 명화〉나 〈토요 명화〉를 즐겨보면서 비비안 리
나 오드리 헵번과 같은 여배우들을 흠모하셨던 것 같다. 술이
얼큰하게 취하는 날이면 영락없이 이 새드 무비를 부르셨다.
미국의 팝 가수 슈 톰슨^{Sue Thompson}이 부른 이 노래는 내가 초등
학교 2~3학년 시절 즈음에 크게 유행하였다. 그때는 TV가 있

는 집도 드문 시절이라서 오직 라디오와 어쩌다 볼 수 있는 축음기를 통해서만 들을 수 있었는데 뜻도 모르면서 아버지가 좋아하는 노래라 같이 흥얼거렸던 기억이 난다. 아마도 처음으로 따라 불러 보았던 팝송이 아닌가 싶다. 지금도 가끔 운전을 하다가 라디오에서 새드 무비가 들려오면 그 옛날 술에 얼큰하게 취해 이 노래를 부르던 아버지 모습이 영화의 한 장면처럼 클로즈업된다.

나중에 알게 된 이 노래 가사는 영화를 보러가자고 애인에게 전화를 하였더니 애인이 다른 일이 있다고 해서 혼자 극장을 갔는데, 그 애인이 자기 친구와 함께 극장 안으로 들어와 앉는 것을 보고 남몰래 눈물을 펑펑 쏟았다는 이야기다. 그래서 노래 제목이 '새드 무비', 즉 '슬픈 영화'가 되었다고 한다.

불행과 좌절에서 빠져나오는 법을 모른다

어려서는 아버지가 부르는 새드 무비를 뜻도 모르면서 따라했는데 나이가 들어가면서 궁금해지기 시작했다. 아버지는 왜 이런 노래를 좋아했던 것일까? 왜 아버지는 이런 슬픈 내용의 가사를 지닌 노래를 주구장창 불러댔던 것일까? 어린 내 눈에 이 노래를 부를 때 아버지 표정은 때로는 슬퍼 보이기도 했고 때로는 처연해 보이기도 했고 때론 코믹해 보이기도 했다. 말이 씨앗이 된다고 했던가! 돌이켜보면 아버지의 삶 역시 흑백영화의 새드 무비처럼 그렇게 쌉싸름한 여운을 남기셨다. 7살에 일찍 친어머니를 잃고 동화에서나 나올 법한 못된 계모 밑에서 온갖 핍박을 받은 탓인지 아버지는 술만 마시면 세상을 그렇게 급하게 떠난 할머니를 그리워하며 때론 눈물을 흘리며 이 새드 무비를 부르셨던 것이다. 갑자기 생을 마감하실 것을 예감이라도 하신 듯 내가 대학교 1학년이던 어느 겨울 저녁 전화로 "굳세게 살아야 한다"고 당부하셨다. 그때는 물론 그 말이 아버지가 세상에서 내게 남긴 마지막 말이 될 줄은 몰랐다. 평균수명보다 한참 밑도는 쉰이라는 나이에 아버지는 그렇게 갑자기 세상을 떠났고 남겨진 내게 생의 의미를 다시 찾아 굳세게 살아야 하는 일생의 과제를 남기셨다.

대학교를 졸업하고 한참 뒤 뒤늦게 심리학을 다시 공부하게 되면서 아버지가 불렀던 새드 무비는 내 마음속에 때론 아련하면서도 때론 애틋한 기억으로 되돌아왔다. 아마 내 마음 깊은 곳에 아버지의 새드 무비는 늘 되살아날 준비를 하고 있었던 것 같다. 그러면서 아버지의 새드 무비가 아버지에게 주었던 심리학적 의미가 무엇이었는지 어렴풋이 깨닫게 되었다. 생애 가장 초기에 부모와의 관계는 그 사람의 일생을 좌우할 정도로 깊은 각인을 남긴다. 초등학교도 가기 전에 어머니라는 안전기지를 잃고 새엄마가 들어오면서 아버지는 부잣집 맏아들에서 천덕꾸러기로 전락한 슬픈 자신의 삶을 술과 새드 무비라는 노래를 통해 반복강박repetition compulsion하고 계셨던 것이다.

정신분석학자인 프로이트Sigmund Freud는 반복강박에 대해 "인간은 쾌를 추구하면서도 동시에 고통스러운 과거를 반복하는 경향"이 있다고 표현하였다. 심리학자 데니스 홀리Dennis Wholey 역시 반복강박을 '안전지대comfort zone'라고 표현하고 있다. 어려서부터 부모에게 정서적·신체적으로 학대를 받은 아이라면 부드럽고 따뜻한 집안 분위기를 느껴본 적이 없기 때문에 늘 불안하고 폭력으로 가득한 가정이 오히려 당연하게 여겨진다. 물론 이런 가족 분위기에서 행복할 리는 없고 무척 고통스럽고 불안정한 상황을 겪는다. 그러나 이들은 불행히도 정신적 고통과 좌절 상황에서 어떻게 빠져나와야 하는지 잘 모른다. 지금보다 좋은 상황을 한 번도 경험해본 적이 없기 때문이다. 그렇기 때문에 학대와 폭력이 이루어지는 가정이라도 이런 아이들에게는 나름대로의 안전지대로 굳어진다. 아무리 폭력적이고 고통스러운 상황이라도 반복되다 보면 익숙해지기 때문이다. 이들에게 따뜻하고 애정이 넘치는 분위기는 되레 부담이 된다. 행복한 상태가 언제 사라져 버릴지 몰라 불안한 까닭이다. 따라서 자기도 모르게 자꾸만 폭력이 일어나는 상황, 예전과 익숙한 상황으로 자신을 몰고 간다. 집밖에서 나쁜 사람들과 계속 어울리는 비행청소년, 알코올중독자나 약물중독자 등도 이와 비슷한 심리로 반복강박을 되풀이하는 것이다.

반복강박은 어른이 되어서도 계속 나타난다. 어떤 사람들은 어렸을 때 실수를 반복하면서 과거 불행한 경험을 되풀이하는 경향이 있다. 같은 이야기지만 등장인물만 계속 바뀌는 영화나 연극처럼 그렇게 어렸을 때의 고통을 반복하는 것이다. 어렸을 때 알코올중독인 아버지를 그토록 미워했으면서도, 정작 커서 아버지과에 속하는 술독에 빠진 남성에게 끌리는 이유도 이런 기제가 작용하기 때문이다. 폭력을 두려워했던 남자아이가 나중에 커서 연인과 배우자에게 아버지처럼 폭력을 되풀이하는 것도 일종의 반복강박인 셈이다.

아버지는 어린 시절의 슬프고 괴로웠던 경험을 심리적으로 극복하지 못하시고 그저 새드 무비라는 노래를 통해 반복강박을 무한 반복하고 계셨던 것이다. 아버지의 반복강박을 극복해야 하는 것은 고스란히 나의 과업으로 남았다. 그동안 임상심리학자로서 마음이 아픈 사람들을 분석하고 평가하고 상담하는 일을 하면서 반복강박에 허우적거리는 사람을 많이 보아왔다. 내 아버지가 그랬듯이 의식적으로는 과거를 극복하고 싶지만 현실은 늘 늪에 빠진 것처럼 옴짝달싹 못하는 사람들을 보면서 그들의 모습에서 아버지의 모습을 보기도 한다. 지금 생각해보면 얼큰하게 취해 코믹하면서도 애잔하게 새드 무비를 부르는 아버지에 대해 느꼈던 나의 감정은 깊은 연민이었다. 물론 그때는 너무 어려서 그것이 인간의 보편적인 정서인 연민과 맞닿아 있는지조차 몰랐다.

돌이켜보면 아버지의 새드 무비는 늦은 나이에 심리학이라는 학문을 공부하고 마음이 아픈 사람들의 이야기를 들어주는 일을 하게 된 가장 근원적인 모티브가 아닐까 하는 생각이 든다. 똑같은 환경에서 자라난 형제자매들일지라도 아버지, 어머니에 대한 지각이 저마다 다르다. 부모에 대해 공통으로 공유하는 기억과 경험이 있겠지만 다들 자기가 경험하고 지각한 대로 아버지, 어머니를 이해하고 믿게 된다. 그래서 지각은 곧 믿음이 된다. 같은 형제자매 간이라도 부모에 대해 기억하고 지각하는 것이 판이하게 다른 것도 이 때문이다. 어쩌면 다른 형제자매들보다 아버지의 새드 무비는 유난히 어린 나의 마음을 사로잡고 인간 심연의 고통에 대한 큰 의문을 품게 만들었던 것 같다. 그리고 그것은 훗날 마음이 아픈 사람들에 대한 연민과 공감적 이해를 품는 씨앗이 되었던 것이다. 이제 내 아버지가 세상을 떠났을 때 나이인 오십이 다가온다. 어쩌면 이 책은 아버지에 대한 나의 반복강박을 극복하고자 하는 시도이기도 하다.

　세상의 절반은 여성들, 딸들이고 그 딸들의 부모의 반은 아버지이니 이 책은 세상의 모든 딸과 모든 아버지에 대한 이야기다. 아버지에 대한 이야기를 풀어내고 아버지의 영향을 가장 많이 받은 딸들의 서사 속에서 엄마와 딸 관계 못지않은 또 다른 원초적인 인간관계의 축인 아버지와 딸의 관계를 재조명하고 싶었다. 아버지와 딸의 관계를 파는 것은 어쩌면 발아래 아무것도 보이지 않는 깊은 땅 속을 깊이 내려가는 것과 비슷한 일일 것이다. 땅 속 깊은 곳에 무엇이 똬리를 틀고 있을지는 아무도 모른다. 그러나 세상의 딸들과 아버지들의 특별한 관계에 불을 밝히는 것은 개인적으로도 그렇고, 많은 딸과 아버지들에게도 의미가 있을 것이다. 어떤 면에서 이 글은 내 자신, 나아가서 세상의 모든 딸들이 부르는 사부곡일 수 있겠다. 아버지를 생각하면 어떤 딸은 아련한 그리움이 밀려들 것이고 또 어떤 딸은 원망과 미움이, 또 어떤 딸은 감사와 존경심이 물보라처럼 피어오를 것이다. 특히 어린 시절 아버지와의 관계를 흑백영화인 새드 무비의 한 장면처럼 회색으로 기억하고 있는 딸이라면 아버지와의 각별한 관계에 대해 자기가 살아온 만큼의 다채로운 색깔의 옷을 입히고 싶어질 것이다.

아버지의
자리

    아무리 생각해도 아버지와의 관계가 잘 떠오르지 않고 기억이 가물가물하거나 무조건 피하고 싶은 무서운 아버지로 기억된다면 다음 질문에 답해보라.

· '아버지' 하면 떠오르는 단어, 글귀, 이미지, 노래, 모습은 어떤 것인가?
· 어려서부터 지금까지 아버지와 어떤 관계를 맺고 있는가?
· 어렸을 때 아버지는 어떤 모습으로 함께 해주었나? 혹은 어떤 모습으로 곁에 있어주지 못했나?
· 아버지가 삶에 어떤 영향을 주었는가? 특히 직업, 대인관계, 배우자 선택 등에서의 영향을 생각해보라.

· 아버지와의 관계가 뭔가 어색하고 친하게 느껴지지 않는다면 어떻게 극복하려
  고 애써왔는가?
· 아버지와의 관계에서 일어났던 일에서 가장 감사하고 싶은 것과 가장 싫었던 것
  은 무엇인가?
· 아버지와 기억할 만한 특별한 관계가 없었다면 그 빈 공간을 채우려고 어떻게
  노력하였나?
· 인생의 현 시점에서 아버지에게 하고 싶은 말 혹은 표현하고 싶은 감정이 있다
  면 무엇인가?

　어른이 된 딸들은 엄마에 대해서는 이야기할 기회가 많아도 아버지에
대해서는 좀처럼 이야기할 기회가 많지 않다. 일상 대화 속에 엄마 이야
기는 자연스럽게 녹아 있는 반면 아버지는 그만큼 멀리 있다. 흔히 대화에
서 아버지를 많이 언급하는 여성은 대체로 아버지와 밀착되어 있는 딸이
다. 엄마 이야기는 쏙 빼고 아버지 이야기만 하는 여성도 있다. 이런 딸들
의 속내를 들여다보면 엄마보다는 아버지와 심리적으로 거리가 가까운 것
을 알 수 있다. 마마보이와 대비되는 파파걸은 아버지에게 더없이 좋은 양
육을 받은 경우가 많다. 한 지인은 말끝마다 '우리 아빠'를 입에 달고 산다.
그녀의 엄마도 "나도 너처럼 자상한 아빠를 두었으면 내 인생이 달라졌을
것"이라며 딸의 말이라면 아직도 껌벅 죽는 남편에 대해 신기함과 부러움
을 표현한다고 한다. 이처럼 아버지로부터 좋은 양육 경험을 가진 행복한
일부 딸을 제외하고는 많은 여성이 아버지 이야기를 잘 하지 않는다. 지금
의 30대, 40대, 50대 여성들은 대개 그렇다. 이 세상 많은 딸의 마음속에
아버지가 있어야 할 마음의 자리, 즉 아버지의 자리가 비어 있는 것이다.

아버지는 어떤 분이었냐고 질문하면 "좋은 분이었어요. 법 없이도 살 분이었죠"라는 대답이 다수이지만 "아버지에 대해선 생각하고 싶지도 않고, 말하고 싶지도 않아요"라는 대답도 심심찮게 들을 수 있다. 이들에게는 오랫동안 아버지의 자리가 없었다. 태어나기 전부터 이미 아버지가 없는 딸도 있고, 유년기는 행복한 기억을 남겼지만 어떤 연유로 아버지가 갑자기 집을 떠나 그 후로 아버지를 만나지 못한 딸도 있고, 아버지와 쭉 같이 살았지만 정서적으로는 없는 것만 못한 아버지를 둔 딸도 있고, 지금껏 살아오면서 아버지에게 정서적·물질적 지지를 받지 못해 혼자 세상을 꿋꿋하게 혹은 투쟁하듯이 살아온 딸도 있다. 아버지와 무관하게 살아온 딸들은 의식적으로는 아버지를 기억하고 싶어 하지 않고 앞으로도 쭉 아버지와 상관없이 삶을 살아가고 싶어 한다. 그러나 무의식적으로는 아버지의 자리, 특히 아버지의 빈자리를 그리워하기도 하고 아버지 자리를 대신해줄 대상이나 사람을 끊임없이 찾기도 한다.

살아 있든 돌아가셨든 아버지가 자기 삶에 미친 영향을 인식하게 되면 세상을 향한 분노도, 자기 삶에 대한 연민도, 밖에서 아버지 대체물을 찾던 자신의 습관도 알아차리게 되고 비로소 아버지 자리를 받아들이고 인정하게 된다. 이 과정은 결코 쉽지 않다. 그러나 아버지 영향을 알게 모르게 많이 받았으면서도 인정하지 않았던, 부인하고 싶었던 그 마음의 한 공간, 구멍을 메울 시간을 가질 필요가 있다. 특별히 어떤 딸은 더욱 그렇다.

많은 아버지의 딸이 삶에서 어떤 문제가 생기기 전까지는 아버지의 영향을 의식하지 못한 채 살아간다. 그러다가 나이가 들어가면서 이유 없이 우울하고 처진 기분이 지속되는 것을 느끼게 된다. 처음에는 이런 감정을 털어내기 위해 일에 몰두하기도 하고, 이것저것 일도 만들어 분주하게 살아보지만 좀처럼 기분이 나아지지 않는다. 아버지의 빈자리를 일이나 사람들로 채우려고 하다 보니 에너지가 소진되다 못해 완전히 방전된 것이다. 그러다가 그런 기분의 한가운데에 다름 아닌 아버지가 있다는 것을 어렴풋이 깨닫기도 한다.

아버지 효과

심리검사 중에 문장완성검사라는 것이 있다. 제시어가 주어지고 문장을 완성하는 것인데, 그중에 아버지와 관련된 문장은 다음과 같은 것들이다.

· 아버지와 나는 _____이다.
· 우리 아버지는 _____이다.

이 문장에 대해 초등학생, 중학생, 고등학생, 10대, 20대의 여성의 반응이 매우 다르다. 그동안 수천 명의 임상 환자와 내담자 혹은 학생에게 이 문장을 완성하게 하면서 아버지에 대해 딸이 가지고 있는 태도, 주관적인 지각을 알 수 있었다. 대체로 아버지가 일찍 사망하거나 이혼해서 딸의 인생에서 일찍 사라진 경우에는 아버지에 대한 그리움과 긍정적인 감정을 표현하는 경향이 있다. 자녀들은 같이 사는 부모보다 같이 살지 않는 한쪽 부모를 이상화시키는 경향이 있기 때문이다. 흥미로운 사실은 아버지와 사이가 좋지 않은 딸이나 아버지에게 부정적인 영향을 받은 딸은 이 문장 자체를 거부하면서 빈칸을 메우는 것을 꺼려한다는 점이다.

20대 딸들의 경우 상당수가 '우리 아버지는 외로워 보인다'라고 적어놓는다. 그런 문장을 보면 20대 딸의 아버지인 40대, 50대 아버지들의 자화상을 보는 것 같다. 20대 딸들의 눈에는 아버지의 어깨가 처져 보이고 외롭고 고단해 보이는 것이다. 이런 딸들에게 아버지는 어떤 분이었는지 질문하면 눈시울이 빨갛게 변한다. 아버지의 고단한 삶에 대해 성인 초입에 들어선 딸들은 연민과 애잔함을 느낀다.

심리학에서는 오랫동안 '애착attachment' 이론으로 부모−자녀관계를 설명해왔다. 부모와 어린 시절 안정적인 애착을 맺었던 아이들은 커서도 대인관계에 별 어려움을 못 느끼지만 애착 문제가 있었던 사람은 동성친구든 이성친구든 친밀한 관계를 맺기 어려워한다. 대개 애착 이론은 엄마와의 관계에 초점을 두고 있다.

엄마와의 애착은 그간 많이 강조되어 왔지만 아버지와의 애착은 그다지 중요하게 여기지 않다가 최근 들어 아버지와의 애착을 강조하는 분위기로 바뀌고 있다. '아버지 효과father effects'라는 용어를 만들어낸 심리학자 로스 파크Ross Parke는 아버지가 가지고 있는 삶에 대한 가치관, 태도, 습관 등이 아이에게 각인되어 아이의 삶과 장래에 큰 영향을 끼친다고 주장한다. 아버지 양육을 연구하는 학자들은 어릴 때부터 아버지가 자녀양육이나 교육에 적극적으로 관여해온 가정일수록 아이의 학업성취도가 높고 인생을 성공적으로 살 확률이 높다고 한다. 아버지의 긍정적인 영향을 받은 아이들은 스트레스와 실패를 견디는 힘이 더 크고 자신과 상황을 통제하는 능력이 뛰어나고 문제해결력이 훨씬 우수하다고 한다.

　'상냥하고 다정한 아버지는 아이들을 불행하게 만들고 게으르게 한다'라는 프랑스 속담도 있듯이 예전의 아버지들은 딸이든 아들이든 무조건 엄하게 키우려고 하다 보니 딸들의 기억 속에 다정다감한 아버지보다는 존재감이 없거나 아니면 '가까이하기에는 너무 먼 당신'으로 자리 잡고 있는 경우가 많다. 그러나 요즘은 프레디friendly와 daddy의 합성어, 즉 '친구 같은 아빠'라는 말이 나올 정도로 자녀와 거리가 가까워지고 있고 심지어 엄마보다 더 따뜻하고 친근하게 자녀를 대하는 아버지가 늘고 있다. 아들아이에게는 엄하게 대하면서도 딸은 공주 대하듯 애지중지하는 아버지가 많고 심지어 딸과 연인처럼 애틋한 부녀관계도 많다. 아버지에게 이렇게 정서적 돌봄과 애정을 받고 자란 요즘의 어린 딸들은 성인이 되었을 때 지금의 30대, 40대 딸들이 지각하는 아버지와는 아주 다르게 아버지를 인식할 것이다.

　딸의 마음속에 건강한 아버지 표상representation이 자리 잡고 있다면 그 딸은 세상의 어떤 풍파도 견디어낼 수 있는 정서적 힘을 자생적으로 갖게 된다. 만일 밖의 아버지outer father와 건강한 애착관계를 형성하지 못해서 자아상이 굳건하지 못하다면 '내면 아버지inner father' 표상을 회복해야 하는 힘겨운 과제를 갖고 살아가야 한다. 끝나지 않은 이 과제는 완결될 것을 끊임없이 요구하며 영혼의 저 깊은 곳에서 때를 기다린다. 그 시기는 딸들이 가지고 있는 문제의 다양성만큼 모두 다르다.

아버지-딸-어머니의
삼각 구도

　강의실이나 상담실에서 많은 여성을 만나다 보면 여러 유형의 딸을 만나게 된다. 그중에는 어려서부터 아버지의 사랑과 지지를 듬뿍 받아 사랑스러운 여성으로 성장하는 딸도 있지만, 아버지를 미워하면서 그 에너지로 세상과 불화하며 자기 에너지를 갉아먹으며 살아가는 딸도 있다.

　한 아이가 태어나서 성장하는 데에는 아버지, 어머니 역할이 골고루 중요하다는 사실은 아무리 강조해도 지나치지 않다. 하지만 어떤 딸은 유독 어머니와, 또 어떤 딸은 아버지와 감정적으로 오랫동안 묶여 있다. 발달 과정에서 딸이 자신과 성이 같은 어머니, 여성을 동일시하게 되면 성인이 되어서도 여성으로서 편하게 느낀다. 그러나 어떤 연유로 어머니 대신

아버지와 자신을 동일시한 딸들은 다른 발달 과정을 거친다. 발달심리학적으로 볼 때 아버지는 아이가 어머니와의 공생관계에서 벗어나 세상을 향해 문을 열게 해주는 역할을 한다. 발달 과정을 시작하게 하고 자극제를 주고 부모-자녀관계에 변화를 촉진하는 것이다.

어머니보다 아버지와 동일시하는 딸

아버지와 어머니의 성격 조합은 딸에게 중요한 영향을 미친다. 만일 폭군 같은 아버지에, 수동적이고 약한 어머니로 가정이 구성되었다고 하자. 이런 아버지는 여러 딸 중에서 자기 마음에 드는 딸을 제외하고 부인과 다른 아이들, 딸들을 공격적으로 지배한다. 아버지의 공격성과 분노로부터 안전한 딸은 아버지의 영향을 받아 어머니에게 문제가 있다고 생각할 수 있다. 이 과정에서 어머니의 나약함과 수동성에 분노를 느끼면 모든 여성에게 비판적이 되기도 한다. 아버지의 인정과 사랑을 받는 딸은 나약하고 능력 없는 어머니 대신에 아버지와 동일시하기 때문이다. 어머니와 동일시하는 것은 무력함을 의미하기 때문이다.

어떤 아버지의 딸은 폭군 같은 아버지의 성향을 내면화해서 아버지와 마찬가지로 어머니에게 퍼붓기도 한다. 이 때문에 폭력적인 남편에게 대항할 수 없는 엄마는 우울하거나 알코올중독자가 되기도 한다. 딸은 이런 어머니를 더 싫어하게 되고 '엄마처럼 살지 않겠다'는 생각을 갖고 엄마를 비롯해서 여성적인 것을 싫어하는 사람으로 성장한다. 한편으로 아버지가 일에 몰두하거나 무관심하거나 죽음, 이혼, 알코올중독 등으로 부인을 버린다면 엄마도 무의식적으로 아이를 버린다. 심층심리학적으로 어머니·원형은 보살피고 사랑해주는 것이지만 이를 구현하지 못하고 욕구불만에 가득차고 집어삼키는 어머니devouring mother가 되어 자식을 통제하기도 한다. 이런 어머니를 둔 딸은 어머니에게 정서적인 보살핌을 받지 못해 돌봄이나 보호와 같은 여성적 관심사를 발달시키지 못한다.

발달적으로 볼 때 갓 태어난 딸은 엄마와 공생적인 이자관계dyadic relation-ship에 놓인다. 그러다가 아버지, 엄마, 딸이라는 삼각관계에 놓이는 것이다. 정신분석에서 '엘렉트라 콤플렉스Electra complex'라는 개념은 남자아이가 가지는 오이디푸스 콤플렉스가 여자아이에게 적용되는 경우를 말한다. 여자아이가 아버지를 향해 가지는 근친상간적인 욕망을 분석심리학자인 칼 융Carl Jung은 그리스비극의 일종인 '엘렉트라' 여왕에 빗대어 '엘렉트라 콤플렉스'라고 불렀다. '엘렉트라'는 자기 아버지를 죽인 친어머니에게 복수한다. 여자아이는 아버지에 대해 강한 소유욕과 애정을 품고, 어머니를 경쟁 대상으로 삼는다. 그러나 아버지를 적대시하던 아들이 아버지와 동일시하면서 오이디푸스 갈등을 해결하듯이 대부분의 여자아이는 어머니와 동일시하면서 엘렉트라 콤플렉스를 해결하게 된다.

정상적인 가정에서라면 이 삼각관계에서 딸은 엘렉트라 콤플렉스를 극복한다. 그러나 엄마가 옆에 있지만 정서적으로 없는 것과 마찬가지인 경우도 있고 엄마 자체가 감정적으로 힘든 상태에 있어서 딸의 감정을 담아주지 못하는 경우도 발생한다. 이런 엄마를 둔 아버지의 딸들은 최초의 애정 대상이자 관심의 중심이었던 아버지에 대해 각각 다른 유형의 행동으로 반응한다. 어떤 딸은 아버지의 착한 딸이 되기 위해 너무 순하게 굴기도 하고 어떤 딸은 아버지의 사랑을 얻기 위해 터득하였던 기술을 다른 사람, 특히 남자를 조종하는 데 사용하기도 한다. 또 어떤 딸은 내면의 외로움과 정서적 허기를 잊기 위해 일에 중독되어 지내기도 하고, 어떤 딸은 자기 욕구보다는 다른 사람의 욕구와 갈등을 감당하려고 애쓰는 사람이 되기도 한다. 엄마가 충분히 좋은 양육을 하는 경우에는 딸은 아버지에게 집중하는 대신 엄마, 여성으로서의 정체감을 서서히 갖추어 가지만 그렇지 못할 경우 딸은 여성인 자신의 정체감에 대해 오랫동안 혼돈 상태에 빠지기도 한다.

거짓된 독립성

딸들은 대개 유년기 아버지에게 받은 사랑의 기억과 흔적을 마음에 지니고 있다. 아버지의 무조건적인 사랑이 필요했던 시절, 이때는 머리가 아닌 몸에 새겨진 기억이 많다. 어떤 딸은 성인이 되어서도 아버지에게서 받았던 혹은 받지 못했던 무조건적인 사랑을 원하고 기대한다. 그러나 이는 비현실적인 기대다. 이런 여성은 자신도 스스로를 무조건적으로 사랑하지 않으면서 상대가 자신을 그런 식으로 사랑해주지 않으면 격렬하게 분노하고 슬픔에 젖어 눈물을 흘린다. 또 어떤 딸은 다른 사람, 남성에 대한 의존성을 부인하고 거짓된 독립성pseudo independence을 표방하기도 한다. 자신이 독립적인 사람이라고 자랑스레 떠들어대는 어떤 딸들은 어느 날 채워지지 않은 의존적인 욕구가 내면에 자리 잡고 있다는 것을 발견하고는 당혹스러워하기도 한다. 그들은 일찌감치 알아서 자기 할 일을 하면 고통과 두려움을 피할 수 있다는 것을 배운 사람들이다. 이들에게 가장 중요했던 것은 삶에 대한 통제와 지배다. 하지만 삶을 통제하려는 시도는 언제나 완벽하지 않다. 삶의 어느 순간에 통제할 수 없다는 느낌과 무력감이 찾아오기 마련이다.

부모 중 한 사람 혹은 양쪽 부모 모두 억압적이고 서로 지지 않으려고 하는 사람들이라면 딸들은 기본적인 발달 욕구를 충족시키지 못하기 때문에 "알았어요, 마음대로 하세요"라는 태도를 보이거나 "싫어요. 나한테 억지로 시키지 마세요. 엄마아빠나 하세요!"라는 식으로 부모로부터 튕겨 나오기도 한다. 전자의 경우에는 부모의 강압적인 태도를 이기지 못해 수동적이고 의존적인 성향이 되어가고, 후자의 경우에는 반항적이고 독립적인 성향으로 발전한다. 양쪽 부모가 억압적이고 통제적인 경우와는 달리 취약하고 무기력한 아버지를 두고 있는데다 엄마까지 수동적이고 무력한 경우 딸은 믿을 만한 어른 모델이 없으므로 타인을 믿고 의존성을 보이기보다는 스스로 자신을 챙겨야만 하는 상황에 처한다. 그러나 타인의 도움 없이 스스로 자립해야 한다는 자기 다짐은 성숙한 사랑관계에 헌신하는 것을 어렵게 만든다. 의존성에 대해 거부적인 입장을 견지하던 여성이 다른 사람, 특히 남성에게 지나치게 헌신하고 의존적 자세로 돌변하는 일은 드물지 않다. 의존성을 거부하는 성향, 즉 반의존성은 거짓된 독립성을 의미한다. 어른이 되어 건강한 독립성을 획득하려면 어린아이였을 때 부모에게 건강하게 의존할 수 있어야 한다. 건강한 자율성은 아동기의 건강한 의존성을 담보로 하기 때문이다.

누구나 인생의 어느 시점에는 무엇인가 또는 누군가를 잃어버리고 상처를 받는다. 삶의 결을 따라가면서 만나는 사람들 중에는 우리를 통제하려 하고, 우리의 자유를 제한하고 두려움을 느끼게 하는 이들도 있다. 어머니 혹은 아버지로부터 어떤 영향을 받았든 딸들은 지금보다 더 행복해질 수 있고 더 충만감을 느낄 수 있다. 여기서 장애물은 바로 외부의 누군가가 자신을 위해 그렇게 해줄 것이라고 믿는 잘못된 신념이다. 어떤 딸들은 자신의 삶을 향상시킬 선택을 할 수 있는 능력이 자기한테 있다는 것을 간과한다. 누구나 스스로 선택할 수 있을 뿐만 아니라 이를 통해서 새로운 기회도 만들어낼 수 있다. 그러나 스스로 선택하고 새 기회를 만드는 것을 특히 힘들어하는 딸들이 있다. 아버지의 딸들이 더 만족스럽게 자기 삶을 살아가려면 자신의 기억을 신뢰하는 것을 배울 필요가 있다.

스스로 뭔가를 선택하기 어려워하고 결정장애에 빠진 아버지의 딸들은 습관적이고 익숙한 부정적인 감정과 기억을 끊임없이 되살려낸다. 이 과정에서 공허감, 흥분, 우울, 죄책감, 거부감, 불안, 분노, 낮은 자존감과 같은 복합 감정이 되풀이되기도 한다. 사람들은 대개 자신, 타인, 삶에 대한 무의식적인 신화에 의해 자주 느낄 수밖에 없는 감정 세트를 가지고 있다. 그러한 감정은 심리적 욕구를 충족시키는 것을 방해하며 사람들과 친밀한 관계를 맺는 것을 방해한다.

아버지, 어머니, 딸 이 삼각 구도에서 건전한 경계를 유지하지 못했던 딸들은 엄마에게 아버지 대신 남편 역할을 하기도 하고 아버지에게는 엄마 대신 부인 역할을 하기도 한다. 그러나 아이가 아이 욕구를 충족시키기보다는 부모, 즉 어른의 욕구를 충족시키기에 급급하다 보면 아이다운 천성, 즐거움을 제대로 만끽할 수 없고 내면은 늘 심각한 상태가 된다. 심지어 즐거운 기분이 곧 끝나버릴까 봐 즐거움을 제대로 만끽하지 못하고 두려워하기까지 한다. 감정적으로 아주 좋은 기분과 아주 나쁜 기분을 느끼지 않으려고 감정이 메마른 채로 지내는 것에 더 익숙해하기도 한다. 즐거움이란 그것에 익숙하지 않은 사람에게는 혼란스러운 것일 수 있다.

이렇듯 생애 초기 아버지, 엄마는 딸이 나중에 커서 느끼게 되는 감정, 생각, 행동에 큰 영향을 미친다. 세상의 모든 딸은 아버지 또는 엄마의 딸이지만, 심리학적으로 '아버지의 딸'은 엄마보다는 특별히 아버지의 긍정적인 또는 부정적인 영향을 많이 받는 딸이다.

아버지의 특별한 딸로
살아간다는 것

    모성을 강조한 이야기, 특히 엄마와 딸 이야기는 드라마나 소설, 실제 삶에서 넘쳐날 정도로 많다. 그러나 부성을 소재로 한 이야기나 아버지와 딸 사이의 관계는 별로 탐구되지 않았다. 요즘 들어 드라마나 영화, 소설, 나아가 예능, 다큐 프로그램 등에서 아버지를 다루기 시작했고 사회적으로도 아버지 역할에 대해 점점 관심이 많아지고 있다.

    여자아이가 아버지와 맺는 관계는 성인이 되어서 애인이나 친구, 직장상사, 동료 등과 같은 남자들과 관계를 맺는 데 영향을 미친다. 아버지는 딸의 성^{sex} 발달, 창조성, 영성, 자기를 표현하는 능력에 영향을 미친다. 아버지와 딸의 관계는 그동안 심리학에서도 탐색이 잘 되지 않은 영역이지만, 이 세상

의 딸들이 자기가 속한 사회뿐만 아니라 개인적 삶에서 갖게 되는 힘, 주체의식, 특권의식, 권위에 영향을 준다는 점에서 탐색해볼 만한 가치가 충분하다.

아버지와 딸의 관계를 심층심리학적으로 풀어내면서 탁월한 통찰을 주고 있는 머린 머독Maureen Murdock은 딸에게 큰 영향을 미치는 아버지 유형을 몇 가지로 구분하고 있다. 첫 번째는 '충분히 좋은 아버지'이다. 충분히 좋은 아버지는 정신분석학자 위니코트D. Winnicott가 말한 충분히 좋은 엄마good enough mother와 마찬가지로 딸을 충분히 사랑하고 애정 어린 양육을 해서 딸이 남자들과 더불어 잘 살아가면서도 주체성을 잃지 않고 자립적인self-sufficient 여자가 되게끔 도와준다. 딸을 감정적으로 무시하거나 죽음, 이혼 등으로 딸을 내버려두는 부재형 아버지absent father도 있고, 딸을 애지중지해서 버릇없이 키우는 아버지pampering father도 있다. 수동형 아버지passive father는 아버지 역할을 포기하고 딸이 모든 것을 스스로 하도록 방치하는 아버지다. 유혹형 아버지seductive father는 딸과 정서적으로 너무 친밀해서 계속 자신 옆에 묶어두려는 아버지이고, 지배형 아버지domineering father는 딸에게 복종을 강요해서 언제나 딸을 두렵게 만들고 불안정한 상태로 만든다. 중독형 아버지addictive father는 알코올이나 마약 같은 약물에 빠져 딸을 제대로 보살피지 못하고, 이상형 아버지idealized father는 딸을 아내나 다른 아이들보다 특별히 사랑해서 딸이 스스로 특별하고 재능을 부여받은 존재로 느끼게 만든다.

이런 아버지 유형은 딸의 인격 형성에 결정적인 영향을 미친다. 머독에 따르면 부재형 아버지의 딸들은 아버지가 자신을 버린 것이 자신 때문이라고 생각하고 오랫동안 자책하며 다른 사람의 사랑을 얻으려고 애를 쓰는 사람이 된다고 한다. 애지중지형 아버지의 딸들은 스스로 할 수 있는 게 없게 되어 아버지 대체물을 끊임없이 찾게 된다. 유혹형 아버지의 딸들은 딸과 건강한 심리적 경계를 유지하지 못하고 정도를 벗어난 아버지의 행동으로 인해 다른 관계에서도 정신적 고통을 받기도 한다. 수동형 아버지의 딸들은 누구에게도 의지할 수 없다고 느끼고 일생 동안 아버지에게 부족했던 책임감과 권위를 지나치게 보상하려 애쓴다. 지배형 아버지의 딸들은 순종하거나 반항하느라 인생을 허비하고 중독형 아버지를 둔 딸들은 주변의 사람과 상황을 끊임없이 구조화하고 통제하려고 애를 쓴다.

아버지의 딸이 살아갈 인생

우리 모두는 아버지의 딸이지만 머독과 같은 분석심리학자들은 특별히 이상화된 아버지 유형을 둔 딸을 '아버지의 딸father's daughter'이라고 불렀다. 여기서 아버지의 특별한 영향은 긍정적이기도 하고 또 부정적이기도 하다. 긍정적인 아버지 영향을 받은 딸은 세상에서 자기 목소리를 내며 자기 자리를 잡아간다. 그러나 아버지에게 부정적인 영향을 받은 딸은 아버지의 영향에서 벗어나기 위해 지나치게 애쓰기도 하고 벗어나고자 하지만 곤경에 처하기도 한다. 아버지의 특별한 딸들은 어려서 아버지와 남다른 관계를 맺고 남자를 선호하고 남자의 힘을 선호하며 여성적인 것과 여성적인 가치를 부차적인 것으로 본다. 아버지의 관심을 많이 받고 자란 아버지의 딸들은 아버지가 가장 좋아하는 딸이라는 특권을 얻기도 하지만 자기 자신만의 내면의 파워를 갖기 어렵다는 단점을 지니기도 한다.

아버지의 특별한 딸이라는 인식하에 딸은 스스로 특별하다고 느끼고 타인에게 인정받기를 기대한다. 아버지와 닮고 싶어 하고 아버지를 흠모하고 아버지의 가치를 내면화하기 때문에 아버지의 딸은 늘 뭔가 성취해야 하고 업적을 이루려고 고군분투한다. 그 결과 아버지의 딸은 세상에서 매우 야심적이고 일의 영역에서는 특별히 책임감이 강하기도 하다. 뭔가 목표를 세우고 결정하는 것에 초점을 두기 때문에 실제로 할 수 있는 것보다 더 많은 책임과 완벽성을 스스로에게 요구한다. 그러다 보니 약점이나 취약성을 스스로 용납하지 않는다. 이들은 가부장적인 아버지 영향으로 목표 지향적이고, 파워를 지향하며 높은 성취를 이룬다. 그리고 늘 아버지처럼 되기를 바라고 아버지가 좋아하는 딸이 되기를 원한다.

아버지와 딸 사이의 미묘한 결탁

이렇게 아버지를 이상화한 딸들은 자라면서 스스로 아버지와 동일시하고 아버지를 더 닮으려고 하기 때문에 은연중에 엄마를 무시하고 여성적인 가치를 폄하한다. 아버지, 딸, 엄마라는 삼각관계 속에서 엄마는 존재감이 없어서 정서적으로는 없는 것과 마찬가지이고 남편에게 닿지 않는 여성일 수 있다. 또는 우울하거나 화가 나 있거나 차갑거나 바쁘거나 신경질적이거나 무력한 여성일 수 있다. 이 삼각관계 속에서 딸은 정서적으로 닿을 수 없는 엄마보다는 아버지와 더 밀착되고 아버지와 딸의 은밀한 결탁은 떼려야 뗄 수 없는 조용한 친밀감으로 엮어진다.

이런 딸은 어려서부터 사이가 좋지 않은 엄마, 아버지 틈새에서 늘 아버지 쪽에 속해 있는 경우가 많다. 딸은 아버지에게 "너희 엄마는 살림에 소질이 없어", "밖으로 나돌기만 하면서 내가 벌어온 돈을 낭비했어" 등의 이야기를 어린 시절 내내 듣기도 한다. 이들의 부모는 법적으로 이혼한 것은 아니지만 정서적으로는 이혼한 부부나 마찬가지인 경우가 많다. 엄마가 집에는 있지만 존재감이 미약해서 있으나마나한 경우나 엄마가 집 안에 있기보다는 밖으로만 나돌면서 자식을 방치하면 딸들은 아버지와 더 친하게 지내고, 조금 더 커가면서부터는 아버지의 내면을 동일시하고 아버지가 추구하는 가치를 중요하게 생각한다. 이때 아버지로부터 엄마에 대해 부정적인 이야기를 자주 듣다 보면 마음속으로 엄마, 나아가서 여성적인 속성은 열등한 것으로 치부하게 되기도 한다.

아버지와 딸 사이에 미묘한 결탁은 딸로 하여금 은밀하게 엄마를 거부하게 만든다. 엄마를 거부한다는 것은 딸의 여성적인 본성에 큰 상처를 남긴다. 여성적인 본성에 생기는 상처는 딸이 여성으로서 자신을 수용하는 능력, 감정을 조절하는 능력, 천성적인 신체 리듬의 지혜를 수용하는 여성 특유의 능력을 습득하는 것을 가로막는다. 결과적으로 딸이 동성인 엄마를 거부하면 여성인 자신도 거부하게 된다.

특별히 엄마, 여성을 부인해왔던 아버지의 딸들은 인생의 어느 시점에 아버지를 받아들이고 엄마를 거부한 대가를 톡톡히 치르게 된다. 그 시점은 딸마다 다르다. 갈등을 해결하는 방식도 딸마다 다르다. 어떤 딸은 20대까지는 아무런 문제가 없다가 30대 무렵에 아버지가 자신의 인생에 어떤 영향을 미쳤는지 곰곰이 생각해보는 계기를 갖기도 한다. 어떤 딸은 아버지와의 관계를 살펴보기보다는 아버지에 대한 내재된 적개심과 분노를 남자친구나 남편, 엄마, 자매, 직장상사 혹은 상담자에게 투사하기도 한다. 또 어떤 딸은 마흔이 되거나 쉰이 되어도 아버지와의 관련성을 탐색하지 못하고 어렴풋이 짐작만 할 뿐이다.

아버지를 꺼내놓는 연습

'아버지의 딸'이라는 주제로 상담을 하거나 강의를 하다 보면 많은 딸들이 관계의 문제, 개인적 성취의 문제, 창조성 등의 영역에 문제가 생기는데도 아버지와의 관계를 탐색하는 것을 꺼려하고 어려워한다. 이들은 엄마가 자신의 삶에 어떤 영향을 미쳤는지는 곰곰이 살펴보려고 하면서도 아버지와 맺고 있는 끈 저 아래를 바라볼 생각은 좀처럼 하지 않는다. 엄마와는 늘 부딪치며 살지만 아버지와는 같이 보낸 시간이 많지 않은 것도 한 원인이 될 수 있으나 무엇보다 아버지에 대해서 딸은 막연한 동경과 그리움을 가지고 있는 경우가 많기 때문이다. 그도 아니면 아버지에 대한 분노나 불편한 감정을 부인하거나 아예 아버지라는 존재와 무관하게 살아가는 딸이 많은 탓이다. 그러나 심리적으로 아버지의 영향을 유독 많이 받은 아버지의 딸은 아버지가 자신의 인생에 미친 영향에 생각이 다다르면 흔히 다음과 같이 표현한다.

· 아버지는 내 영웅이었어요. 아버지 같은 남자는 이 세상에 없어요.
· 아버지는 내 반쪽이었어요. 저도 아버지처럼 살고 있어요.
· 아버지는 내 인생에 정말 큰 영향을 미쳤어요.
· 아버지는 내게 하늘 같은 존재였어요. 아버지가 없는 세상은 생각할 수 없어요.

· 아버지는 나의 멘토였어요.
· 아버지가 돌아가셨을 때 하늘이 무너지는 줄 알았어요.

　　엘렉트라 콤플렉스를 극복하고 엄마와 동일시하는 대부분의 딸과 달리 엄마를 거부하고 아버지와 동일시하고 아버지를 이상화한 아버지의 딸은 인생의 어느 시점까지 아버지 문제father issue를 의식적, 무의식적으로 피한다. 관계에 문제가 생기고, 직업상에 걸림돌이 생기고 나서야 자기 문제가 아버지와 관련성이 있다는 것을 어렴풋이 느끼게 된다. 아버지 문제를 인식하고 꺼내놓는 딸들은 저마다 달라서 한 가지로 설명할 수 없지만 삶의 많은 영역에서 아버지와 관련된 다양한 문제를 보인다.

　　문제를 다루는 방법 역시 여성마다 너무나 다양하다. 그 과정에서 어떤 딸은 정신적으로 무너지기도 하고, 어떤 딸은 아버지와의 관계를 재발견하고 삶의 방향, 여성으로서의 정체감을 다시 만들어나가는 긴 여정을 시작하기도 한다.

상처의 이름,
아버지

우리 속담에 '시간이 약이다'라는 말이 있다. 고통에 빠진 사람에게 속수무책으로 해줄 것이 없을 때 우리는 곧잘 "시간이 약이니 견뎌보라"고 쉽게 말한다. 그러나 해묵은 오랜 갈등으로 수십 년간 고통에 빠진 사람에게 시간이 약이라는 이 말은 진리가 아니다. 어떤 고통은 시간이 지나면서 새록새록 상처가 덧나기도 한다. 아버지와 갈등이 있었던 딸은 시간이 지나면서 저절로 치유가 되고 원숙해지기도 한다. 그러나 과거의 상처를 헤집으며 더욱 과거에 고착되어 옴짝달싹 못하는 딸도 있다. 아무리 나이를 먹어도 어린 시절 아버지가 한 행동 혹은 자신을 위해서 했어야 할 행동을 하지 않은 것, 이 때문에 자신의 삶이 엉망이 되었다는 것을 곱씹으며 분노하고 불행해한다. 그 기억을 계속 붙잡고 곱씹으며 내려놓지 않는다는 것은 아버지가 자신의 삶을 계속 좋지 않은 방향으로 지배하고 있다는 것을 깨닫지 못하는 것이다.

아버지에 대한 첫 기억

누구나 과거 경험에 대해 '자서전적 기억autobiographical memory'을 가지고 있다. 자서전적 기억은 직접 경험한 과거의 기억이기 때문에 기억을 꺼내는 사람의 성향, 상황 및 성격, 기억의 내용 등에 따라 그와 관련된 감정, 사고 및 감각이 함께 재현된다.

딸들은 대개 아버지를 자상한 모습이나 혹은 엄격하고 자식을 통제하는 모습으로 기억한다. 사실 아버지에 대한 기억에는 감정이 포함되어 있다. 특히 감정이 실려 있는 기억은 사실적인 사건과 다르기도 하다. 기억은 우리의 느낌, 이미지, 사건을 보는 시각 등 단편적인 조각들로 만들어진 콜라주 같다. 임상 장면에서 환자들이 아버지, 어머니와의 과거 기억을 이야기하는 것을 듣다 보면 우리 기억이 얼마나 많이 왜곡되어 있는지를 알게 된다. 환자뿐만이 아니라 부부 문제로 상담을 하는 남편과 아내는 같은 사건에 대해 감정, 이미지가 판이하게 다르다. 이처럼 기억은 실제 사건에 각자의 감정과 이미지를 덧씌워 실제 사실과는 전혀 다르게 기억하게 만든다. 이를테면 아버지와의 오랜 갈등을 이야기하는 딸은 "아버지가 어떤 분이셨나요?"라고 질문하면 대부분 자신이 느낀 아버지의 모습을 말한다. 그래서 이들에게는 "아버지가 어떤 분이라고 생각하시나요?"라고 묻는 게 더 정확한 질문이다.

아버지라는 존재는 우리가 인식하는 것보다 더 많은 영향을 미친다. 딸에게 아버지는 인생 전체에 걸쳐 강한 자취를 남긴다. 어떤 딸은 객관적으로는 좋은 아버지가 아니었지만 자신에게는 매우 좋은 분이었다고 이상화시키기도 한다. 심리분석에서는 생애 첫 기억이 의미가 있는 경우가 많다. 마찬가지로 아버지에 대한 첫 기억도 아버지와 딸의 관계에 중요한 의미가 있을 수 있다. 그래서 수업이나 집단상담에서 아버지에 대한 첫 기억을 이야기해보게 하면 딸이 느끼는 아버지에 대한 지각, 생각을 알 수 있다.

상담에서 만난 소정 씨는 낮은 자존감으로 인해 스트레스를 받기만 하면 습관적으로 우울해했다. 아버지에 대한 첫 기억을 묻자 "이유 없이 아버지한테 맞았다"고 기억해냈다. 맞은 이유를 질문하자 너무 어릴 때 일이라 가물가물하지만 맞으면서도 "내가 아버지한테 왜 맞고 있는 거지?"라고 생각했던 것이 어렴풋이 떠오른다고 했다. 이어서 아버지가 딸에게 자주 했던 말을 물어보자 소정 씨는 "넌 실패작이야. 만나지 말았어야 할 네 엄마랑 결혼해서 너 같은 실패작이 태어났어"라는 말이라면서 흐느꼈다. 사소한 스트레스에도 힘들어하고 자존감이 떨어지는 이면에는 아버지에게 받은 상처가 매번 작동한 것이다. 어린 시절 이유 없이 맞고 아버지에게 항상 실패작이라는 말을 들은 딸이 건강한 자존감을 가졌을 리 만무하다.

고통스러운 기억은 언제든 되살아난다

흔히 아픈 만큼 성숙해진다, 비온 뒤에 땅이 굳는다는 말도 있지만 감당하기 어려운 큰 충격과 외상을 겪으면 의식할 수 없게끔 무의식 저편으로 밀어넣고 회피하게 된다. 그러나 외상 장벽 뒤로 밀어넣었던 고통스러운 기억은 생생하게 살아나서 소화될 때까지 지속적으로 힘을 발휘한다. 상담실에서 만난 수많은 딸들이 "마치 어제 일어난 것 같아요. 내가 그곳에 있어요", "머리로는 내 책임이 아니고 내가 그런 일을 당할 이유가 없다는 것을 알아요. 그렇지만 수치스럽고, 더럽고, 자책하는 느낌에서 벗어날 수가 없어요"라고 호소한다. 어려서 힘든 일을 경험한 사람들은 급소sore spot 반응을 하는 경향이 있다. 상습적으로 아버지에게 학대를 당했던 어떤 여성은 지나가는 남자들이 자기 머리를 긁적거리는 제스처를 취하는 것만 봐도 아버지한테 맞았던 공포 반응이 되살아나면서 몸을 움츠리는 버릇이 있다. 흔히 신체에 적용되는 통증 역치pain threshold라는 것이 감정적 통증에도 적용되기 때문에 학대를 받은 사람은 부모와 주변 사람이 자신을 보호해줄 수 없다고 느끼고 앞으로도 언제든 나쁜 일이 일어날 수 있다고 생각하게 된다. 그러다 보니 세계관이 변화하고 모든 신경을 정상적인 관심과 활동이 아닌 지나간 나쁜 일이 다시 일어나지 않도록 하는 데 쏟는 것이다.

사건의 재구성

흔히 어린 시절을 별 탈 없이 잘 보내면 건강하고 낙관적인 인생 지향성을 갖게 된다. 그러나 아버지나 어머니에게 학대를 받으면 낙관적인 인생 지향성이 형성되지 못하고 어떻게든 살아남아야 하는 생존 지향성으로 변화된다. 이렇게 생존 지향성을 가지고 늘 주변을 의심하고 경계하는 딸들에게는 나쁜 결과가 아니라 좋은 결과로 끝나려면 어떻게 해야 할지, 해피엔딩이 있는 영화처럼 상황을 심상화하는 것도 도움이 된다. 나쁜 감정을 참을 수 없을 때 회피하거나 충동적인 행동을 하게 되는데, 나쁜 감정을 잠시 견딜 수 있으면 원하는 방향으로 상황을 처리할 수 있다는 성공 경험을 갖게 하는 것이 좋다.

어려서 느꼈던 화, 공포, 슬픔, 수치심, 무력감 등의 감정이 억압되어 있다가 갑자기 나타나는 즉각적인 반응은 매우 강하고 불쾌해서 다양한 회피 반응을 유도한다. 무의식적인 갈등을 피하기 위해 먹는 것에 의존하여 폭식 행동을 하거나 거식증과 폭식증과 같은 섭식장애를 보이기도 하고, 쇼핑이나 술과 같은 물질에 의지하기도 한다. 사람을 피하는 증상으로 나타나기도 한다. 그러나 이런 다양한 회피 행동은 공포에 대한 일시적인 위로는 될지언정 궁극적인 문제는 해결되지 않고 회피 필요성을 더욱 강화시킨다.

은주 씨는 아이가 울고 떼를 쓸 때마다 자기도 모르게 심하게 화가 나면서 이성을 잃고 아들을 때리곤 했다. 이로 인해 죄책감과 불안감 등으로 하루하루를 힘들게 보내다가 결국 상담을 받기로 결정했다. 은주 씨와 이야기하다 보니 아들을 때리는 행동의 기저에는 의외로 아버지에 대한 기억이 자리 잡고 있었다. 그녀의 아버지는 평소에는 자상하지만 술만 들어가면 폭력을 행사하기 일쑤였다. 아버지가 술을 마시고 집 근처에 도착한 걸 알아채면 형제들은 저마다 자는 척을 하곤 했다. 자는 척을 해도 자식들을 다 깨워서 밤새도록 했던 말을 계속 되풀이하는 일도 부지기수였다. 이런 아버지에 대해 화가 나지만 화를 표현할 수 없었던 그녀는 아버지에게 이유 없이 맞았던 기억, 그 아버지에 대한 억압된 분노감이 자꾸 보채고 우는 어린 아들에게 투사되어 나타난 것이다.

이처럼 과거 어린 시절과 관련된 억압된 기억과 외상을 가진 딸은 감정적인 갑옷emotional armor을 입고 안에 있는 진짜 감정을 마비시키기도 한다. 또 어떤 딸은 자기 안의 두려운 감정이나 약점을 방어하기 위해 다른 사람을 겁에 질리게 하거나 화나게 만들기도 한다. 고통스러운 기억이 소화되지 않은 채 밀쳐두어 오랜 상처나 외상이 처리되지 않으면 외상 부담trauma burden이 커지고, 끊임없이 과거에 부모, 특히 아버지에게 받은 상처와 외상을 곱씹게 된다. 특히 폭력적인 아버지, 알코올중독 아버지에게 상처를 많이 받았던 딸들은 억압된 분노와 상처를 갖고 살면서 희생자 모드mode에 젖어 아버지는 가해자, 자신은 피해자라는 생각에 빠져 있는 경우가 많다. 만일 자신이 과거 불행한 기억의 희생자라고 생각한다면 그 사건과 기억을 재구성해볼 필요가 있다. 과거 불행의 레퍼토리에 계속 빠져 있으면 자신이 원하는 삶과는 더욱 거리가 멀어진다.

심리학자 스티븐 헤이스Steven Hayes는 이를 '모래 구덩이' 비유를 들어 설명한다. 모래 구덩이에 빠진 사람이 그 구덩이에서 나오려고 하면 할수록 무게중심이 이동되면서 하향 압력이 심해져 더 빠져들게 된다. 모래 구덩이에서 나오려면 계속 팔을 허우적거리고 다리를 버둥거릴 것이 아니라 팔다리를 대자로 쭉 뻗고 느긋한 자세로 체중을 가급적 균일하게 모래 표면에 배분해야 더는 빠져들지 않고 천천히 기어서 움직일 수 있다. 마찬가지로 고통에서 벗어나려면 고통을 바라보면서 고통을 껴안아야 한다고 하였다. 마치 우는 아이를 껴안듯이 말이다. 그러면 고통에 저항하지 않고 고통을 무시하지 않고 고통을 잊지 않게 해주면서도 앞으로 나아가게 해준다는 것이다.

은주 씨처럼 아버지에 대한 내재된 적개심과 공격성을 억지로 없애려 하거나 그런 감정을 안 느끼는 척 하면 어린 아들에게 폭력을 휘두르는 등 엉뚱한 방향으로 표출될 수 있다. 감정은 아이러니하게도 누르면 누를수록 더 튀어 오른다. 일명 '감정의 반동 효과'가 나타난다. 그렇기 때문에 마음속에 똬리를 틀고 있는 공격성과 적개심을 밀쳐두기보다는 꺼내서 처리해야 한다.

아버지를 생각하면

어떤 딸은 아련한 그리움이 밀려들 것이고

또 어떤 딸은 원망과 미움이,

또 어떤 딸은 감사와 존경심이 물보라처럼

피어오를 것이다.

두 번째
·
·

아버지와 딸,
관계의
재발견

요즘 아버지들은 딸의 학업과 진로, 직업, 배우자 선택에 깊이 개입할 정도로 딸에 대한 욕심과 기대가 크다. 아버지의 기대를 받고 자란 딸들은 예전의 어머니들과 다르다. 매우 적극적이고 활발하다. 어려서부터 남자아이들과 경쟁을 하다 보니 매우 도전적이고 공격적이기까지 하다.

그러나 아직은 남성 위주의 가부장적 잔재가 남아 있는 세상에서 성취를 하기 위해 지나치게 애쓰다 보면 슈퍼우먼 콤플렉스에 시달리기도 한다. 씩씩하고 남자 못지않게 강한 아버지의 딸도 있지만 만년 소녀처럼 아버지와 남자에게 의존하는 유약한 딸도 있다. 아버지가 뒤에서 밀고 앞에서 끌어주어 세상에서 자기 능력을 마음껏 발휘하고 성취하는 딸과 달리 착하고 약한 딸은 세상의 풍파에 휘둘리기도 한다. 세상의 아버지 중에는 딸의 능력을 과대평가하는 아버지도 있고, 딸의 능력을 과소평가해서 딸이 자율성과 독립성을 발휘하지 못하게 하는 아버지도 있고, 그 누구보다도 온전히 딸의 역할 모델이 되어주는 아버지도 있지만, 무책임하고 무능해서 오히려 딸이 아버지 대신 애어른 역할을 하게 만드는 아버지도 있다.

책임감 있는 어른 역할을 제대로 하지 못한 아버지를 둔 딸들은 어른이 되어서도 자기 안에 건강한 남성상이 뿌리내릴 수 없다. 이런 딸들은 내면의 약점을 숨기려고 애를 쓰면서 거짓 자기false self를 내세워 강한 여자인 척하다가 어느 순간 무너지기도 한다.

우리나라뿐만 아니라 세계적으로 가부장 제도가 힘을 잃어가고 있는 요즘 아버지, 어머니 역할이 많이 바뀌고 있다. 전통적인 모성 역할보다는 사회적으로 진취적인 역할을 하고 싶어 하는 남성 같은 여성이 많아지고 있다. 전통적인 남성 역할보다는 가꾸고 돌보는 데 관심이 많은 여성 같은 남성 또한 늘고 있다. 그래서인지 요즘은 어머니 못지않게 아버지가 일차적인 양육을 책임지는 경우가 많아졌다. 더불어 딸이 어린 소녀에서 주도성과 독립성을 갖춘 건강한 어른으로 성장할 수 있는 밑거름을 뿌려주는 아버지 역할에 대한 관심도 커졌다.

세상을
다 가진 딸

발달심리학자들은 아버지는 뱃속에서부터 어머니와 밀착된 관계에 있던 아이가 어머니에게서 벗어나 세상에 독립된 개체로 나아가게 하는 매력적인 외부인 역할을 한다고 말한다. 딸이 세상에서 살아갈 수 있는 재능과 힘을 아버지, 어머니 모두에게서 받는 것은 사실이지만 사고thinking 기능이나 세상에서의 역할 모델은 남성적 원형과 연결되어 있기 때문에 딸들의 창조성은 아버지에게 영감을 받는 경우가 많다. 융 분석가 알버트 크레인헤더Albert Kreinheder는 재능 있는 여성은 이야기를 들려주고, 질문을 던지고, 지적인 게임을 했던 아버지에 의해 처음으로 일깨워진다고 쓰고 있다.

어려서 아버지가 딸의 생각과 꿈, 상상력에 어떻게 반응하고 자극을 주느냐에 따라 성인이 되었을 때 창조적 잠재력을 발휘하는 딸의 역량은 달라진다. 특히 아들, 딸의 차별이 심했던 과거 우리나라의 경우 어려서 이런 자극을 주었던 아버지를 둔 딸은 성인이 되어서 그렇지 않은 아버지를 둔 딸에 비해 남다른 성취를 보이기도 한다. 딸이 자기표현을 하고 목표를 명확히 하도록 기꺼이 도와주고 딸의 꿈과 욕구를 확인해주는 아버지를 가진 딸은 운동, 피아노, 그림 등의 예체능 분야뿐만 아니라 특별히 전문성을 요하는 일이나 창의적인 글쓰기 활동을 하는 경우가 많다.

아버지가 항상 지켜봐주고 있다는 것을 느낄 때 딸들은 자기 재능을 실험하고 자신의 숨겨진 재능을 발견하고 찾으면서 '안도감'을 느낄 수 있다. 실패하든 성공하든 자신의 모든 것을 지지해주는 누군가가 항상 존재하고 있다는 느낌, 그리고 그 누군가가 아버지일 경우 딸은 아버지라는 든든한 '백'을 업고 자신감 있게 살아간다. 그래서 어떤 아버지는 딸에게 영감을 주는 멘토가 되기도 하고 스승이 되기도 한다.

지수 씨는 초등학교 시절부터 아버지가 불러준 별명을 잊지 못한다. 어린 시절 차분히 독서하는 것에는 관심이 없고 수박 겉핥기식으로 어디선가 들은 내용을 마치 잘 아는 내용처럼 포장해서 말하곤 했던 딸에게 아버지는 '헛똑똑이'라는 별명을 붙여주었다. 그 영향인지 지수 씨는 30대 초반이 된 지금까지도 지적으로 뭔가 부족한 느낌이 든다고 했다. 하지만 헛똑똑이라고 하면서도 '김 박사'라고 불러준 아버지의 예언대로 30대에 접어들면서 뒤늦게 야간대학을 졸업하고 대학원에 진학하며 한 분야의 전문가가 되기를 꿈꾸게 되었다. 아버지에게 받은 긍정적 영향이 무엇이냐는 질문에 문득 '김 박사'라는 별명이 떠오르고 '나이가 들어서도 계속 공부를 하는 것이 김 박사로 불러준 아버지의 영향이었구나'라는 생각이 들었다고 했다. 청소년 시절에는 아버지에게 완전히 순종하는 딸은 아니었지만 아버지의 많은 기대와 사랑을 받으며 자라났고, 이제는 성인이 되어서 아버지의 뜻대로 박사가 될 날을 꿈꾸며 살아가는 그녀는 아직도 많은 시간을 독서로 보내면서 수없이 독서 노트를 만들어내는 아버지를 본받아 아버지의 염원처럼 성공한 지식인이 되고 싶다는 희망을 피력하였다.

필요한 것은 모두 아버지에게 배웠다

딸들에게 아버지는 여성으로서, 한 인간으로서 자아정체감[ego-identity] 형성에 영향을 미친다. 자아정체감이란 '나는 누구인가'에 대한 총체적인 느낌이나 생각을 말한다. 한 개인이 과거사를 어떻게 주관적으로 구성하는가에 초점을 두고 있는 내러티브 정체성[narrative identity]을 연구하는 심리학자 맥아담스[Dan P. McAdams]는 과거사, 즉 '라이프 스토리[life story]' 자체가 한 개인의 정체감이라고 보았다. 그는 자서전 분석 기법을 사용하여 인생에서 중요했던 시기, 어려웠던 시기, 기뻤던 시기 등 다양한 영역에서 자유롭게 과거사를 기술하도록 한 다음 과거 사건에 대한 정서성, 긍정적 해석의 정도, 의미 부여 정도를 통해 개인의 자아정체성을 유출할 수 있다고 하였다. 딸이 풀어내는 과거 아버지와의 경험과 스토리를 분석해보면 아버지가 딸의 사회적 역할 모델과 정체감 형성에 어떤 영향을 미쳤는지를 알 수 있다.

딸의 역할 모델과 정체감에 긍정적 영향을 주고 딸을 움직이는 아버지 하면 영국의 수상이었던 마거릿 대처Margaret Thatcher와 그 아버지가 떠오른다. 대처가 태어날 당시 그녀의 아버지는 식료품점을 운영하고 있었다고 한다. 아버지 알프레드 로버츠Alfred Roberts는 현지의 명사로, 시장을 지낸 경험도 있었다. 대처 일가의 가훈이었던 '근검절약', '자기책임', '자조노력'의 정신 은 대처 수상에게도 계승되었다. 대처는 아버지를 매우 존경했고, "인간으 로서 필요한 것은 모두 아버지에게서 배웠다"는 말을 자주 입에 담았다고 한다. 하루는 기자가 아버지 이야기를 끊임없이 하는 대처에게 어머니에 대해 질문하자 "어머니는 부엌에서 우리가 먹을 음식을 만들고 계셨어요" 라는 한마디로 답변을 끝낼 정도로 그녀는 아버지의 영향을 많이 받은 사 람으로 알려져 있다. 대처 아버지는 어린 딸에게 자주 도서관에 가서 책을 빌려오게 해서 함께 읽었고, 마을에서 정치인의 연설이 있을 때마다 딸에 게 듣게 하고는 집으로 돌아와 그 내용을 전달하게 했다. 어려운 정치 용어 는 직접 쉽게 설명해주며 그녀의 이야기에 귀 기울였다. 이는 딸이 정치적 야심을 품는 데 결정적인 역할을 했다.

내 인생의 롤 모델

아버지를 롤 모델로 두고 있는 딸은 행복한 딸이다. 마음속에 아버지가 롤 모델로 든든하게 자리 잡고 있는 딸이라면 강인한 부성상의 도움으로 세상의 풍파와 시련을 극복할 의지와 힘을 발현시킬 수 있을 테니 말이다. 친구 같은 아빠를 꿈꾸는 것도 좋겠지만 딸이 어렵고 힘들 때 비록 곁에 없어도 딸의 가슴속에 내재화된 건강한 아버지 표상을 끄집어낼 수 있도록 롤 모델이 되는 것도 좋을 것 같다. 롤 모델이라고 해서 추상화시킬 필요는 없다. 아버지가 어려운 상황을 잘 헤쳐나가는 모습이나 평소에 했던 함축적이고 힘 있는 말이 딸들에게는 지렛대가 되기도 한다.

대처 수상의 아버지가 평소에 했다는 말은 이 세상의 딸들이 한번쯤 생각해봤으면 하는 말이다.

· 생각을 조심해라. → 말이 된다.
· 말을 조심해라. → 행동이 된다.
· 행동을 조심해라. → 습관이 된다.
· 습관을 조심해라. → 인격이 된다.
· 인격을 조심해라. → 운명이 된다.

이 말은 아론 벡Aron Beck이 주장한 인지치료의 기본 가정과도 일맥상통한다. 벡은 사건보다는 그 사건에 대한 개인의 인지적 믿음, 생각이 행동과 감정에 중요한 영향을 미친다고 보았다. 아버지와 딸의 관계에 대입해본다면 평소에 아버지가 딸에게 들려주었던 말과 이야기는 딸이 세상을 바라보는 시각에 영향을 주고 딸의 말과 행동과 습관, 인격, 운명을 바꾸기도 한다. 어떤 딸은 아버지에게 늘 "약해 빠져서 세상을 어떻게 살려고"라는 말을 들었을 수도 있고, 어떤 딸은 "너는 강한 아이다. 굳세게 살아라"라는 말을 들으며 자랄 수도 있다. 그리고 아버지에게서 들은 말의 차이가 딸들의 운명을 갈라놓기도 한다.

무책임한 아버지의 딸,
슈퍼우먼이 되다

지하철 맞은편에 앉아 있는 여자, 엘리베이터에서 만나는 여자, 아침에 허겁지겁 아이를 유치원에 맡기고 홀연히 어딘가로 떠나는 여자들을 보면서 나 자신을 대입해보기도 하고 그들의 내면 풍경을 혼자 짐작해볼 때가 있다. 그들 중에는 '천생 여자 같다'라는 참한 인상을 주는 여자도 있고, "건드리기만 해봐" "한 번 해보자는 거야?"라고 세상을 향해 선전포고하는 전사 같은 인상을 주는 여자도 있다. 외모나 행동 등이 여성스러운 이들을 보고 탄복할 때도 있지만, 그들 못지않게 내 시선을 끄는 여자들은 다름 아닌 여전사과에 속하는 여자들이다.

나도 30대까지는 여전사에 가까운 쪽이었다. 당시 근무

했던 지역은 근처에 군부대가 많았다. 직업을 전혀 밝히지 않았는데도 꽃집 주인은 내게 "군인 가족이신가요?"라는 질문을 해대기도 했고, 집 근처 화장품 가게 주인은 내게 "선생님이신가요? 수학 선생님 같아요"라고 말을 걸어오기도 했다. 하필이면 군인과 수학 선생님이라니! 심지어 같은 직장에 근무했던 한 남자동료는 내게 '독일병정' 같다고 말하기까지 했고 나와 어울리는 몇 명의 동료 여성에게 '아마조나스 여군단' 같다고 놀리기도 했다. 솔직히 20대였다면 주변의 이러한 평가에 그다지 개의치 않았을 것이다. 그러나 서른이 훌쩍 넘으면서 명색이 아이를 둘이나 낳아 키우고 있는 엄마인데 '독일병정'이나 '수학교사' 이미지는 좀 곤란하다는 생각이 들기 시작했다. 그제야 '뭔가 내게 빠져 있는 것이 있지 않나'라는 의구심이 들었고 나에 대해 잘 알고 있다고 생각한 것이 실은 전부가 아니라는 생각이 들었다. 그래서 30대 중반 어느 날 평소 관심이 많았던 융학파 정신분석가에게 교육분석을 받았다. 정신과 의사나 임상심리전문가들은 수련 과정 동안 자신을 더 잘 이해하고 혹시나 있을 수 있는 무의식적 갈등을 해결하기 위해 교육분석을 받는다. 약 1년간 교육분석을 받으면서 나는 겉으로 보이는 아마조나스 여성의 모습과는 달리 내 안에 있는 '천생 여자' 본성이 어떤 연유로 아직 개발되지 않았음을 이해하게 되었다.

아마조나스 여전사들

브라질의 '아마존' 하면 원시인과 끝도 없이 펼쳐지는 밀림이 떠오른다. 그리고 그 밀림의 한가운데 아마조나스 여인이라는 재미있는 이야기가 전해져 내려온다. 그 이야기는 이러하다. 그리스신화에 따르면 세상의 끝에 아마존이라는 여인들만의 나라가 있었다. 이들은 사내아이를 낳으면 멀리 보내거나 죽여 버렸고, 필요한 시기에 오로지 임신을 할 목적으로 다른 나라의 남자를 만났다. 아마존 여인들은 매우 용맹하였고 나라도 번성하였으나 그리스 영웅 헤라클레스에 의해 갑자기 멸망하고 말았다고 전해진다.

아마존 왕국에서 남성은 거세castration된 것이나 마찬가지였다. 남성은 물리적으로나 사회적으로나 존재감이 없었다. 여성이 모든 기능을 했기 때문에 남성이 필요하지도 않았다. 아마존 여성들은 훌륭한 사냥꾼이자 정복자였고, 야성적인 여성 전사였다. 전설에 의하면 아마조나스 여인들은 화살을 잘 쏘기 위해 오른쪽 유방을 제거할 정도였다고 한다. 아마존 여성들은 전쟁의 신 아레스의 딸들이어서 일상의 삶도 전쟁처럼 접근했고 그래서 그들은 여전사라고 불렸다고 한다.

성공한 슈퍼우먼의 고단함

아마조나스는 여성이 무의식적으로 남성과 동일시하여 살아가는 삶의 방식에 대한 신화적 표현이다. 《상처 입은 딸》의 저자인 심리학자 린다 레오나드Linda Leonard는 어려서 있으나마나 한 무책임한 아버지를 경험했다면 딸들은 그런 아버지에 대항하는 패턴을 취하며 아마조나스 여전사 같은 여성이 된다고 하였다. 딸이 자라면서 자기를 낳아준 아버지가 신뢰할 수 없는 사람임을 경험한다면 의식적인 수준에서는 아버지를 비롯해서 세상의 모든 남자를 거부할 수 있다. 이런 심리 반응이 일어나면 남성 원리와 무의식적으로 동일시하는 경향이 강해진다. 아마존 여인들은 남성적인 힘 혹은 강함toughness과 스스로를 동일시한다. 아버지가 아버지다운 역할을 못하면서 이에 대한 반작용으로 남성적 정체감을 취한 여성은 '아마존 갑옷amazon armor'을 입게 된다. 아마존 갑옷을 입은 여성은 진솔한 감정, 감수성, 여성적 본능의 힘을 잃고 겉으로는 웬만한 남성보다 더 터프한 남성 같은 모습으로 살아가게 된다.

아마조나스 여성을 대표하는 것이 슈퍼우먼이다. 특히 아버지가 무능력하고 무책임한 경우 딸은 스스로 성취에 목을 매는 슈퍼우먼이 된다. 아버지로부터 돌봄 부족을 보상하려는 경향성이 일중독, 과잉성취에 몰두하게 만드는 것이다. 이런 여성들은 20대, 30대에 너무 일에 몰두해서 40대가 되면 정서적으로는 메마르고 감정이나 여성적 본능에서 점차 멀어진다. 일을 너무 많이 하다 보니 심신 에너지가 고갈되고 우울감과 의미 상실을 경험하기도 한다. 이런 딸들은 역할을 제대로 하지 않는 아버지를 둔 탓에 일찍부터 아버지나 어머니 대신 일을 하거나 평생 일중독자로 살다 보니 여성의 타고난 본성인 모성과도 거리가 멀어진다. 딸들의 어머니 역시 무능력하고 무책임한 남편을 대신하여 아마조나스 여전사처럼 강하게 살아온 여성이기도 하다. 여자다운 모든 감정을 부인하는 어머니를 통해 남성적인 경향성은 딸에게 전수된다. 이런 어머니는 심지어 딸이 아버지의 죽음을 애도하는 것을 막기도 한다. 한량 같은 아버지에게 보살핌을 전혀 받지 못하고 대신 여성적인 따스함이라고는 찾아볼 수 없는 어머니의 잔소리를 들으며 악착같이 공부해 일에서 성공한 아버지의 딸 중에는 자신을 낳아주고 길러준 어머니처럼 여성적 본성을 억압하고 여전사처럼 무장하고 일만 하다가 어느 순간 소진되는 여성도 있다.

아마조나스 여인처럼 남성적인 강인함으로 무장하고 일중독자로 살아온 여성은 주변에 꽤 많다. 이들은 남들보다 나이에 비해 그리고 여성으로서의 취약한 위치를 극복하고 사회에서 어느 정도 성취를 이뤄낸다. 린다 레오나드는 아마조나스 여성의 특징을 '통제 욕구'라고 요약하였다. 남자를 약하고 무능하다고 여겨 아마조나스 여성은 남자들이 비합리적 힘을 사용하는 것에 대해 대항하고 스스로 힘을 부여잡는다. 무엇이든지 강박적으로 통제해야 하고 그래야만 안전하다고 느끼고 스스로를 보호할 수 있다고 생각한다. 그러다 보니 삶이 고단한 책임감과 의무감에 파묻혀 있고 궁극에는 심신이 고갈되는 기분이 찾아올 수 있다. 삶을 필요 이상으로 통제하려고 하다 보니 감정의 영역과 관계의 영역에서 깊이 소외된다. 그러다 보면 삶이 점점 더 메마르고 무의미하게 여겨질 수 있고 특히 자발성과 영적인 부분이 심하게 억압되기도 한다. 이쯤 되면 불안 발작, 우울감을 자주 경험하고, 아이러니하게도 삶을 통제하려고 하다 보니 오히려 통제 불능감에 빠져 허우적거리기도 한다.

특히 이들 여성에게는 공통적으로 자기 욕구, 정확히는 자기 안의 여성성을 잘 돌보지 않아 일정 나이가 되면 감정 영역과 관계 영역에 동맥경화가 온다. 심리학적으로는 감정을 잘 인식하지 못하고 적절하게 표현하지 못하는 감정 인식의 미분화 상태가 되는 것이다. 웬만한 불편한 감정도

감수하며 일에 몰두하기 때문에 주변 사람들은 이들을 슈퍼우먼이라고 부른다. 30대까지는 이렇게 슈퍼우먼으로 살아가는 것이 일생에서 배운 가장 유효한 적응방식으로 성공적이지만 문제는 30대 후반에서 40대에 접어들면 자기 인생에 대해 회의감이나 서글픔, 한 같은 것이 올라온다는 것이다. 돌봄을 제대로 받고 자라지 못해 자신의 욕구와 감정을 제대로 표현하거나 스스로를 돌보는 것이 어려워진다. 그래서 불쑥 불쑥 주변 사람이나 남자친구, 남편이나 아이에게 이유 없이 화가 나기도 하고 자기연민에 빠지기도 한다.

내 안의 여성성을 되살릴 기회

아마조나스 여성은 자신을 지키기 위해서라도 필사적으로 슈퍼우먼처럼 살아가지만 어느 한 순간에 무너지기도 한다. 이들이 심리적으로 곤란을 느끼면서 가장 먼저 맞닥뜨리게 되는 과제는 자신의 약함, 마음속의 억울함, 우울감, 분노 등을 수용해야 하는 것이다. 이렇게 하다 보면 심연의 분노와 깊은 아픔과도 만나게 된다. 많은 여성이 상담 장면에서 회한의 눈물을 흘리며 고개를 떨군다. 이들은 대체로 강한 척하며 살아왔기 때문에 자신의 약점을 인정하기 어려워한다.

그렇다고 아마조나스 여성의 강점인 독립성과 주체성을 포기할 필요는 없다. 전설 속에 나오는 아마조나스 여성은 남자의 존재를 부정하고 남자를 거세시켜 여성만의 공동체를 형성하고 그 안에서 자급자족했지만 현대의 아마조나스 여성은 주변의 남자친구, 남편 혹은 남자 동료들과 상호

의존하면서도 독립적인 관계를 추구할 필요가 있다. 현대의 아마조나스 여성은 남자를 통해 자기의 욕망을 적극적으로 추구할 수도 있다. 그래야만 자기 안의 여성이라는 고유한 본성을 살릴 수 있고 삶이 더 풍요로워질 수 있다.

여성적인 것을 멀리하고 너무 여전사처럼 살아왔다는 자각이 일어나면 그동안 무시하고 억압해왔던 여성적인 본성을 받아들이는 계기가 찾아온다. 아마조나스 여성이 활을 잘 쏘기 위해 오른쪽 유방을 잘라냈듯이 여성적인 것이 거추장스럽고 불편하여 가급적 옷도 남자처럼 입고 목이 깊게 패이거나 샤방샤방한 옷이나 귀고리, 목걸이는 쳐다보지도 않았지만 점차 여성을 상징하는 이런 옷이나 장신구에도 자연스럽게 관심이 간다면 여성성을 살리고 싶다는 욕구가 스멀스멀 올라오는 것이다. 그동안 여성적인 것은 약한 것이라고 폄하하고 멀리했지만 '나도 여자다'라는 자각이 들면서 자기 삶에서 여성스러운 부분을 접합하면 진짜 여성으로 심리적으로 다시 태어난 느낌이 들기도 한다. 억압했던 여성적 본성을 되살리는 것도 매우 의미 있고 재미있다. 여전사처럼 전투적으로 살아온 딸은 자기 내면의 여성을 살리는 기회를 언젠가는 가져야 한다. 그래야 세상을 그리고 자신을, 특히 여성으로서 자기 몸을 조금 더 편안하게 받아들일 수 있다. 모든 것을 잘해야 한다는 슈퍼우먼 콤플렉스를 가진 아마조나스 여성들은 삶이라는 전쟁터에서 때로는 휴전을 통해 숨을 고르면서 특유의 열정을 담금질해야만 삶이 주는 무게에 지치지 않을 수 있다.

한쪽 심성만을 극단적으로 발달시킨 아마조나스 딸들은 헤르만 헤세가 쓴 《데미안》에 나오는 유명한 구절을 새겨보면 좋을 것 같다. "새가 알에서 나오려고 싸운다. 알은 곧 세계다. 태어나려고 하는 자는 하나의 세계를 파괴해야만 한다. 그 새는 신을 향해 날아간다. 그 신의 이름은 아브락사스다."

아마조나스 딸들이 그동안 여성을 억압하며 살아왔던 삶 대신 여성적인 부드러움과 포용력을 자기 안에 통합하면서 이전과 다른 삶을 살아간다면, 각자의 신 아브락사스를 품으며 좀더 충만한 삶을 살지 않을까 싶다. 다른 삶을 살려면 알을 깨고 나와야 한다.

착한 공주님으로
사는 인생

당당하고 건강하게 자기주장을 하며 세상에 자기 뜻을 펼치며 살아가는 아마조나스 여성도 많지만 주변을 보면 몸은 어른이지만 정신은 10대 소녀나 그 이전 상태에 머물러 있는 여성도 많다. 이들은 자신에 대해 매우 부정적인 이미지를 갖고 있고, 사람들과 지속적으로 관계를 맺는 것이 어렵고 세상의 일을 제대로 처리하지 못해 낮은 자존감을 호소한다. 간혹 겉으로 보기에 성공한 것 같은 여성 사업가, 가정주부, 걱정이 없어 보이는 대학생도 내면을 들여다보면 상처받은 자기, 숨겨진 절망, 고립, 외로움, 두려움, 분노, 눈물이 고여 있다. 이들의 내면에는 약하디 약한 소녀가 있다.

잘나고 못나고를 떠나서 여성은 누구나 어린 소녀 같은

면이 있다. 이렇게 수동적이고 연약한 소녀 이미지를 갖고 살아가는 여성을 심층심리학자들은 '영원한 소녀^{eternal girl}'라고 부른다. 우리말로 하면 만년 소녀인 셈이다.

자라지 않는 만년 소녀

아마조나스 여성과 대조되는 여성들이 영원한 소녀 부류에 속하는 사람이다. 이들은 어려서는 물론이고 어른이 되어서도 수동적인 삶을 살면서 결혼을 통해 안정과 안전감을 얻으려고 한다. 자신의 고유한 정체성을 찾거나 자기를 계발하고 발전시키기보다 주변의 중요한 타인, 예컨대 남자친구, 남편 등이 자기에게 투사한 정체감을 취한다. 팜므파탈이 되어 남자를 쥐락펴락하는 여성도 있지만 대체로 이런 여성은 어려서는 아버지의 착한 딸, 아름다운 공주, 커서는 매력적인 아내, 왕비 역할을 맡는다. 문제는 이들이 자신의 잠재력과 힘을 가지고 뭔가 하기보다는 심리적으로 계속 취약한 상태에 머무른다는 것이다. 어려서는 아버지의 어린 인형 역할을 했다면 커서는 남자친구, 남편의 사랑스런 애인이 되어 타인이 자기의 삶을 마음대로 휘두르게 만들기도 한다.

이들은 혼자 결정을 내리는 것이 어렵고 의존적이며 심리적으로 취약해 마초 근성이 강한 남자에게 끌리는 경향이 있다. 연애 시절에도 남자가 먹는 것, 입는 것, 심지어 헤어스타일까지 일일이 간섭해도 자신을 너무 사랑하기 때문이라고 믿고 남자의 말에 순종한다. 어려서는 아버지의 말을 거역한 적이 없고 결혼해서도 남편의 말을 거역한 적이 없는 이런 아버지의 연약한 딸은 나이가 들어가면서 스스로 할 수 있는 것이 없다는 생각이 들면서 무력감과 우울감이 찾아온다. 아버지처럼 통제적이고 엄격한 남자친구 혹은 남편의 간섭에 숨이 턱턱 막힐 지경이 되고 이들이 자신을 잘 챙기지 않기라도 하면 서운한 감정이 밀려온다. 당연히 가까이 있는 남자들은 이런 여자를 이해해주기는커녕 아이처럼 사랑타령이나 한다고 타박하기 일쑤다.

자율성과 독립성을 배우지 못한 딸들

대개 딸은 몸이 자라면서 정서적 · 영적으로도 성장을 하는데, 이 과정은 특히 아버지와의 관계가 중요하다. 아버지는 딸이 태어나서 첫 번째로 만나는 남성이기 때문에 딸은 자기 안에 있는 남성적인 측면과 관계 맺는 방식을 아버지에게 배운다. 아버지는 딸이나 어머니와는 다른 성을 가진 존재이기 때문에 딸이 가진 독특함, 개성, 남다른 점을 알게 해주는 사람이다. 아버지가 딸이 가지고 있는 여성성과 관계를 맺는 방식 역시 딸의 여성다움, 여성적 본성에 큰 영향을 미친다. 아버지가 세상에 대해 가지고 있는 태도 역시 딸이 세상을 보는 태도에 영향을 준다. 아버지가 사회적으로 자신감 있고 성공적인 사람이라면 그것은 딸에게 어떤 식으로든 전달된다. 그러나 아버지가 세상에 대해 두려움이 많고 자기 삶에 그다지 성공적이지 않다면 딸은 아버지가 세상에 대해 가지고 있는 두려운 태도를 물려받는다. 전통적으로 볼 때 아버지들은 이상적인 가치 같은 것을 딸에게 투사하고 권위, 책임감, 의사결정, 객관성, 질서, 규율에 대한 모델을 제공한다.

두 번째 아버지와 딸, 관계의 재발견

69

아버지 자신이 질서, 규율 등을 내면화하지 못해 세상에서 제대로 서지 못하고 스스로의 행동을 통제하거나 규제하지 못하고 제멋대로 산다면 딸에게 충분한 남성적 모델이 되어주지 못한다. 이러한 아버지는 영원한 소년eternal boys 같은 아버지다. 머독과 같은 융심리학자들은 영원한 소년과에 속하는 아버지는 발달적으로는 청소년 단계에 고착되거나 머물러 있어 현실적인 갈등은 피하려 들고 꿈만 꾸는 사람이라고 정의한다. 그래서 가장으로서 마땅히 해야 할 헌신을 하지 않는다. 자녀양육도 부인에게 맡기고 심지어 자녀들을 먹이고 입히는 최소한의 역할도 하지 않으려고 한다. 이런 아버지와 달리 너무 강하고 엄격한 아버지는 딸과 부인을 수동적으로 의존하게 만든다. 만일 엄마까지 약하디 약하다면 딸은 여성으로서 한 인간으로서 자율성과 독립성을 모델링할 수 없다. 그래서 심리적으로는 계속 수동적인 여자아이 상태에 머무르게 된다. 영원한 소녀 이미지에 고착된 딸은 아버지가 계발해줄 수 있는 의식, 규율, 용기, 의사결정, 자기가치감, 방향성 같은 긍정적 성질을 통합하거나 동일시하지 못한다. 그 결과 딸의 내면은 약하고 무기력하며 자원이 없는 상태가 되며 스스로 뭔가를 하기 어려워한다.

누군가 도와줄 것이라는 환상

이혼상담을 하다 보면 이혼 이후 훨씬 삶을 더 잘 살아가는 여성이 있는가 하면 무너지는 여성도 있다. 물론 상담실에서 만나는 여성은 후자에 속한다. 이런 여성들의 공통점은 이혼 이후 스스로 일어서지 못한다는 것이다. 신체적으로는 멀쩡한 성인이지만 심리적으로는 유약한 소녀로 머물며 양육이나 자기 일을 버거워하고 심지어 우울해하고 정신병적인 상태로 빠진다. '이혼 후 당당히 일어서는 여성과 그렇지 않은 여성의 차이는 뭘까?'라는 질문에 간단히 답하기는 쉽지 않다. 기질적인 부분도 있겠지만 아버지와의 관계에서 여성이 혼자 당당히 일어서는 것에 대한 역할 모델을 잘 습득하지 못한 탓일 거라는 생각을 할 때가 많다. 이런 딸들은 남편이나 애인에게 소녀처럼 의존하다가 애인이나 남편이 자기 삶에서 사라지면 절망하고 혼자 일어서는 것에 대해 두려움을 갖고 세상을 살아가는 것을 힘들어한다.

관계가 단절되어도 홀로 잘 견뎌내는 사람은 관계의 소중함도 알지만 끝을 받아들이는 용기와 힘을 갖춘 사람이다. 끝을 받아들이지 못하고 맹목적인 의존성과 영원한 소녀 이미지에서 벗어나지 못한다면 우선 자신의 약함을 인정하고 받아들이는 과정이 필요하다. 그리고 내면의 자라지 않은 여성을 스스로 키워주어야 하는데, 혼자 할 수 없다면 먼저 외부에 도움을 구하고 지지를 구해야 한다. 사실 도움을 추구하는 행동은 정신건강서비스 영역에서 매우 중요하다. 어려서 독립성에 대한 모델을 얻지 못한 딸이 내면 아이인 자신을 키워내기 위해서는 적절한 도움추구 행동을 해야 한다. 요즘은 예전에 비해 사회적 지지체계와 자원이 많아졌다. 혼자 무력하게 웅크리는 대신 고개를 돌려 밖으로 나오면 할 수 있는 것이 의외로 많다.

내면의 강한 보호자, 즉 부모 자아가 굳건히 뿌리를 내리고 있다면 다행이지만 그렇지 않다면 이제 성인으로서 스스로의 부모가 되는 연습을 해야 한다. 어려서 부모, 특히 아버지로부터 책임감이 강하고 매사에 강인한 보호자 이미지를 내재화하지 못했다면 스스로 자기 내면에 건강한 보호자, 즉 부모 자아를 내면화해서 험난한 인생의 바다에서 풍랑을 만나면 헤쳐나갈 힘을 만들어야 하는 것이다. 만년 소녀 같은 여성은 이 힘을 자꾸 밖에서 찾으려고 한다. 누군가 도와주겠지 하고 환상을 품다가 그 누군가가 좌절을 주면 실망한 여자아이처럼 무너져 내린다.

아버지는 딸을 어른으로 성장시킨다

딸이 좌절 상황에서도 견딜 수 있는 내적인 힘을 가진 어른으로 자라게 하려면 아버지와 딸의 관계는 권력관계가 되어서는 안 된다. 독단적인 권력보다는 적당한 권위를 가지되 딸의 독립성과 능력을 인정해주는 아버지를 둔 딸은 권위에 휘둘리지도 않고 자율적인 사람이 되어간다. 그러나 늘 딸의 능력을 과소평가하면서 뭐든지 다 해주는 아버지 손에 컸다거나 아니면 책임감 있는 아버지, 남자 어른 역할을 모델링하지 못한 딸은 어른이 되어서도 자기 안에 건강한 남성상이 뿌리내리게 할 수 없다. 그래서 딸이 어린 소녀에서 건강한 어른으로 성장할 수 있도록 토대가 되어줄 수 있는 건강한 부성상이 필요하다.

건강한 아버지상을 내재하지 못해 늘 약하고 의존적인 영원한 소녀로 살고 있는 딸에게 필요한 것은 다른 사람들이 만들어놓은 틀에 자신을 가두지 않고 스스로 정체감을 만들어나가는 것이다. 소녀처럼 바깥의 아버지나 남자에게 의존하고 매달리는 것을 그만두고 자기 내면의 더 높은 힘higher power을 찾는 여정을 시작해야 한다. 그 과정에서 불가피하게 두려움,

불안감이 엄습하겠지만, 불확실성과 두려움을 견디어내면서 타인에게 맡겼던 자기 삶에 대한 책임감을 다시 찾아와야 한다.

어차피 모든 존재는 불안하고 두렵다. 불안을 수용하고 경험에 기꺼이 자신을 개방하려는 태도를 가진다면 영원한 소녀는 조금씩 자랄 수 있다.

내 마음속엔
유령이 살고 있다

　　노벨 문학상을 받은 흑인 여성작가 토니 모리슨^{Tony Morrison}이 쓴 《유령 아버지와 그 딸들》에는 코지라는 흑인 아버지와 딸들의 이야기가 나온다. 코지는 죽은 지 15년이 넘었지만 코지를 기억하는 여성들 속에 계속 살아 있다. 그 여성들은 코지의 손녀, 며느리, 죽기 전 결혼했던 여성, 연인 등이다. 코지는 살아 있지 않지만 살아 있는 여성들에게 보호받고 싶은 욕망을 불러일으키고 이를 충족시켜주는 꿈속의 인물이자 이상화된 유령 이미지다.

　　정신분석학자 자크 라캉^{Jacques Lacan}이 말하듯이 이미 돌아가셔서 현실의 아버지가 될 수는 없지만, 권위와 힘을 지닌 아버지, 법과 질서를 의미하는 아버지 메타포^{metaphor}는 딸의 마

음속에 계속 숨어 있다. 특히 살아 있는 아버지와 달리 이 세상에 없는 아버지를 둔 딸은 아버지에 대한 이상화된 이미지가 수십 년간 지속되기도 한다. 물론 아버지가 물리적으로 죽지 않았지만 어떤 연유로 딸과 같이 살지 못한 경우, 즉 정서적으로는 죽은 것과 마찬가지인 아버지도 유령의 이미지로 딸을 계속 쫓아다닌다. 물리적 죽음이든, 정서적 죽음이든 아버지의 죽음을 경험한 딸들은 아버지와 구체적으로 어떤 대화를 했는지, 아버지가 남긴 말이 무엇이었는지 좀처럼 기억하지 못하지만 아버지의 영향이 계속 유령처럼 따라다니는 것 같다고 표현한다.

유령 아버지는 현실적으로 살아 있는 아버지만큼이나 딸에게 강력한 힘을 가진다. 유령 아버지의 영향력은 언젠가 딸에게 돌아오겠다는 지킬 수 없는 약속에서 나온다. 없는 발을 딛고 일어날 수 없듯이 아버지가 없는 딸들은 실질적인 아버지의 도움을 받기는 어렵다. 아버지 없는 딸들이 가장 크게 느끼는 슬픔은 아버지가 이 세상에 안 계시다는 것과 아버지의 이룰 수 없는 약속을 계속 믿어야만 하는 것이다. 언젠가는 돌아오겠다는 이 약속은 아버지가 은연중에 한 말일 수도 있고 암묵적으로 표현된 것일 수도 있다. 특히 어려서 갑자기 아버지를 잃은 딸은 언젠가는 아버지가 돌아올 것이라는 환상fantasy을 가지고 있는 경우가 많다. 이 과정에서 어떤 어머니는 아버지의 부재를 입에 올리지 못하게 막아서 딸은 아버지의 부재를 드러내놓고 슬퍼할 수도 없지만 속으로는 늘 슬픔을 머금고 살아갈 수밖에 없다.

30대인 수민 씨는 20대 때 친구들은 쉽게 하는 연애가 많이 낯설고 어려웠다. 지금도 역시 결혼을 떠올리면 왠지 막막하고 웨딩드레스 같은 건 입어보지 못할 것 같다는 생각이 든다. 그 이유를 알고 싶어 "왜 그럴까?"라는 질문을 거듭했고, 그 결과 핵심에 아버지의 죽음이 있었다.

수민 씨의 아버지는 매우 자상하고 따뜻한 분이었다. 물론 살아계시지 않아 조금 더 좋은 기억만 가진 것일 수도 있지만 첫째 딸인 수민 씨를 유독 예뻐했고 유치원 졸업식, 초등학교 운동회, 성탄절 등 특별한 날이면 빼놓지 않고 손글씨 카드를 건네고, 휴일이면 함께 시간을 보내며 사진을 찍고 또 찍어주는 그런 아버지였다. 그러다가 하루아침에 수민 씨는 아버지가 어디에도 없이 사라진 사실을 받아들여야 했다. 그날 아침도 장난을 치며 같이 밥을 먹었던 아버지를 갑작스런 사고로 잃고 영정 속 사진으로 마주한 것이다. 그 장면이 지금도 눈에 선하다고 했다. 그렇게 수민 씨는 아버지의 좋은 모습만 기억 속에 화석처럼 굳은 채로 성장했다.

엄마가 슬퍼할까 봐 슬퍼하지도 못한 채 아무 일이 없다는 듯이 씩씩하게 살아왔지만 늘 가슴 한가운데 구멍이 뻥 뚫린 느낌을 지울 수 없었다. 나이보다 조숙해진 수민 씨는 친구들에게도 자기 일을 털어놓기보다는 친구들의 이야기를 들어주는 역할을 했다. 동성과의 관계는 그럭저럭 유지했지만 유독 이성관계에서 어떻게 해야 할지 막막했다. 누군가에게 의지한다는 것이 어색하고 의지하는 법을, 이성에게 친밀한 감정을 느끼는 법을 알지 못했다.

수민 씨처럼 좋은 아버지 이미지를 가지고 있지만 너무 일찍 헤어진 경우 아버지라는 남성에 대한 이미지가 헤어질 당시 이미지로 고착되기도 한다. 계속 상호작용을 하고 그 안에서 남자 역할과 실체를 느끼고 아버지의 좋은 점, 약한 점을 모두 경험하면서 하나의 통합된 이미지를 가져야 하지만 일찍 아버지를 잃은 딸은 헤어지기 전에 가졌던 좋은 면 혹은 나쁜 면만 고착된 이미지로 갖게 된다. 상상 속의 아버지상만 남아 있다 보니 이성친구에게 너무 이상적인 것을 바라게 되고 교제할 때도 남자친구가 상상한 모습과 다른 행동을 하면 쉽게 실망한다. 이성과의 관계는 현실보다는 뭔가 이상화된 모습으로 그려질 때가 많다. 자기도 모르게 따뜻했던 아버지, 뭐든 잘하던 아버지의 모습이 기준이 되어서 남자친구를 판단한다. 그러면서도 자신에 대해서는 완전히 드러내지 못하고 진짜 감정은 꼭꼭 숨기면서 위태로운 관계 속에서 결국 이별을 맞는다.

아버지와 어떤 식으로 헤어진 후 이를 받아들이지 못하면 물리적으로는 주변에 없지만 심리적으로는 계속 딸의 마음속에 살아 있는 유령 아버지, 유령 애인ghost lover이 만들어진다. 특히 이미 없어진 아버지가 언젠가는 돌아올 것이라는 환상을 갖고 있는 딸들은 "아빠 믿지? 아빠가 널 보러 갈 거야"라고 했던 말을 몇 십 년 동안 잊지 않고 있거나 "언젠가는 아빠가 나를 보러 올 거야"라고 스스로를 위로하며 마음속에 유령 아버지를 품고 산다. 마치 《소공녀》의 주인공 세라가 아버지가 돌아가셨다는 이야기를 듣고도 언젠가는 자기를 만나러 올 것이라는 공상을 오랫동안 깨지 않으려고 했던 것처럼.

번번이 실망하고 배신감을 느끼면서도 좀처럼 딸들은 아버지를 마음에서 몰아내지 못한다. 이런 딸들은 커서도 아버지 부재에 대한 환상을 만들어 마치 아버지가 자기 옆에 있고 아버지를 느낄 수 있는 것처럼 행동하기도 한다. 어떤 딸은 아버지의 관심을 끌기 위해 심신이 지치도록 피나는 노력을 하며 유령 아버지를 기다리기도 하고, 어떤 딸은 아버지의 존재를 느끼고 싶어 아버지를 대신하는 남자에게 의존하는 상황을 만들어 아버지 도움을 간접적으로 경험하려고 애쓰거나 어떤 남자도 믿지 못하겠다는 태도를 취하기도 한다.

아버지의 본 모습이 어떻든 인생의 어느 시점에서는 유령 아버지가 씌운 공상의 모자를 벗어야 한다. 아버지 역시 나약한 한 인간으로 바꾸기 어려운 여러 복잡한 상황으로 딸을 찾지 못했을 수도 있고, 그도 아니면 심신이 병약해서 일찍 세상을 떠났을 수도 있다.

가족의 비밀

아버지 부재가 가족의 비밀과 연결될 때도 있다. 어떤 집은 자식이 다 성장할 때까지 모르는 비밀이 있다. 예컨대 아버지가 딴 집 살림을 차렸다던가, 어머니가 아버지의 첫 번째 부인이 아니라는 사실 같은 것이다. 어떤 딸은 대학에 들어가서야 막내 남동생이 아버지가 밖에서 얻은 아들이라는 사실을 알고 큰 충격을 받았다. 아버지가 오래 부재했던 것이 어머니의 설명처럼 외국에 나간 것이 아니라 다른 여자와 살고 있었다는 사실을 알고 경악을 금치 못한다. 그리고 아버지와 막내 남동생을 비롯하여 모든 남자에게 혐오감 비슷한 감정을 느끼게 된다.

이미 일어난 일이지만 가족 간에 결코 이야기되지 않았던 사실이 오랜 비밀로 수면 아래 있다가 어느 순간 위로 떠오른다. 의외로 이런 비밀 한두 가지를 묻어두고 살아가는 가정이 꽤 있다. 가족의 비밀을 지키기 위해 어머니나 아버지 한쪽에서 나머지 가족들에게 더 많은 거짓말, 비밀을 만들어내기도 한다. 중간에 있는 한쪽 부모는 다른 한쪽 부모의 비밀을 덮기 위해 중간자 역할을 한다. 중요한 것은 가족의 비밀이 자기 삶에 어떤 영향을 주었느냐 하는 것이다. 아버지가 두 가정의 아버지였다는 사실은 딸이 알게 되는 가장 큰 충격적인 비밀일 수 있다. 아버지가 자주 집을 비운 것에 대한 궁금증은 풀리지만 이중생활을 한 아버지로 인해 세상의 다른 남자들을 오랫동안 오해하는 삶을 살게 된다. 이 과정에서 옆에 없었던 아버지가 언젠가는 올 것이라는 약속을 믿으며 유령 아버지를 마음속에 품고 있던 딸은 허탈감과 배신감을 느낀다.

아버지의 실체를 찾으려는 노력

이런 가족의 비밀을 알게 되면 이것과 관련된 감정을 나누는 것이 필요하다. 상담이 필요하면 상담을 받아야 하지만 누군가와 이야기 나누는 것이 여의치 않다면 글로라도 표현하는 것이 좋다. 과거 아버지 부재와 관련된 슬픔과 상실감을 머리로 이해하는 것만으로는 충분하지 않다. 이성적인, 지적인 이해는 감정적인 경험을 대신할 수 없다. 감정이 요동치더라도 정상적인 반응이라는 것을 기억해야 한다.

아버지가 살아 있든 죽었든 아버지의 물리적 부재로 인해 유령 아버지,

유령 애인을 마음속에 키워왔다면 그 유령 같은 이미지는 아버지의 실제 이미지가 아니라 딸이 스스로 만든 이미지라는 것을 깨달아야 한다. 마음 속에 건강한 이미지로 내재되어 있는 아버지 표상이 아니라 유령 애인처럼 늘 상상 속의 이미지로 남아 있다면 아버지의 실체를 파악하는 시간이 필요하다. 아버지의 실체는 상상 속의 모습과는 다른 너무나 불완전한 인간 이거나 심지어 비열하고 비겁한 사람일 수도 있다. 불완전한 인간적인 면모와 나약한 아버지의 실제 모습을 그대로 인정하고 수용해야만 아버지 유령에 대한 그릇된 환상을 깰 수 있다. 아버지에 대한 부풀려진 이미지에서 바람을 빼면 뺄수록 반사된 아버지 이미지가 아닌 아버지 본래의 모습을 수용하게 되고 자신만의 이미지, 자기정체감을 찾기 쉬워진다.

난 아버지의
부인이 아니다

아버지와 딸이 친하다 못해 남편-아내의 관계처럼 보이는 경우가 있다. 주로 이혼이나 별거 혹은 사별로 어머니가 물리적, 정서적으로 부재한 경우다. 어머니가 옆에 있어도 아버지와 어머니 사이가 좋지 않은 경우 딸이 어머니의 대역, 즉 아버지의 부인 노릇을 할 수 있다. 이런 정서적 근친상간^{emo-}tinal incest은 너무나 미묘해서 당사자나 다른 사람들 눈에는 그저 아버지와 딸 사이가 유난히 친한 것처럼 보인다. 딸은 어머니로부터 건강한 여성, 모성 역할을 모델링하지 못할 뿐만 아니라 때로는 약하고 심지어 우울하거나 신경질적인 어머니를 대신해서 딸이 아버지의 부인 역할을 해야 한다.

아버지와 어머니가 사이가 좋지 않아 늘 싸우다가 별거를

하게 되자 어머니 대신 집안일을 해온 수진 씨는 "여느 집과 다른 우리 집 환경 때문에 삶이 참 고달팠지만, 겉으로는 밝은 척, 있는 척하며 살아왔는데 점점 힘들어요. 요즘 들어 나이 든 아버지가 부쩍 제게 의존하시는 것 같아요. 제가 어디 있는지 수시로 확인하고 의부증에 걸린 남편처럼 제 일거수일투족을 감독하는 아버지를 보면 제가 아버지의 부인이 된 것 같아요. 아버지가 기다리고 있으니까 친구들과 놀지도 못하고 아버지 밥도 챙겨드려야 해요. 아버지는 건강한데도 일도 하지 않으시고, 아이 같아요"라며 눈시울을 붉혔다.

부모 사이가 좋지 않아서 딸이 아버지의 부인 역할을 하다시피 해야 하는 경우 딸은 수진 씨 경우처럼 아버지의 감정을 상하게 하는 일을 꺼린다. 동일시하고 모델링할 수 있는 어머니가 없는 상태에서 아버지의 사랑까지 잃는 것이 두렵기 때문이다. 아버지의 감정을 상하게 하는 일은 곧 어머니와 아버지 모두의 사랑을 잃는 것으로 등식화될 수 있다. 아버지와 의견이 다르거나 아버지의 뜻을 거부하면 아버지가 자신에 대한 사랑을 거두어들일 수도 있거니와 언어폭력이 심한 아버지를 두고 있다면 아버지의 감정적 격노를 감당하기 어렵다고 여길 수 있다. 어떤 딸은 자신이 아버지를 힘들게 하거나 반항하면 아버지가 죽을 수 있다고 지레짐작으로 두려워한다. 아버지가 죽는 것을 두려워하는 딸은 벙어리 냉가슴 앓듯이 아버지의 요구를 들어주어야 한다.

　　대개 아버지와 딸 간의 감정적 근친상간은 아버지가 자기 배우자로부터 정서적 욕구를 충족시킬 수 없을 때 일어난다. 가족치료 연구자인 존 브래드쇼John Bradshaw는 부모가 자녀를 대리 배우자surrogate spouse로 만들 때 이런 역동이 발생한다고 주장한다. 이런 유형의 정서적 학대는 다양한 방식으로 일어난다.

　　어떤 아버지는 딸이 친구인 양 배우자를 포함해서 성인들 간에 일어날 수 있는 일이나 감정을 미주알고주알 모두 말해버린다. 때로는 부부 간 불화의 중간에 딸을 놓아두고 배우자에 대한 불만사항을 딸에게 털어놓는다. 이와는 달리 아무도 감정에 대해 이야기를 하지 않는 가족 분위기도 정서적 근친상간을 조장할 수 있다. 가정 안에 일어나는 긴장감, 분노, 두려움, 상처가 무엇 때문에 일어나는지 알 수 없어도 딸들은 심상치 않은 기류를 감지하고 부모가 느끼는 감정에 대해서도 책임감을 느끼고 해결하려 든다. 이런 감정적 근친상간은 딸이 어른이 되어서 스스로 타인과 경계boundary를 설정하고 자기 욕구를 충족시키려 할 때 방해가 될 수 있다. 부모-자녀관계라는 심리적 경계를 위반하는 아버지와 딸의 관계는 딸이 커서 건강한 이성관계를 맺는 데 어려움을 초래한다. 어머니와 아버지의 사이가 좋지 않은 경우 아버지는 아내에게서 얻어야 할 관심을 딸에게서 얻고자 하기 때문에 딸은 이상화된 부인 역할을 하게 되고, 자연스럽게 어머니에게 거부당하고 고립된 딸은 어머니의 사랑을 갈구하면서 성장하게 된다.

수진 씨는 상담을 받으면서 아버지가 돌아가시고 혼자 남는 꿈을 꾸었다. 꿈에서 아버지가 갑자기 돌아가셨는데 알릴 곳이 없었다. 수소문 끝에 아버지와 별거 중인 어머니를 찾아갔고 어머니는 아버지의 죽음을 듣고도 통 말이 없었고 아무런 관심을 보이지 않았다. 어머니는 이사할 곳을 찾고 있어서 집을 보러 가야 한다고 했다. 어머니는 아버지의 죽음이 별일 아닌 것처럼 행동했다. 어머니의 집을 나와서 아버지 친구에게도 연락을 해봤지만 연락이 닿지 않았고 어려서 아버지를 잃은 친구라면 자신의 심정을 이해해줄 것 같아서 전화를 했으나 친구는 바빠서 이야기를 들을 수 없다고 했다. 수진 씨는 꿈속에서 어쩔 줄 몰라 하다가 이제 주변에는 아무도 없다는 생각이 들어 엉엉 울기 시작했다. 울다가 잠에서 깬 수진 씨는 아버지가 아직 살아 있다는 것에 안심했다. 그리고 자신과 아버지를 묶고 있는 감정적 고리가 너무 강한 것에 스스로 놀라워했다.

비록 수진 씨의 아버지가 실제로는 죽지 않았으나 꿈속에서 상징적으로 죽는 것은 의미가 있다. 아버지와 강력하고 원초적으로 묶인 관계는 실제로 아버지가 죽든 아니면 상징으로 죽든 분리의 과정이 필요한 것이다. 이 과정에서 건강한 여성상의 모델인 어머니가 있다면 다행이지만 꿈속에서 수진 씨 어머니처럼 현실의 어머니가 아버지와 딸과 너무 멀리 떨어져 있거나 감정적으로 냉담할 수 있다. 결국 아버지, 어머니, 딸이라는 삼각 구도에서 딸은 어머니를 거부하고 아버지의 딸로 살아온 만큼 아버지의 상징적 죽음을 통해 아버지, 어머니 모두에게서 분리되어야 함을 깨닫게 된다.

부모 사이가 좋지 않은 경우 어머니와 자녀가 한편이 되어 아버지를 무시하고 공격하는 경우도 있지만 수진 씨처럼 아버지의 특별한 딸로 살아온 딸은 어느 순간 어머니를 내면에 받아들여야 한다. 사람마다 처한 상황이 다르지만 어머니를 받아들인다는 것은 실제 어머니와 화해하는 것도 있지만 자신의 타고난 여성적 본성을 인정하고 받아들이는 과정도 포함된다. 어떤 딸은 술이나 춤, 약물에 취해 무책임하고 모성이 부족했던 어머니를 수용하는 과정에서 자기 안의 디오니소스적인 속성을 인정하고 통합하면서 비로소 어머니를 진심으로 받아들이는 과정을 겪기도 한다.

아버지와의 고리를 끊어야 하는 이유

아버지와 딸 간의 경계 위반을 잘 보여주는 동화가 있다. 바로 《당나귀 공주》인데, 내용을 간략하게 소개하면 다음과 같다.

옛날에 어느 왕국에 왕과 왕비가 예쁜 공주 하나를 낳고 행복하게 살고 있었다. 그러던 어느 날 왕비가 갑자기 시름시름 앓기 시작했고, 왕에게 자신보다 더 예쁘고 지혜로운 여자와 재혼을 하도록 맹세하게 한 다음 숨을 거두었다. 왕은 왕비가 남긴 유언대로 아름답고 지혜로운 신붓감 후보들을 찾아보았으나 하나같이 마음에 들지 않았다. 그러던 중 죽은 왕비의 지혜와 아름다움을 능가할 수 있는 유일한 여자는 다름 아닌 왕비를 쏙 빼닮은 자신의 딸, 공주라는 사실을 깨닫고는 공주와 결혼하기로 결심한다. 이 사실에 놀란 공주는 요정에게 조언을 구하였고, 요정은 여러 가지 지혜를 짜 내지만 번번이 실패하고 만다. 고심 끝에 요정은 공주에게 왕이 매우 소중히 여기는 황금을 쏟아내는 당나귀를 죽이는 것을 결혼 조건으로 내걸라고 조언하였다. 그러나 왕은 공주가 내건 조건을 받아들여 당나귀 가죽을 통째로 벗겨내어 딸에게 결혼 선물로 선사하였다. 이 모든 결과를 훤히 내다보고 있던 요정은 당나귀 가죽을 공주에게 씌워 이웃나라로 도망치게 하였다. 이웃나라의 한 시골 마을에 도착한 공주는 당나귀 가죽을 뒤집어쓰고 하녀 생활을 시작하였다. 마을 사람들 모두 그녀를 당나귀 가죽이라 부르며 흉하다고 비웃었지만, 오직 한 사람, 그 나라의 왕자는 더럽고 추한 가죽 밑에 숨은 공주의 진짜 모습과 매력을 엿보게 된다. 왕궁으로 돌아온 왕자는 공주의 아름다운 모습을 잊지 못해 상사병에 걸렸고, 죽기 전 마지막으로 당나귀 공주가 구운 과자를 먹고 싶다고 하자 왕과 왕비는 신하를 보내어 그녀에게 과자를 만들도록 명령을 내린다. 당나귀 공주는 밀가루 반죽에 반지를 넣어 과자를 굽고, 과자를 맛보던 왕자는 반지를 발견한다. 그는 반지에 맞는 손가락을 가진 여자와 결혼하겠다고 선포하고 왕국의 모든 여자가 반지를 껴보기 위해 줄을 섰지만 반지의 임자는 나타나지 않았다. 결국 반지는 당나귀 공주의 것으로 드러나고 반지가 끼워지는 순간 당나귀 가죽이 벗겨져 두 사람은 결혼식을 올리고 그 후로 행복하게 살았다.

가족심리를 연구하는 임상가들은 부모와 아이 사이에는 일정한 심리적 경계가 필요하다고 한다. 아버지가 이 경계선을 잘 정하지 않고 어느 순간 경계를 침범하면 딸은 두려움과 혼란에 빠지고 심리 발달, 특히 성적 발달에 치명적일 수 있다. 육체적으로 위반을 하지 않더라도 심리적으로 너무 밀착되어 있으면 딸이 아버지를 떠나기가 쉽지 않다. 아버지와 너무 밀접한 관계를 유지하였던 딸은 성장하여 남성과 지속적인 관계를 맺기 어려워진다. 심지어 남성들이 자신의 삶의 영역을 침범하고 정서적으로나 성적으로 부적절한 행동을 해도 그것을 분간하기 어려워하고 사랑의 행동으로 착각하기도 한다.

아버지와 연결된 고리를 끊는다는 것은 딸에게 죄책감과 두려움, 혼란감을 불러일으키는 일이다. 하지만 딸이 아버지와 분리되어 건강한 어른이 되기 위해서는 '당나귀 공주'처럼 아버지로부터 떨어져 나오는 용기가 필요하다. 아버지 왕국에서 도망을 쳐야 아버지를 극복하고 새 왕자, 남자를 만날 수 있다.

세
번
째
·
·
·

아버지의
　　그림자,
내 안의 나는
　　울고 있다

아버지하면 의외로 '무능력, 무책임' 같은 말을 떠올리는 딸들이 많다.
몸이 부서질세라 가정과 자식을 책임져온 아버지도 많지만 그렇지 않은
아버지도 꽤 많은 것이다. 딸에게 무책임하고 무능력하게 느껴지는
아버지는 가족을 사랑하지만 아무것도 하지 못하는 사람,
늘 숨어 있거나 또는 어머니에게 의지하는 작은 거인,
혹은 이상주의자일 수도 있다.
무능력하고 무책임한 아버지와 다른 남자친구나 남편을 만나기를
기대하면서, 한편으로는 성인이 되어 처음으로 아버지의 자리가
마음속에 생겼다고 고백하는 딸들이 있다. 아버지의 자리에 대신
채우려고 했던 것들이 실은 너무 힘에 부치는 일이었거나 아버지 결핍을
과잉보상하려고 했던 것이라는 것을 알게 된다. 여전히 아버지의 자리가
많이 비어 있지만 조금씩 채워나가려고 노력하면서 딸들은 부모도 그럴
수밖에 없다고 이해하게 된다.

오랫동안 아버지를 부정하는 것은 곧 자신을 부정하는 것이고
그러다 보면 자기가 가진 모든 것을 부정하게 된다.
아버지를 긍정하는 것이 자기 삶을 수용하고 긍정하는 것임을
깨달았을 때 비로소 자기 삶을 짓누르던 아버지에 대한
원망과 애증을 내려놓을 수 있다.
어떤 딸은 이 과정이 매우 오래 걸린다.
만일 아버지를 온전히 수용하지 못한 상태로 아버지가 세상을 떠났다면
그 과정은 평생 걸릴 수 있다. 아버지의 그림자는 딸들의 마음속에,
삶 속에 오랫동안 드리운다. 아버지가 딸에게 드리운 그림자를 인식할
때 딸들은 조금씩 자기 안에 있는 원망감, 억울함, 혼란감, 결핍감을
내려놓고 조금은 더 담담하게 세상을 살 수 있다.

알파걸이
아프다

남성에 비해 여성은 보이지 않는 천장 때문에 사회적으로 성취하는 것이 쉽지 않다고 알려져 있다. 이를 '유리천장 효과 glass ceiling effect'라고 하는데, 여성이 직장에서 승진을 하고 고위직에 발탁되는 비율이 낮은 것은 아무리 열심히 노력해도 저 높은 곳을 가로막고 있는 유리천장이 존재하고 있기 때문이라는 것이다. 여성의 사회적 지위와 기회 평등 정도를 수치화한 유리천장지수 Glass Ceiling Index는 남녀 간의 대학생 비율, 여성의 노동참여율, 남녀 간 임금 격차, 고위직 여성 비율 등의 항목을 근거로 하고 있다. 최근 한 조사에서 OECD 국가 중 뉴질랜드가 가장 높은 점수를 획득하여 남녀 평등이 가장 잘 실현된 국가로 지목되었고, 미국은 조사대상국가 중 중간 정도

를 차지했고, 우리나라는 가장 낮은 유리천장지수를 기록하는 불명예를 얻었다. 여성 대통령이 선출되는 몇 안 되는 나라이지만 아직도 많은 여성이 보이지 않는 유리천장 때문에 사회적 피라미드의 위로 올라가는 것이 쉽지가 않은 것이다. 그래서 사회적으로 성공한 여성들을 보는 시각에는 남편이 외조를 잘한다든지 친정이 부유해서 지원을 아끼지 않는 엄친딸 이미지가 강하다든지, 운이 좋았다든지, 화려한 외모가 작용했다든지 하는 시기심 어린 평가가 동반되기도 한다.

아버지의 꿈을 위하여

딸들이 훌륭한 성취를 하는 데 아버지의 영감과 격려는 큰 힘이 되어 준다. 하지만 어떤 아버지는 자신의 사회적 실패를 똑똑한 딸을 통해 대리만족하려 하기도 한다. 어떤 딸은 어려서부터 아버지가 행정고시를 봐서 고위 공무원이 되기를 바랐다고 했다. 마흔이 넘은 이 여성은 해마다 고시철만 되면 마음이 아려온다고 했다. 그녀의 아버지는 시골 읍내의 말단 공무원으로 평생을 살면서 서울에 있는 고위 공무원을 부러워했다. 세 딸 중 맏딸인 그녀에게 늘 "우리 딸, 행정고시 패스해서 여성 국장이 되어야 해" 하면서 아이가 말귀를 알아듣기 전부터 되뇌이곤 했다. 공무원에는 관심이 없었지만 딸은 아버지 뜻대로 공무원 시험을 여러 차례 도전했다. 하지만 늘 고배를 마셨고, 그럴 때마다 아버지는 한 걸음 더 나아가 박사학위까지 주문했다. 그 탓에 울며 겨자 먹기로 대학원에 들어갔지만 전공도 적성에 맞지 않았다. 지금도 그녀는 아버지 앞에 서면 죄인 같고 아버지의 기대를 만족시켜주지 못했다는 자책감에 시달린다. 그러면서도 자신에게 늘 마음의 부담을 주는 아버지가 원망스럽다. 그녀에게는 아버지의 기대와 격려가 오히려 독이 된 것이다.

그러나 대체로 아버지의 격려를 받은 딸은 그렇지 않은 아버지를 둔 딸에 비해 더 높은 성취를 이룬다고 보고되고 있다. 내 경우에도 아버지는 어려서부터 공부에 열의를 보이는 내게 기대와 관심을 많이 표명하셨다. 학창 시절 동안 누구보다 열심히 공부하고, 어쩌면 뒤늦게 공부를 다시 시작해 지금 내가 원했던 일을 하게 된 것도 아버지의 은근한 기대와 자부심이 밑천이 된 것 같다.

열 아들 부럽지 않은 딸들의 고군분투

어릴 적부터 가은 씨는 늘 1등이었다. 명문대학을 나와 행정고시도 패스해서 모두 부러워하는 공기업의 이사까지 승진했다. 하지만 40대에 접어들면서 늘 몸이 피곤하고 부정성 자궁출혈이 생기는 등 여러 가지 신체 증상을 호소했다. 그리고 병원을 찾은 결과 수술을 해야 할 정도의 병을 키우고 있다는 것을 알게 되었다. 가은 씨 같은 여성들은 천성적으로 부지런하고 성실하기도 하지만 관성의 법칙처럼 늘 공부나 일을 해왔기 때문에 가만히 있지 못한다. 이런 딸들은 부모, 특히 아버지에게 "열 아들 부럽지 않은 딸"이라는 말을 들어온 터라 브레이크 없는 차를 몰듯이 일을 멈추기 어려워한다. "여자이기 때문에 성공하려면 남자보다 더 열심히 더 잘해야 한다"는 강박에서 자유롭지 못하기 때문이다.

대학병원 의사인 선영 씨의 하루 일과는 새벽 6시에 시작해 밤 10시가 넘어야 끝난다. 환자 진료, 강의, 논문 준비, 학회 발표, 기타 연구 용역 프로젝트를 위해 하루 24시간이 모자랄 지경이다. 그녀는 "어려서부터 주어진 일을 완벽하게 해내야 한다는 책임감이 습관처럼 굳어져 언제나 일이 우선이고, 주말에도 쉬지 않고 일에만 몰두한다"면서 최근 들어 몸에서 기운이 다 빠져나간 것 같고, 힘겹다고 토로했다. 회사 내 핵심 역할을 맡고 있는 많은 여성이 남성 중심으로 돌아가는 조직 문화를 뛰어넘기 위해 웬만한 남자보다 일을 더 많이, 더 잘해야겠다는 생각에 몸이 아파도 쉬지 못한다며 "병원에 가서 진료 받을 시간조차 내기 힘들다"고 말하고 있다.

지는 법을 모르는 알파걸

'알파걸'은 엘리트집단 여성을 지칭하는 말로 미국 하버드대학교 아동심리학 교수 댄 킨들런Dan Kindlon의 저서 《새로운 여자의 탄생—알파걸》에서 처음 등장했다. 댄 킨들런은 미국과 캐나다 지역의 15개 학교를 방문하여 '재능 있고 성적이 우수하며, 리더이거나 앞으로 리더가 될 가능성이 있는 10대 소녀' 100여 명을 인터뷰하고, 900여 명의 10대 소녀를 대상으로 설문조사를 했다. 그 결과 미국 여학생의 대략 20%가량이 공부나 운동, 또래 관계, 미래에 대한 비전, 리더십 등 모든 면에서 남학생을 능가하는 엘리트 소녀라고 결론을 내렸다. 그는 이 엘리트 여학생들에 대해 이전 어머니 세대와 근본적으로 다르고 '완전히 새로운 사회계층의 출현'이라면서 '알파걸Alpha Girl'이라고 명명했다. 그 이후로 알파걸은 낙천적이고 성실하며, 실용적이면서도 이상주의적이며, 개인주의자이면서 동시에 평등주의자이고 그러면서도 관심 영역이 다양해서 인생의 모든 가능성에 열린 사고와 마음을 갖고 있는 소녀집단을 나타내는 말로 쓰이게 되었다.

모든 분야에서 첫째가는 여성이란 의미의 알파걸은 어려서부터 경쟁에서 지는 법을 모른다. 그래서 요즘 아들 가진 초등학교 엄마들을 만나 보면 이런 알파걸 때문에 자기 아들이 주눅 든다고 아우성이고, 중·고등학교에 가면 알파걸이 전교 순위를 휩쓸기 때문에 내신 성적이 안 나온다고 난리다. 그럼에도 이런 알파걸이 사회에 나오면 유리천장을 뚫고 생존하기 위해 남보다 더, 웬만한 남자보다 더 열심히 일해야 하는 현실에 놓인다. 알파걸들은 야근도 마다않고 회식 자리에서 폭탄주도 거뜬히 이겨낸다. 하지만 이렇게 알파걸 생활을 하면서 20대, 30대를 잘 보낸 여성도 40대 이후가 되면 건강에 빨간 불이 켜진다.

자기불일치이론을 주장한 히긴스Higgins, E. Tory에 따르면 누구나 자기에 대한 이미지, 표상을 가지고 살아간다. 자기에 대한 실제 이미지와 이상적인 이미지가 다를 경우 우울감, 낙심, 슬픔과 같은 낙담 관련 정서를 일으킬 수 있다. 실제 모습과 의무적인 모습 간의 자기불일치는 의무의 불이행으로 일어날 수 있는 부정적 결과제재, 처벌 등로 인해 긴장, 걱정 등의 불안 관련 정서를 일으킨다. 특히 어려서부터 아버지와 같은 주변의 중요한 인물이 심어준 의무 자기should self와 멀어지면 불안이나 갈등을 겪는다.

가은 씨와 같이 완벽주의 성향과 의무 자기가 강한 알파걸은 남보다 강한 지력과 체력으로 사회적 성취를 일찍 이루는 경우도 많다. 타고난 건강 체질이라 몸의 변화에 둔감하고 대수롭지 않게 여기다가 병을 키우는 경우도 부지기수다. 그러나 우리 몸의 에너지는 한계가 있는 법이다. 어려서부터 공부면 공부, 커서는 일이면 일 모두 야무지고 똑부러졌던 알파걸은 나이가 들면 자신을 너무 혹사한 나머지 소진^{burn out} 증상이 일어나 갑자기 온몸의 세포 하나하나가 아픈 것 같은 통증을 느낄 때 비로소 몸의 변화를 알아채기도 한다.

남자와 여자의 체력, 또는 젊은 사람과 마흔 이후 나이 든 여자의 체력에는 분명한 차이가 있다. 누구한테든 지지 않겠다는 마음으로 몸과 정신을 혹사하는 알파걸에게는 건강할 때 건강을 지키라는 말이 와 닿지 않는다. 하지만 몸은 정직하게 무언의 메시지를 보낸다. 단지 사람이 어리석어서 혹은 지나치게 삶의 무게중심이 머리나 일에 가 있어서 그 메시지를 놓치는 것이다. 그래서 몸과 친해지고 몸의 변화에 세밀한 관심을 보이는 지혜가 알파걸로 살아온 아버지의 딸들에게 특히 필요하다.

아무것도 하지 않는 것의 유용성

최근 심리치료 분야에서 각광받고 있는 마음챙김^{mindfulness} 이론에서는 인간의 모드를 크게 존재 모드^{being mode}와 행동 모드^{doing mode} 로 나눈다. 존재 모드는 말 그대로 아무것도 하지 않아도 편한 상태를 말하는 것이고, 행동 모드는 늘 개미처럼 움직여야 직성이 풀리는 타입의 사람이 잘 빠져드는 현상이다. 무쇠처럼 일해온 아버지의 딸들, 웬만하면 남자 두서너 명 몫을 한다는 말을 들어오면서 남보다 너무 열심히 살아온 여성들은 이 행위 모드에 쉴 사이 없이 빠져들면서 좀처럼 존재 자체의 여유를 즐기지 못한다.

최근 필자가 진행하는 '자기연민self-compassion 프로그램'에 참여한 한 40대 여성은 가장 노릇하면서 너무나 열심히 살아온 자신에 대해 한없는 연민이 느껴진다고 했다. 한 번도 '괜찮다'라고 자기를 위로한 적도, 두 다리를 뻗고 잔 적이 없는 자기 몸을 바라보면서 설움과 깊은 외로움이 느껴진다고 했다. 자기를 돌보지 않으니 가족도 자신을 존중해주지 않고 무수리처럼 부릴 줄만 안다고, 이제는 이렇게 살지 않겠노라고 선언했다.

우리의 뇌에는 '디폴트 모드 네트워크Default Mode Network, DMN'라는 것이 있다. 신경과학자인 워싱턴 대학교의 마커스 라이클Marcus Raichle 교수가 발견한 '휴지기 네트워크Resting-State Network, RSN'라는 것인데, 이 네트워크는 우리가 '아무것도 하지 않았을 때' 활성화된다. 라이클 박사는 실험에 참가한 사람들이 문제풀이에 집중하면서 생각에 몰두하자 뇌의 특정 영역에서 활동량이 늘어나는 것이 아니라 오히려 줄어드는 것을 발견했다. 테스트가 끝나고 실험 참가자가 다시 아무것도 하지 않는 휴지기 상태가 되자 이 영역의 뇌 활동이 크게 늘어났다. 디폴트 모드 네트워크는 연상의 흐름, 즉 떠오르는 대로 생각의 물결을 따라갈 때 작동한다고 알려져 있다. 아무런 자극이 주어지지 않고 쉬고 있는데 돌연 좋은 생각이 번쩍하고 떠오르는 것은 두뇌가 저장해둔 '내면의 지식'이라는 엄청난 보물을 꺼내놓기 때문이라는 것이 신경과학자들의 설명이다.

아르키메데스가 목욕탕에서 부력의 법칙을 발견하면서 "유레카"를 외친 것이나 뉴턴이 사과나무 아래서 만유인력을 발견한 것도 어쩌면 디폴트 모드 네트워크 작용과 관계가 있을 것이다. 무조건 '열심히' '바쁘게' 살아온 아버지의 딸들이 한 번쯤 되새겨볼 일이다.

현대판
심청이들

임상심리전문가가 되기 위해 수련생 시절 융 분석가에게 교육분석을 받으면서 동화를 새로운 시각으로 다시 읽게 되었다. 대표적인 책이 《효녀 심청》이다. 우리가 익히 알고 있는 동화 내용을 비틀어 새롭게 쓴 반전동화를 읽다 보면 여성이 맺고 있는 관계의 원형에 대해 다시 한 번 생각해보게 된다. '과연 심청처럼 자기를 희생해서 아버지를 구원하는 것이 옳은 것일까?' 희생과 헌신을 반복하며 고단한 삶을 사는 딸들을 보면 이런 생각이 들 때가 많다.

동화를 통해서도 간접적으로 경험하지만 여자아이들은 태어나서 곧 자신이 좋은 딸이 되는 것이 나쁜 딸이 되는 것보다 주어지는 보상이 많다는 것을 실제적인 경험을 통해 배우

게 된다. 부모가 "우리 착한 딸" 하며 노골적으로 착한 행동을 강화시켜 주기도 하지만 착한 짓을 해야만 사랑을 받을 수 있다는 것은 말을 할 줄 모르는 여자아이도 저절로 배워 나간다. 착한 딸은 조용하고 순종적이고 의존적이며 아버지의 사랑과 관심을 전폭적으로 받는다. 아기들도 눈을 깜박이고 미소 짓고 고개를 끄덕이는 자신의 행동이 얼마나 아버지를 기쁘게 해주는지 금방 배우게 된다. 아버지 역시 예쁜 딸과 눈을 맞추며 사랑스럽다는 메시지를 자주 주게 되고 딸이 자기희생적이고 애정 어린 행동을 하도록 부추긴다. 기질이 순하고 까다롭지 않은 딸은 가정에서 기쁨을 주는 존재로 아버지의 사랑을 독차지한다. 착한 딸은 좀처럼 반항하지도 않고 학교에서도 모범적이고 아버지의 기대를 저버리지 않는다.

'우리 착한 딸'이라는 말 속에 담긴 함정

요즘은 딸바보 아버지 밑에서 애지중지 사랑받는 딸도 많지만 효녀 심청이 되어 아버지를 부양할 책임까지 지고 있는 딸도 있다. 아버지의 눈을 뜨게 하기 위해서 목숨을 인당수에 바치는 딸! 그런 딸들은 공양미 삼백 석에 자신을 팔아넘긴 아버지에게 한마디 반항이나 비난도 하지 않고 기꺼이 아버지를 위해 자기를 희생한다. 이들은 아버지에게 마땅히 받아야 할 보호와 양육을 받지 못하고 일찍 버거운 삶의 무게에 짓눌러 애어른 역을 감수해야 한다.

부모, 특히 아버지의 보호를 받지 못하고 효녀 심청과 같은 환경에서 자란 여성은 심리학적으로 양극단을 보이는 경우가 허다하다. 하나는 남성을 모방하여 남성적인 방법으로 살아가면서 지나치게 냉정하고 지적인, 그리고 야심에 찬 여성이 되기도 하고 아니면 지나치게 여성적인 특성을 내세우는 여성이 되기도 한다. 야심적인 여성 유형은 예의 따스함이라고는 찾아볼 수 없는 지적이고 냉철한 이미지의 여성이 되기도 하고, 또 한 유형은 너무 여성적이어서 병적으로 자기를 희생하고 베푸는 여성이 되기도 한다.

천생 여자다, 여자답다라는 표현은 언뜻 좋아 보이나 그런 말을 자주 듣는 여성의 내면이 반드시 건강한 것은 아니다. 자기 내면의 자생적인 힘이나 자부심, 자기 안에서 발견되는 강인함과 아름다움이 결여되어 있으면 여성이 갖는 한계를 떠안을 수밖에 없다. 희생은 선택이 주어진 상황에서 의식적으로 하는 것이 아니라 이도 저도 어쩔 수 없는 상황에서 수동적으로 자기를 내놓는 것이다. 이들은 자기 내면의 깊은 감정과 직관적인 목소리를 들을 수 없고 사회적으로나 상황적으로 주어진 도덕적 가치나 준거에 무조건 복종했기 때문에 내면의 진솔한 감정을 만날 수 없게 된다.

그래서인지 너무 일찍부터 어쩔 수 없이 자신을 포기하고 부모를 위해, 형제자매를 위해 비자발적으로 희생한 사람은 인생의 중반부나 후반부에 억울한 감정, 분노, 원망감 등의 감정적 격변에 휘말리기도 한다. 30대, 40대 여성을 대상으로 집단상담을 하다 보면 아버지, 어머니와의 갈등을 호소하는 여성이 의외로 참 많다. 시댁뿐만 아니라 친정 부모들이 유난히 의존하는 딸은 대개 효녀 심청이라는 평가를 받으면서 자란 딸들이다. 그들은 "어려서부터 늘 우리 착한 딸이라는 말을 들으면서 착한 딸 역할만 하다 보니 한 번도 부모님에게 투정을 부려본 적이 없어요. 어린 시절을 뺏긴 것 같아요. 그런 내 자신이 너무 불쌍해요"라고 호소한다.

착한 딸 콤플렉스를 가진 딸들에게 들려주고 싶은 이야기가 있다. 틱낫한 스님의 《평화로움》에 나오는 내용이다. 서커스단에서 공중 그네타기를 하며 사는 아버지와 딸이 있었다. 어느 날 아버지는 딸에게 "우리가 잘 살아가려면 서로를 돌봐주어야 한다. 내 목숨이 네 손에 달렸잖니. 제발 나를 돌보아다오. 나도 최선을 다해 너를 돌볼게"라고 말했다. 그러자 딸이 말했다. "아니에요. 아버지. 각자 최선을 다해야 해요. 아버지는 아버지 스스로를 돌보세요. 아버지가 안정된 마음으로 경각심을 늦추지 않으면 제게도 도움이 되어요. 저도 줄 위로 올라갈 때 각별히 주의해서 실수하지 않도록 애쓸게요. 아버지는 최선을 다해서 아버지를 돌보세요. 저는 최선을 다해서 저를 돌볼게요. 그러면 아버지와 제가 이 일을 오래 할 수 있어요."

언뜻 보면 굉장히 냉정한 딸처럼 보인다. 하지만 이 딸의 말은 내가 말하려는 메시지를 정확하게 담고 있다. 아버지를 너무 돌보려고 하지 말고 자신을 돌봐야 한다고. 아버지는 몸도 건강하고 충분히 일을 할 수 있는 상태이니 아버지는 아버지 자신을 돌보면 된다. 아버지가 자기가 해야 할 일을 하지 않고 딸에게 은근 떠넘기고, 딸은 그 강요에 못 이겨 아버지가 원하는 것을 들어주면 그 아버지와 딸은 건강하게 오래 좋은 관계를 유지할 수 없다.

자식에 대한 돌봄은 무조건적이어야 한다는 것이 내 생각이다. 내 노후를 책임질 아이를 키우는 것이 아니라 자기 삶을 독립적으로 잘 살아갈 수 있는 힘을 길러주어야 하는 것이 부모의 과업일 것이다. 아버지는 딸을 세상으로 내보내야 하고 딸은 아버지로부터 떨어져 나와야 한다. 어떤 아버지들은 딸이 아버지를 벗어나서 밖으로 나가는 것을 경계하고 의심하고 심지어 질투한다. 의처증에 걸린 남편마냥 딸에게 온 신경을 쓰면 딸은 자기길을 가기가 어려워진다. 이런 딸들은 대개 양가감정ambivalent feeling을 갖는다. 아버지에게서 벗어나고 싶지만 자기마저 떠나버리면 아버지 혼자 남을 것 같아 안쓰럽기도 하고 때론 그런 아버지에게 화가 나면서도 죄책감이 드는 그런 복합적인 감정의 동맥경화 속에서 이러지도 저러지도 못하는 상태에 갇혀버린다.

착한 딸 콤플렉스에서 벗어나기

이렇게 착한 딸로 자란 여자아이가 자라면 매사에 최선을 다하고 열심히 살기 때문에 그렇지 않은 사람에게 조종을 당하거나 악용당하기 쉽다. 직장에서는 힘든 일도 마다하지 않으니 상사나 동료직원들에게는 인기가 좋을 수 있다. 친구, 이웃, 친척 사이든 어디서나 희생자 역할을 자처한다. 결혼을 해서도 부인 덕에 놀고먹을 생각만 하는 무책임한 남자의 보호자 역할을 할 수도 있다. 하지만 언젠가는 스스로를 보살피지 않고 피학적으로 일한 결과 불안장애, 우울증, 만성피로, 중독성 질환이 찾아올 수 있다. 착한 딸로 살아온 세월이 너무 억울하고 화가 나면서도 죄책감이 느껴진다면 그런 죄책감 뒤에 숨어 있는 분노 감정을 알아채고 어떤 식으로든 표현하는 것이 중요하다. 이 역시 관계의 단절을 각오할 정도로 용기가 필요한 힘겨운 과정일 수 있다.

자라면서 나쁜 사람은 벌을 받고, 착한 사람은 복을 받는다는 다분히 권선징악적인 내용에는 우리가 몰랐던 오류가 담겨 있다. 너무 착해서 오히려 고달픈 인생을 살면서 자신이 착한 딸 콤플렉스에 빠져 있다는 것을 알지 못하는 것이다. 독일의 심리학자 하인즈 피터 로어Heinz Peter Rohr는 '착한 딸 콤플렉스'란 죄책감과 콤플렉스가 강한 여성에게 많이 나타나며 문제의 원인은 고통의 뿌리에 있는 '그림자shadow' 인격을 방치했기 때문이라고 말한다. 그림자 인격이란 분석심리학자 융에 따르면 '겉으로 드러나는 것과 달리 속에 있고 억압되고 감춰진 인격'을 말한다. 이런 마음은 무의식 저편에 있어서 스스로 인식하지 못하는 경우가 많다. 그림자 인격에는 많은 콤플렉스가 들어 있다. 대개는 인정받고 싶은 욕구, 열등감, 죄책감, 두려움 등이 숨어 있다. 착한 딸 콤플렉스에서 벗어나려면 자기가 인정하지 않고 있는 인격의 또 다른 측면인 그림자를 통합해야만 한다.

이런 여성들은 스스로를 대접하고 존중하고 사랑해야 남들도 나를 제대로 대접한다는 평범한 진리를 깨달아야 한다. 스스로 자신의 존재의 소중함을 깨닫는 것이 중요하다. 남을 의식하고 강요된 희생을 감수하며 고통스럽게 사는 삶이 아니라 자신이 주체가 되는 삶을 되찾는 것이 자신을 소중히 다루는 방식이다. 미국 작가 엘리자베스 힐츠Elizabeth Hilts는 《착한 여자 콤플렉스 벗어나기》라는 책에서 자기 안의 '나쁜 여자'가 깨어나면서 제일 먼저 경험하는 일은 바로 자신의 목소리에 귀를 기울이게 되는 것이라고 하였다. 나쁜 여자는 자기가 무엇을 원하는지 잘 알고 있고 그리고 당당하게 그것을 요구할 수 있다는 것이다. 자신의 그림자 인격에 차곡차곡 쌓아둔 나쁜 여자가 튀어나오는 것을 두려워하지 않으려면 그동안 가두어 놓았던 '착한 딸' 이미지와 '사랑받으려면 착한 딸이 되어야 해'와 같은 낡은 신념이 어디에서 비롯되었는지 알아차려야 한다. 그리고 다른 사람을 기쁘게 하기보다는 자신의 욕구와 바람이 무엇인지 스스로에게 진지하게 물어보아야 한다.

사내아이로 자란
여자아이

고대 중국을 배경으로 하는 디즈니 애니메이션 〈뮬란〉의 주인공 뮬란은 매우 똑똑하고 적극적인 여성이다. 고대 중국에서 이상적으로 여겼던 여성상과는 거리가 멀었던 뮬란은 징집 위기에 놓인 병든 아버지를 대신해서 남장을 하고 전쟁터로 나간다. 뮬란이 긴 머리카락을 싹둑 자르고 아버지의 칼이 있었던 자리에 머리핀을 놓아두고 말을 타고 전쟁터로 떠나는 장면은 지금도 기억이 선명할 만큼 인상적이었다. '핑'이라는 가명으로 전쟁에서 큰 공을 세우고 동료 장수들의 목숨을 구했지만 뮬란은 여자임이 발각되어 처형당할 위험에 처한다. 핑이 한 일은 영웅 대접을 받을 수 있지만 여자인 뮬란이 한 일이라면 여자는 군대에 갈 수 없다는 군법을 어긴 것이 되기 때문이다.

현실에서도 뮬란처럼 병든 아버지, 혹은 인생에서 실패했거나 좌절한 아버지를 대신해서 여자이지만 남자로 키워진 딸들이 있다. 이런 딸은 뮬란처럼 세상에서는 영웅으로 성공하기도 하지만 여자로서는 치명적인 결함을 가질 수 있다. 아버지의 강요나 암묵적인 요구에 의해 남장한 여자처럼 살아온 딸은 여성성을 숨겨야 하고 여성성이 개발되는 것을 막기 때문에 자연스럽게 타고난 성, 여성을 억압하거나 배척하게 된다.

아들 역할을 강요받는 딸

남아선호사상이 강했던 아버지들은 아들이 없는 경우 딸 중에서 자신을 가장 많이 닮은 딸에게 아들 역할을 기대하는 경우가 많았다. 그 딸이 기대를 충족시키지 못할 경우 아버지는 아버지대로, 딸은 딸대로 서로 상처를 주고받는 관계가 된다. 아버지뿐만 아니라 어머니나 할머니 등 집안의 중요한 사람들 역시 가장 똑똑한 딸에게 아들 역할을 강요한다. 이렇게 주변의 중요한 타인들로부터 남자 역할을 강요받은 딸들은 이들의 기대를 절대적인 것으로 받아들이게 된다. 특히 아버지의 힘이 강할 경우 그 앞에서 딸은 더 작아질 수밖에 없다. 이런 딸들에게 아버지는 가까이 하기에 너무 먼 당신 그 자체다. 결국 이런 아버지들은 이전 시대보다 아들과 딸을 잘 먹고 잘 살게 만들어주기는 했어도 아들과 딸, 특히 딸이 한 여성으로서의 자기존재감과 가치감을 느끼지 못하게 만든다.

현정 씨가 자신이 여자라는 사실을 알게 된 것은 초등학교 입학을 앞

둔 예비소집일이다. 돌봐야 할 동생이 셋이나 있던 탓에 현정 씨는 어머니 대신 아버지 손에 이끌려 학교에 갔다. 학교 강당에 두 줄로 서 있었는데, 옆에 서 있던 아이가 현정 씨가 남자같이 생겼다고 뾰로통해서는 계속 딴 죽을 걸었다. 그 친구는 선생님이 손을 잡으라고 하는데도 대놓고 싫다고 했다. 언니와 여동생들과 함께 찍은 어릴 적 사진 속에는 상고머리를 하고 넥타이와 반바지 차림의 사내아이가 앉아 있다. 자라면서 현정 씨는 그 아이가 자신이라는 사실을 외면하면서 회피했다. 하지만 부모님께 완강히 싫다는 표현을 해보지 못했다. 어머니 역시 아버지나 시어머니의 영향으로 아들을 선호하셨고 아들을 낳지 못하는 것을 죄스러워하는 모습을 보고 자랐기 때문이다. 부모님이 유별나게 아들을 선호하거나 딸을 경시하지는 않으셨으나 유난히 예민한 현정 씨는 부모님의 한숨소리로 느낄 수 있었다. 아버지는 가끔 현정 씨를 가리키며 혼잣말로 "저게 아들이었으면" 하시곤 했으니까.

아버지가 노골적으로 남자 역할을 강요하지 않아도 딸들은 무언의 압력을 받는다. 수현 씨는 사법고시에 합격한 예비 법조인이다. 30대 중반이 될 때까지 여러 명의 남자를 만나왔지만 번번이 연애에 실패했다. 상대에게 호감을 느끼다가도 너무 가까이 다가오면 부담스러워져 뒤로 물러나는 일이 반복되었다. 수현 씨가 남자들과 친밀한 관계를 맺는 것이 어려운 이유에는 아버지 영향이 컸다. 수현 씨의 아버지는 유난히 성공에 대한 갈망이 강한 분이었다. 자신의 꿈을 이루어줄 아들을 기대했으나 딸만 줄줄이 넷이 태어나자 딸들만 보면 아들타령을 했다. 막내였던 수현 씨는 태어나면서부터 자신이 아버지를 실망시켰다는 사실이 너무 죄스러웠고 그래서 아버지의 기대를 거스를 만한 그 어떤 행동도 하지 않고 아버지가 바라는 법대에 들어가서 비교적 일찍 사법고시에 합격을 했다. 문제는 사법고시를 패스하고 남자친구를 사귀면서 나타났다. 남자들을 만날 때마다 늘 여자로서 부적절감이 느껴졌고 남자들과 가까워지는 것이 두려웠다. 아버지와의 관계를 질문하자 "늘 아버지를 기쁘게 해드리고 싶었어요. 아버지가 더 이상 나를 보고 실망하지 않았으면 했어요. 지금도 모든 이들이 내게 칭찬을 하더라도 정작 아버지의 칭찬이 없으면 불안해지고 우울해져요"라고 말했다.

사회적으로는 열 아들 부럽지 않은 딸이 되었어도 수현 씨 같은 딸들은 근원적인 결핍감을 느낀다. 그 결핍감은 다름 아닌 아버지가 심어준 것이다. 이렇게 현정 씨나 수현 씨처럼 여자아이지만 알게 모르게 남자이기를 바라고 남자 역할을 강요받고 자란 딸들이 우리 시대에는 많았다. 이런 여자아이들은 부모의 탄식어린 말을 들을 때마다 자신이 남자아이로 태어나지 않은 것이 괜히 미안하기도 하고 남자가 되어서 어머니나 아버지를 기쁘게 해주고 싶다는 생각을 자주 한다. 내가 아는 어떤 여성은 어릴 때 엄마가 시장에 가면 "엄마, 시장에서 고추 사와. 나도 고추 달고 싶어"라고 말한 기억이 있다며 허허롭게 웃기까지 했다. 이런 딸들은 딸만 내리 낳은 어머니를 행복하게 해드리고 싶다는 생각과 자라면서 아들 역할을 해야 하고, 아버지의 대를 이어 집안을 지켜야 한다는 책임감 같은 것이 자리 잡기도 한다. 여자이면서도 속으로는 남자로서의 정체감을 키워나갔던 것이다.

그래서 몸은 여자지만 남자처럼 살기를 강요당한 딸은 아버지와 어머니에게 아들 못지않은 딸이 되려고 자기가 원하지 않는 길을 가기도 하고 수현 씨처럼 이성과 관계 맺는 것이 어려워진다. 오랫동안 여성성을 억압하고 부인하면서 살았기 때문에 자기에게 호감을 갖는 이성이 있어도 선뜻 다가가지 못한다. 아들을 선호하는 아버지, 주변 가족들로 인해 프로이트가 말한 남근선망^{pennis envy}이 뿌리 깊게 내면화되어 있어 사회에서 자기보다 유능한 남자들 앞에만 서면 주눅 들고 깊은 열등감과 시샘을 느끼기도 한다. 이런 딸들은 남자의 호감을 받아들이기까지 오랜 시간이 걸린다.

여자로서의 심리적 재탄생

요즘은 예전에 비해 딸 아들 차별이 줄어들고 오히려 딸을 낳는 것이 노년을 위한 투자라고 할 정도로 딸을 선호하는 부모도 많아졌지만 여전히 타고난 성과는 다른 성역할을 강요하는 부모도 있다. 자기의 생물학적 성을 자연스럽게 받아들이고 사회적·문화적으로 부과된 성역할을 유연하게 표현하면서 사는 것이 가장 건강하다. 그런데 아들로 키워진 딸들은 인생의 어느 시점에서 정체성의 혼란을 겪을 수밖에 없고 남자도 여자도 아닌 어정쩡한 모습으로 살다가 결국 잃어버린 자기 자신의 중요한 단면을 찾아내어 자기 안에 통합시켜야 하는 과제를 안고 살 수밖에 없다. 여자든 남자든 청소년기에 들어서면 성정체감^{sex identity}이 분명해지고 자신의 성을 수용하게 되면서 심리적 재탄생을 겪는다. 그러나 아버지에게 남성적인 역할을 강요받은 딸은 청소년기에 다른 아이들과 달리 자기 성에 대해 확고한 성정체감을 갖기가 어렵고 혼란스러운 상태에 놓인다.

아버지에게 타고난 여성을 억압당할 수밖에 없었던 많은 딸들이 여자로 다시 태어나기 위한 심리적 탄생의 시점은 사람마다 다를 것이다. 여자로서 다시 태어나면 자신이 여자라는 사실을 자연스럽게 인정하고 받아들일 수 있게 되고 과거 아버지가 미친 부정적 영향의 잔재를 확인하고 여성으로서의 자기 존재를 근원에서부터 긍정하는 것이 가능해진다. 특히 이런 딸들은 여자로서 자기 몸에 대해서도 새롭게 깨어나야 하는 과제를 떠안게 된다. 여자인 자기 몸에 대해 부적절감을 갖는 한 친밀한 이성관계를 맺기가 어렵기 때문이다.

상실의 실마리를
찾아서

인생의 어느 시점에 심리적 어려움을 겪는 사람들과 이야기를 하다 보면 뜻밖에 어렸을 때 아버지가 존재하지 않은 경우가 많다. 아버지가 존재하지 않은 이유는 상당히 많다. 아버지 부재의 이유가 명백한 경우도 있지만 분명하지 않은 경우도 있다. 예를 들어 아버지가 돌아가셨다면 이유가 명백하다. 그러나 아버지가 엄마와 이혼을 했거나 가족을 버리고 떠났다면 죽음보다 더 나쁠 수 있다. 마음이 힘든 사람을 상담하다 보면 어린 시절 상실이나 애도를 다루어주어야 할 때가 많은데, 가장 다루기 어려운 상실이 아버지의 부재가 분명치 않은, 즉 모호한 상실일 경우다. 아버지든 어머니든 부모의 상실이 분명하지 않아서 부재와 존재에 대해 확신이 없고 종결

이 없기 때문이다.

　모호한 아버지 부재에는 두 유형이 있다. 첫 번째 유형은 실제로 옆에 없지만 다른 가족의 마음속에 심리적으로 존재하는 경우다. 부모의 이혼으로 인한 상실 경험이 이런 유형이다. 남겨진 아이들은 아버지가 가족을 어떻게 떠났는지, 확실하게 떠난 것은 맞는지 확신할 수 없고 늘 '아버지는 어디에 있는 거지?'라고 의아하게 생각한다. 자녀도 아버지 소식을 듣지 못하고 어디에 있는지 모른다. 두 번째 유형은 실제로는 옆에 있지만 심리적으로는 없는 것과 마찬가지인 유형이다. 외도나 중독, 정신질환 또는 일중독으로 자녀에게 무관심하고 정서적으로는 없는 것과 마찬가지인 아버지다. 이런 아버지들은 같이 살아도 정서적으로는 연대감이나 연결감이 전혀 없고, 아버지는 돈이나 벌어오는 사람에 불과하다. 아버지는 몸은 옆에 있지만 실제로는 없는 것이다. 옆에 있으니 몸으로는 찾을 필요가 없지만 마음과 생각으로 찾아 나선다. 딸은 상실감을 느끼지만 다른 사람들은 알아차리지 못한다.

아버지의 부재가 가지고 온 소외감

　은수 씨는 경제적으로 안정감 있고 가족관계에도 별다른 문제가 없지만 늘 대인관계에서 외로움과 소외감을 느끼곤 한다. 물론 다른 사람들은 이런 은수 씨의 고통을 잘 눈치 채지 못하고 그저 일을 좋아해서 사람들과 수다를 떨기보다는 일에 빠져 있다고 생각한다. 정작 은수 씨는 일이 좋아서라기보다는 사람들 속에 섞여 있으면 왠지 모를 외로움이 느껴져 차라리 일을 한다고 고백한다.

은수 씨 같은 사람이 의외로 많다. 이런 사람은 흔히 말하는 '군중 속의 고독', 즉 사람들과 함께 있으면 오히려 더 외롭고 소외감을 느낀다. 그 때문에 스스로를 능동적으로 소외시키기도 한다. 다른 사람들 눈에는 매우 독립적으로 보이고 심지어 쿨한 이미지를 풍길 수 있다. 그러나 이들의 내면 풍경은 추수가 끝난 뒤의 들녘처럼 허전하고 을씨년스럽다. 이들을 가만히 살펴보면 어린 시절 대개 모호한 상실을 경험한 경우가 많다. 모호한 상실은 애매모호한 분리 경험이기 때문에 딸들은 오랫동안 원인을 인식하지 못한 채 대상을 갈구하면서도 다가갈 수 없는 이른바 접근 회피 갈등 approach and avoidance conflict을 겪게 된다.

이어령 교수의 딸인 이민아 씨가 쓴 글을 읽은 적이 있다. 흔히 이런 유명한 아버지를 두고 있다면 다복한 어린 시절을 보냈을 것이라 생각하지만 실제 이어령 교수는 늘 바빴다고 했다. 어린 시절 아버지와 놀고 싶어서 서재를 기웃거리면 어머니에게 "나 지금 원고 마감 중이야. 얘 좀 데리고 가"라는 짜증 섞인 목소리가 들려왔다. 그때마다 어린 민아 씨는 아버지에게 버림받은 느낌이었다고 술회한다.

이처럼 아버지 본인은 인식하지 못하고 있는 사이에 어린 딸은 아버지에게 모호하게 거절 받은 느낌과 상처를 받는다. 늘 집에 있었으나 서재에서 나오지 않는 유명한 아버지를 둔 이 딸은 아버지가 늘 집에 있어도 자기 옆에 없는 느낌을 받고 성장한 것이다. 소위 사회적으로 잘나가는 아버지를 둔 딸들 중에는 아버지가 옆에 있어도 늘 그리운 대상일 수밖에 없고 아버지의 실존을 느낄 수 없는 경우가 많다. 이들은 어린 시절 아버지에게 충분한 관심과 애정을 받지 못한 탓에 마음 한편에 커다란 구멍을 하나씩 안고 살아간다. 그 구멍을 일이나 다른 남자들을 통해 채워나가려고 한다. 아버지의 부재를 어머니가 잘 충족시켜주면 문제가 없지만 아버지 부재와 어머니의 정서적 보살핌의 부재가 맞물리면 부모가 옆에 있어도 충분한 돌봄을 경험하지 못한다. 그리고 자기존재감에 대해서도 부정하고 회의하게 된다. '나는 아버지의 서류만큼도 중요한 존재가 아닌가 봐'라고 생각하게 된다. 특히 여자아이들은 이런 미묘한 상실에 민감하다. 남자아이들과 달리 관계지향적인 여자아이들은 큰 외상이 없었어도 사소한 부모의 거절, 거부의 제스처에 유난히 상처를 받는다. 물론 부모는 아이에게 최상의 것을 해주었다고 믿고 본인도 모르는 사이 아이가 얼마나 상처를 받았을지 짐작하지 못한다.

아버지의 마지막 모습

어떤 연유로 아동, 청소년기에 아버지와 같이 살지 않게 된 딸은 아버지의 마지막 모습을 어떻게 기억할까? 부모의 이혼으로 어느 날 학교에서 집에 돌아오니 아버지의 옷이며 아버지가 즐겨 사용하던 것들이 깨끗이 없어진 것을 알게 되는 경우도 있다. 그 이후로 몇 십 년이 흘러서야 아버지의 모습을 보게 된 딸도 있고 그 이후로 아버지의 모습을 전혀 보지 못한 딸도 있다. 아무런 설명 없이 아버지가 사라진 딸들은 오랫동안 정서적 후유증을 앓게 된다. 은영 씨는 초등학교 때까지는 목말을 태워주고 맛있는 것도 사다주던 아버지가 중학교 시절 이웃 마을에 딴 살림을 차렸다. 학교를 오가다 어쩌다 아버지와 마주치면 아버지는 딸을 외면했고, 심지어 사람들 앞에서는 아버지라고 부르지 말라고 화를 냈다. 어느 날 아버지는 머나먼 타지로 떠났고 그 이후로 한참 동안 아버지를 볼 수 없었다. 아버지가 옆에 있었어도 아버지라고 부를 수 없었고, 예민한 사춘기에 아버지에게 버림받고 배척받은 사건은 결혼적령기가 되어서도 상처가 되었다. 남자를 만나면 어떻게 행동해야 할지 몰랐고 아버지처럼 자신을 배신하고 버릴지도 모른다는 생각에 다가오는 남자들에게 상대방이 넘어오지 못하도록 높은 벽을 치곤 했다. 사람들에게 자신의 모든 것을 보여주는 것이 두려웠고 항상 좋은 모습, 완성된 모습만 보이고 싶어 했다. 남자친구와의 관계에서도 그런 경향은 마찬가지여서 관계가 발전하기 어려웠다.

주변 남자들을 보면 상실의 실마리가 보인다

과거 아버지가 떠난 사실이 너무 고통스러워 애써 억누르고 생각하지 않으려는 딸도 있다. 많은 사람들이 자기가 받아들이기 어려운 일에는 직면하지 않고 피하려고 한다. 애도전문가인 데이비드 하트^{David Hart}는 이를 돕기 위해 다음의 두 단계를 제안한다. 첫 번째 단계는 삶에서 상실로 인해 나타나는 증상을 파악하는 단계다. 상처가 있는 곳이 어디인지 잘 살펴보는 것이다. 왜 그런 일이 일어났으며 그것이 언제였는지 그때 내 반응은 어땠는지 생각해보면 과거 그 시점에서 한 발자국도 나가지 못한 자신을 발견하기도 한다.

과거 아버지의 부재로 인해 나타나는 고통을 직면할 수 있는 다른 방법은 자기가 만나고 있는, 자기 주변에 있는 남자들을 살펴보는 것이다. 아버지 모델이 되어주는 남자들과의 관계를 살펴보다 보면 유년 시절 아버지 상실과 부재로 인한 실마리를 찾을 수 있다. 이어령 교수의 딸 민아 씨는 아버지 상실과 부재로 인해 나중에 남편이 된 남자에게 너무 의존하고 또 실망했다고 회고한다. 이렇게 아버지 부재로 인해 남자친구, 남편에게 집착하는 여성은 아버지 대신인 남자친구, 남편에게 아버지에게 받았던 상처와 실망을 되풀이해서 받기도 한다.

두 번째 단계는 아버지에 대해 사실과 사실이 아닌 것의 차이를 알아내는 것이다. 사실은 무엇이고 아버지에 대해 재해석하고 달리 생각하게 된 것은 무엇인지, 아버지에 대해 모르고 있었던 것, 차라리 몰랐으면 더 좋았을 것이 있었는지 살펴본다. 어떤 과거의 일은 사실이 아닌데도 사실로 믿고 있는 경우가 있다. 그래서 믿는 것이 곧 사실이 되어버린다. 인간의 기억은 정확하지 않기도 하고 오랜 시간이 지나면서 실제 사건에 공상과 생각이 덧붙여지면서 다르게 각색되기도 한다. 그래서 가급적 그때 그 사건에서 사실이 무엇이었는지, 사실이 아닌 것이 무엇이었는지, 어떤 기억의 왜곡이 덧씌워졌는지 파악하는 것이 중요하다. 필요하다면 현재 아버지나 가족에게 그 일을 물어볼 수도 있지만 가족 역시 그 사건과 상황을 지각하고 해석하는 것이 모두 다를 수 있다.

심리학자 다우니G. Downey에 따르면 과거에 버림을 받은 사람은 유난히 거절에 민감해진다고 한다. 거절 민감성은 거절이나 거부가 예상되는 상황에서 예기 불안을 느끼며 분노하고 우울하게 반응하는 등 실제 상황에서 보통 사람보다 더 예민하게 반응하는 경향성을 나타낸다. 어린 시절 옆에 없었던 아버지로 인해 버림받은 느낌을 받았던 딸은 특히 남자친구나 배우자의 거절에 매우 민감하다. 남자친구를 사귀어도 상대에게 거절을 당하거나 버림을 받을까 봐 두려워하고 결혼을 해서도 늘 남편이 자신을 버리지 않을까 두려워한다. 살면서 유난히 누군가의 거절에 민감하다면 잠시 눈을 감고 다음을 생각해보라.

· 내 아버지는 어떤 방식/어떤 모습으로 어렸을 때 내 옆에 없었는가?
· 어린 시절 아버지가 가족을 떠났다면 그 이유는 무엇이라고 짐작하는가?
· 아버지가 가족을 떠났을 때 몇 살이었는가? 아버지가 떠난 사실을 언제, 어떻게 알았는가?
· 아버지의 부재가 삶에 미친 영향은 어떤 것이었는가?
· 아버지가 떠난 사실에 대해 누구와 이야기를 나누었는가?
· 아버지가 떠난 것 때문에 사랑하는 누군가가 자신을 떠날지도 모른다는 걱정을 자주 하고 있는 것은 아닌가?
· 아버지가 떠난 원인이 자신 때문이라고 생각하는가?

이런 질문에 스스로 답을 해보면서 혹시 현재 맺고 있는 관계에서 버림받는 것이나 거절에 대해 유난히 민감하다는 생각이 들면 지금 그 상대와의 관계 이전에 버림받았던 상황에 대해 잘 들여다볼 필요가 있다. 들여다보고 관찰해보면 그 두려움의 원인은 상대에게 있는 것이 아니라 자신의 내부에 있다는 사실을 깨닫게 된다. 원인을 알게 되면 두려움 때문에 상대를 휘저을 필요가 없다는 것을 알게 된다.

책임감의
뿌리

아버지가 아버지 역할을 하지 못할 경우 어머니가 아버지 대신 가장 역할을 억척스럽게 해내는 경우가 많다. 그러나 어머니 역시 어떤 연유로 가장 역할을 하지 못하면 자녀 중 누군가는 부모 역할을 해야 하는 숙명을 갖게 된다. 어린 자녀지만 부모 역할을 하게 되는 것을 '부모화^{perentification}'라고 한다. 부모화는 부모의 사망, 별거나 이혼, 재혼을 겪은 자녀에게서 많이 나타난다.

부모화가 높은 자녀일수록 책임감이 강하게 나타난다. 영국의 정신분석학자 존 보울비^{John Bowlby}는 이를 '역전된 부모-자녀관계'라고 표현하는데, 역전된 부모-자녀관계 사이클에 있는 자녀는 내면에 심각한 문제를 안고 성장한다. 겉으로는 어른 같은 행동을 해서 조숙해 보이기 때문에 주변 어른들의 칭찬을 받으면서 성장하지만 내면은 욕구가 좌절된 어린이 상태로 남아 있게 된다. 특히 이런 아이들은 자신이 감당해야 할 책임만큼이나 많은 스트레스나 긴장을 경험한다. 타인을 강박적으로 보살피려고 하고 친밀한 인간관계를 형성하는 경향이 있으나, 항상 자기보다 타인을 배려하기 때문에 정작 자신은 타인에게 배려 받지 못한다. 자신을 돌보고 보살피는 행동과 타인을 돌보는 행동 간의 균형을 이루지 못한 채 강박적으로 타인을 돌보고 보살피는 일에만 몰두하기 때문에 자기 내면의 욕구를 희생하고 스스로 소외시킨다. 이처럼 어릴 때부터 부모 역할을 대신했던 아이들은 커서는 타인과의 관계에서 지나친 책임감과 타인에 대한 강박적인 배려라는 문제를 겪게 되고, 그 결과 원만한 대인관계를 형성하는 데 어려움을 느낀다.

헌신과 의무감에 가득 찬 딸

오로지 의무, 규율을 지키는 것, 통제하는 것에만 가치를 느끼는 여성이 이러한 유형에 해당한다. 의무와 책임감에 사로 잡혀 사는 여성들은 자기를 배신하지 않으려고 한다. 그러나 이런 '의무감에 가득 찬 딸'이 보이는 패턴은 자기 내면에서 나온 것이 아니라 밖에서 주어진 것이다. 이러한 여성은 의무감이 강한 여성 이미지가 자신에 의해서가 아니라 주변 누군가에 의해 투사된 것이라는 것을 깨달아야 한다.

35세의 지은 씨는 어려서부터 책임감이 강했다. 언니가 있지만 언니는 성격이 제멋대로이고 늘 아팠기 때문에 지은 씨가 동생들을 돌봤다. 설상

가상으로 아버지가 허리를 다쳐 일을 못하게 되면서 알코올중독자가 되었고 어머니마저 병으로 일찍 돌아가시자 아픈 언니를 대신해서 집안 살림을 도맡아야만 했다. 대학도 포기하고 동생들 뒷바라지를 하다가 동생들이 결혼을 하자 자기 역할을 다 했다고 자족하기에 앞서 만성 피로감과 정서적으로 메마른 느낌, 삶의 의미를 찾기 어렵다는 느낌이 찾아왔다. 결혼해서도 시집살이를 호되게 했다. 시댁에 이유 없이 순종적이고 복종적인 사람이 되었다. 책임감이라고는 찾아볼 수 없는 아버지를 겪으며 무의식적으로 길들여져 있었기에 호된 시집살이 또한 참고 견디며 살았고 시댁에서든 가정에서든 목소리를 낼 수 없었다. 지은 씨는 스스로를 '착한 병'에 걸린 사람처럼 살았다고 표현했다.

이런 유형의 여성은 융이 말한 것처럼 자신의 것이 아닌 의무감에 사로잡힌 페르소나persona, 가면를 가지고 살아간다. 페르소나란 고대에 배우들이 쓰던 가면을 의미하는 것으로, 세상살이에 대처하기 위해 한 개인이 사용하는 사회적 가면이나 사회적 얼굴을 의미한다. 페르소나는 직업이나 자아정체성, 성정체성처럼 사회가 규정하는 나에 대한 인식과 관련되어 있다. 의식적으로나 무의식적으로 자기 성격의 한 측면을 페르소나로 강조하기도 하고, 살면서 누군가가 혹은 스스로 부여한 사회적 역할과 짐을 질 수밖에 없는 사람은 이 페르소나를 벗어나기 어렵다.

페르소나, 그 옷을 벗어버리다

헌신과 의무의 삶을 대표하는 아버지의 딸은 수녀들에게서도 찾아볼 수 있다. 수녀들은 헌신하는 딸로 훈련받고 수녀원장, 나아가서는 엄격한 권위주의적인 시스템에 복종하도록 훈련받는다. 이 시스템은 그들의 몸을 감추게 하고, 그들은 여성성을 감추고 남성과 세상의 유혹으로부터 자신을 보호하기 위한 옷을 입는다. 수녀라는 외적 인격, 즉 페르소나를 벗어버리는 것은 자신의 어둡고 약한 측면을 보여주는 것이다. 이 어두운 부분은 강하고 엄격한 권위에 의해 억제되거나 억압되었던 측면이다. 수녀원에서 뛰쳐나온 한 여성에게 아버지와의 관계를 물어보자 "아버지는 밖에선 호인이었지만 집에선 악인이었어요. 툭하면 욕을 하고 마음에 안 들면 집안의 가구들을 다 쓸어버리곤 했지요. 어머니가 가출하는 바람에 동생들 뒷바라지하다가 수녀원으로 도망쳤어요"라는 대답을 들려주었다. 처음엔 수녀원 생활이 그렇게 좋을 수 없었다고 했다. 그러나 점차 아버지와 같은 폭력은 없어도 늘 상명하복해야 하는 수녀원 분위기가 답답했다. 인내심과 헌신이 몸에 배인 터라 10년 이상 수녀원의 규율을 잘 지키려고 애를 쓰다가 어느 날 팔이 마비되는 증상이 생기면서 자기 인생을 다시 점검하게 되었다고 했다. 그러고는 이렇게 살다가는 다리까지 마비되겠다 싶어 수녀원을 나왔다.

수녀가 된다는 것은 종교적으로 분명한 소명을 받는 일일 것이다. 대부분의 수녀는 이런 부름을 기꺼이 받아들이고 평생을 서원하고 그 시스템 안에서 순종하고 살아간다. 그러나 가끔 예외도 있는 법이다. 앞서 예로 든 여성은 종교적으로 특별한 부르심을 받고 수녀원에 간 것이 아니라 강압적인 아버지를 피해서 도망친 것이 문제였다. 의무감에 가득찬 딸들은 자신의 창조적인 욕구와 관계적 욕구, 가능성을 희생하고 다른 사람들을 위해 봉사한다. 그녀는 전문직 여성이 되고 싶었지만 동생들을 돌보라는 아버지의 뜻을 거역하지 못하고 고등학교를 졸업하자마자 동생들을 보살피다가 그들이 어느 정도 앞가림을 하게 되자 아버지를 합법적으로 떠날 수 있는 길인 수녀원으로 들어갔던 것이다. 그리고 그 선택은 나중에 번복해야 할 정도로 잘못된 것이었다.

아버지 원형, 즉 부성 원리에 지배받는 삶을 지향하며 항상 정진하는 삶, 사회적 욕구, 원칙, 규범에 전적으로 헌신하고 개인적 삶을 희생하며 몸을 혹사하는 여성이 많다. 특히 이들은 여성적 수용을 나약한 수동성으로 간주하고 일이나 가정에서 완벽주의 모습을 보인다. 이런 딸들은 아버지가 씌워준 의무감과 책임감의 페르소나를 벗어야 행복해질 수 있다. 삶이 의무와 책무의 연속으로 이루어져 있다면 축제보다는 숙제이자 강제 노역과 같을 것이다. 자발적으로 원해서 하는 일이 아닌 강제 노동에 동원된 사람의 삶은 유쾌한 삶과는 거리가 멀다. 유독 고부갈등에 시달리는 여성 중에서도 의무감과 헌신에 가득 찬 아버지의 딸이 많다. 자기주장이 센 며느리들은 일찌감치 시어머니와의 관계에서 분명하게 선을 긋고 그 선을 넘지 못하게 한다. 그러나 착하디착한 며느리들은 얼토당토하지 않은 시어머니의 요구까지 계속 들어주고 그런 성향을 강화시킨다. 그들은 이렇게 의무감과 헌신 속에 살다가 중년 이후에 화병을 호소하기도 한다. 결혼을 하고 나서도 친정 식구들의 실질적인 가장 노릇을 하며 헌신하는 아버지의 딸들도 속병이 들기는 마찬가지다. 그래서 원가족이든, 시댁이든 결혼을 하면 건강한 분리와 독립을 하는 것이 필요하다. 맹목적인 헌신과 의무감은 받는 사람도, 제공하는 사람도 결국 이롭지 못하다.

책임감이 강하고 의무감에 사로잡혀 하루하루를 살아왔던 여성에게는 페르소나를 벗는 것이 쉽지는 않다. 하지만 진정한 자기를 만날 수 있고 진솔한 인간적 감정을 교환하며 살 수 있으려면 스스로를 힘겹게 하는 페르소나를 벗어던지는 용기가 필요하다. 심층심리학자 린다 레오나드는 착하고 헌신적인 딸의 페르소나를 벗어던지려면 자신의 어둡고 약한 측면을 꺼내어 보여주어야 한다고 말한다. 약하고 어두운 측면은 강하고 엄격한 권위 앞에 복종하면서 그동안 억제하고 억압했던 측면이다. 이전에는 결코 허용하지 않고 개발되지 않았던 인격의 원시적인 측면이기도 하다. 의식적으로 이를 깨닫지 않으면 무의식은 갑자기 예기치 않은 문제로 알려주기도 한다. 자신의 욕구를 감춰두고 권위 있는 아버지나 타인의 요구에 맞추어 지나치게 의무감과 헌신에 몰두해서 살아온 딸이라면 의무감에 가득한 생활패턴이 타인에 의해 부과된 것이라는 것을 깨달아야 한다. 이런 이미지는 스스로 원한 것이 아니라 누군가로부터 투사된 이미지여서 착하다는 착각을 주변 사람에게 불러일으킨다. 이렇게 의무감에 가득차서 살다 보면 어느 순간 감정이 메마르고 삶의 의미가 부족하다는 느낌을 받는다.

의무감이 지나치면 순교자형으로 발전할 수 있다. 특히 알코올중독자 부인 중에는 순교자형이 많아서 수동적이고 종속적이며 피학적인 모습을 보인다. 순교자적인 태도를 취하면서 부지불식간에 남편을 열등한 아들 위치로 몰아넣기도 한다. 너무 많은 짐과 책임을 지기 때문에 이런 여성들은 히스테리컬한 발작을 하거나 자신과 주변 사람에게 끊임없이 화를 내기도 한다. 이들에게 가장 필요한 것은 그동안 부인했던 자기 욕구를 돌보는 것과 희생자, 순교자적인 태도를 내려놓는 것이다. 문제는 만성피로증후군이나 화병, 우울증 혹은 자녀에게 문제가 생기기 전까지 이런 자신의 삶의 태도를 잘 인식하지 않는 여성이 많다는 것이다. 만일 몸의 문제, 마음의 문제가 삶을 갉아먹고 있다는 생각이 든다면 이제부터는 삶의 중심을 타인이 아닌 자기에게 두는 것이 좋다. 지금까지 몰두해왔던 '타인 돌봄'을 멈추고 '자기 돌봄'을 할 차례다.

열등감에 갇힌
인생

하와이 '카우아이 연구Kauai-study'는 심리적 탄력성 혹은 회복력resiliency의 기원이 될 정도로 유명한 연구다. 심리학자 에미 워너E. Werner는 1955년 카우아이섬에서 태어난 약 800명의 아이들의 성장 과정을 추적하였다. 40년 넘게 계속된 이 연구에서 가난, 부모의 질병, 무관심, 학대, 이혼 등의 열악한 양육 조건에 놓여 있는 소위 고위험군의 아이들 약 200명의 성장 과정을 집중 분석했고, 그 결과 약 3분의 1에 해당하는 72명의 아이가 학업성적도 우수하고 모범적으로 성장하였고 40세가 되었을 때도 건강하고 모범적인 가정을 꾸리고 있었다. 이들에겐 아주 특별한 공통점이 있었다. 그것은 자기의 입장을 지지하고 응원하는 어른이 적어도 한 명 이상 있었다는 점이었다. 연구자들은 이런 결과를 보면서 역경에서 살아남을 수 있는 심리적 탄력성을 가지려면 수호천사와도 같은 한 명 이상의 성인이 필요하다고 역설한다. 그 한 명은 친구일 수도 있고, 학교 선생님 혹은 지역사회의 멘토 등 꼭 부모가 아니어도 상관이 없다.

끊임없이 비난하는 아버지

태희 씨는 30대 초반의 직장여성이다. 알 수 없는 무력감과 자존감 저하로 상담실을 찾은 그녀는 청소년기가 암흑기였다고 털어놓았다. 2녀 중 둘째였던 그녀는 공부를 잘하고 매사에 야무졌던 언니와 비교를 당했다. 어머니, 아버지는 언니의 성적표를 보고 늘 흐뭇해하셨다. 친구도 별로 없었던 그녀는 청소년기에 접어들면서 세상에 태어난 것을 후회했고 비관했다. '우리 집은 나만 없으면 좋을 텐데'라는 생각에 늘 젖어 있었다. 부모님이 자신만 보면 화를 냈기 때문이다. 아프면 부모님의 관심을 받을까 하여 일부러 비를 맞기도 하고 찬물로 샤워를 하기도 했다. 관심을 받고 싶었고 그러면서 부모님을 증오했고 그럼에도 인정받고 싶었다. 항상 칭찬을 받고 다른 사람에게 자랑스러울 수 있는 언니가 부러워 미칠 지경이었다. 부럽다 못해 언니는 미워해야 할 대상이었고 적이었다. 언니는 부모님의 사랑을 모두 빼앗아 간 나쁜 사람이었다. 언제부터인가 아버지의 표정과 목소리 톤을 읽는 아이가 되었고 잠을 자다가도 아버지 발자국 소리에 깜짝 놀라 깨기 일쑤였다. 아버지가 태희 씨를 바라보는 표정은 항상 똑같았다. 한심하기 그지없는 표정으로 볼 때마다 한숨을 쉬었고, 늘 같은 말씀을 하셨다.

"넌 왜 그렇게 항상 생각이 없냐? 머리에 똥만 차서는, 쯧쯧쯧. 생각을 좀 하고 행동해!"

태희 씨의 아버지는 그녀가 어떤 일을 시작할 때면 그녀의 자질을 의심부터 했다. 태희 씨는 점점 자기 능력에 대해 의심하고 지레 포기하는 삶을 살았고, 어떤 일을 해도 오래하지 못하고 자신감을 갖지 못했다. 현재 그녀의 가장 큰 소망은 자기 아이를 억누르지 않고 아이의 뜻을 존중하는 사람과 결혼하고 싶다는 것이다. 태희 씨는 이 모든 것이 아버지로부터의 정서적 유대감이 없었던 것이 크게 작용했던 것이라는 사실을 깨달았다.

어머니나 아버지 둘 중 한 사람에게라도 지지를 받은 딸은 세상을 헤쳐나갈 힘을 얻는다. 그러나 태희 씨처럼 부모 모두 딸의 능력을 의심하고 과소평가한다면 집은 더 이상 편안한 안식처가 되지 못한다. '말이 씨앗이 된다'는 말이 있듯이 심리학에서는 '자기충족적 예언'이라는 것이 있다. '피그말리온 효과'라고 불리는 이 현상은 누군가에게 긍정적 혹은 부정적 기대를 받거나 예언을 들었을 때 그 영향을 받아 결국에는 그 기대와 예언을 스스로 성취하는 현상이다. 아버지에게 늘 부정적인 말과 기대를 들은 태희 씨는 아버지의 기대와 말대로 행동하고 자신에 대해 그렇게 믿었기 때문에 부모가 예언한 대로 형편없는 모습이 되어 갔다. 30대 초반이 된 그녀는 그 시절의 자신에 대해 그저 관심받고 싶었을 뿐이고, 그저 인정받고 싶었을 뿐이었다고 항변하고 싶어 한다. "나도 사람이라고, 나도 딸이라고, 나도 할 수 있다고"라고 말이다. 철학자 존 듀이John Dewy는 "인간이 가진 본성 중 가장 깊은 자극은 '중요한 사람'이라고 느끼고 싶은 욕망이다"라고 했다. 마땅히 받았어야 할 인정과 사랑을 받지 못한 아버지의 딸은 자기에 대한 존중감을 회복하기가 쉽지 않다.

그냥 흘려보내야 하는 과거도 있다

태희 씨 같은 사람을 상담하다 보면 공통점이 있다. 바로 어느 누구에게도 인정받지 못한 어린 시절에 고착되어 늘 칭찬받고 싶은 어린아이 같은 마음을 가지고 살아간다는 점이다. 이들은 부모의 눈에는 형편없고 무능해 보이지만 실은 기를 쓰고 인정받으려고 노력하며 살아왔다. 그 모든 노력이 물거품이 되면서 점점 엇나갈 수밖에 없었다. 이런 사람들은 부모의 인정을 몸부림치며 기대하던 15살 혹은 17살 그 나이에 고착되어 있다. 아버지와 어머니의 사랑을 받기 위해 버둥거렸던 그 시절의 자기를 끌어안는 것이 숙제로 남아 있다. 더 이상 그 시절의 자신을 비난하거나 좌절하지 말아야 한다. 부모님의 눈에는 패배자의 인생을 살고 있고 한심한 삶을 살고 있다 하더라도 스스로를 격려하며 살아가야 한다. 설령 부모님이 인정하지 않더라도 자신이 하고 싶은 일을 하고 살면서 자존감을 회복해야 한다.

한 나라의 역사가 있듯이 개인사에도 파란만장한 흑역사, 암흑기가 있다. 어떤 사람은 갑자기 집안이 몰락하면서, 어떤 사람은 갑자기 성적이 떨어지면서 어떤 사람은 잘나가다가 갑자기 병이 생겨서 등 이유는 다양하지만 누구나 어두운 역사가 있을 수 있다. 과거를 재조명해야 현재와 미래가 밝아질 수 있다지만, 어떤 과거는 그냥 흘러가게 해야 한다. 특히 부모와의 관계에서 많이 상처받고 힘들었던 역사를 안고 있으면서 그 시기에 계속 고착되어 15살, 17살의 내면 풍경을 가지고 살아가는 사람은 하루하루 자기존재감을 확인하고 싶은 투쟁에 놓이게 된다.

더 이상 상처받지 않겠다는 각오와 용기

심리학자 아들러Alfred Adler는 인간에게는 누구나 열등감을 극복하려는 의지와 우월해지려는 욕구가 있다고 했다. 그러나 과거 부모가 자기존중 감의 기초를 분명히 쌓아주지 않으면 자존감 세우기라는 생애 초기의 중요한 과제가 부실공사가 되어 그 피해자가 된다. 부실공사의 원인을 알았다고 끝난 것은 아니다. 원인을 알기만 하고 조치를 취하지 않으면 더 큰 위험이 생긴다. 열등감의 근원이 부모라는 사실과 그 원인을 알았지만 여전히 한 발자국도 움직이지 못하는 사람들이 있다. 이들은 늘 아버지 탓, 어머니 탓을 하며 세상을 원망하기만 한다. 하지만 아버지가, 어머니가 원인이라고 해도 흑역사의 나쁜 영향을 바꿀 수 있는 힘은 자신에게 있다. 그리고 더 이상 이렇게 살고 싶지 않다면 부모에게 더 이상 상처받지 않겠다는 각오와 용기가 필요하다.

태어나면서부터 아버지에게 상처를 받는 딸도 있다. 아들이 아니라고 차가운 윗목에 방치된 채 키워진 그녀는 대학을 졸업하자마자 시집이나 가라는 아버지의 말 한마디에 순전히 반항을 할 목적으로 남자친구와 헤어졌다. 아버지가 결혼을 반대하자 이번에는 아버지 말과 반대로 하기 위해 마음의 준비도 없이 덜컥 결혼을 결정했다. 그 이후로 엄청난 시집살이에 시달렸고, 후회와 원망도 했지만 다시 돌아갈 곳이 없었다. 아버지를 피해서

한 결혼이 제 무덤 파는 격이 되었고 호랑이 굴에 스스로 들어가는 꼴이 되었기 때문이다. 이런 딸들은 잘못된 일, 결혼 등을 다시 되돌리는 것을 힘들어한다. 아버지 말을 거역하면서 결혼했기 때문에 힘들다는 호소도 하지 못하고 골병이 생길 지경까지 아버지의 집으로 다시 돌아갈 생각을 하지 못한다. 아버지와 딸 간의 심리적 거리가 먼만큼 그 간격을 좁히기까지는 오랜 시간이 필요한 법이다.

최근 아들러의 심리학을 해석하여 《미움받을 용기》라는 제목의 책을 저술한 일본의 철학자 기시미 이치로는 '과거에 지배받지 않으려면 무엇이 주어졌느냐가 아니라 주어진 것을 어떻게 활용하느냐'가 중요하다고 하였다. 만일 어린 시절 아버지의 어떤 태도나 습관적인 말로 인해 어른이 되어 열등감 덩어리가 되어 살아간다면 자신에 대한 가치판단을 새로이 바꿔야 한다. 이때 중요한 것은 과거 사건을 하나의 객관적 사실이라고 보기보다는 주관적 해석에 의한 것으로 재지각하는 것이 필요하다. 아들러는 '우월성도, 열등감도 병이 아니라 건강하고 정상적인 노력과 성장을 위한 자극'이라고 하였다. 열등감이 제대로 발현하면 성장과 성숙의 촉진제가 된다는 말이다.

자신의 열등감을 삶의 패배와 연결시켜 변명거리로 만들기보다는 '더 나아지고 싶은 자기, 이상적인 자기'를 위한 노력으로 변모시킬 수 있다. 열등감에서 벗어나 자기가치감을 회복하려면 과거 원인이 아버지였든 그 무엇이었든지 간에 타인에게 인정을 받으려는 욕구에서 자유로워져서 스스로를 존중하는 태도부터 길러야 한다. 아버지의 인정에 목말라하기보다는 스스로의 노력을 인정해주어야 한다.

가면 뒤에 감춰진
오랜 분노

격렬한 분노는 상처 입은 아버지의 딸이 가지고 있는 숨겨진 이면이기도 하다. 어떤 아버지의 딸은 상처와 분노를 억압한다. 그러면 분노는 밖으로 향하지 못하고 안으로 들어와서 신체 증상이나 우울감이나 자살 사고 등으로 나타나고 삶과 창조성을 마비시킨다. 분노가 밖을 향하면 상처를 입은 딸은 주변 사람에게 상처를 주기도 한다. 분노의 방향이 어느 쪽이든 초점도, 형태도 없고 폭발적이다. 그러나 분노는 강렬한 에너지를 띠고 있어서 잘만 활용하면 여성으로서 잠재력을 발산할 수도 있다. 분노는 아버지의 딸이 아버지와의 관계를 회복하고 여성성을 변형할 수 있는 기회도 된다.

아버지에 대한 딸의 분노는 여러 형태로 가려진다. 한 가

지는 중독을 통해서다. 알코올에 빠진 어떤 딸은 술에 취했을 때 분노를 발산한다. 그러나 알코올중독 상태에서 나오는 분노는 그것을 제대로 의식하거나 책임감 있게 수용하기 어렵다. 과식이나 섭식 문제도 가려진 분노에서 유발되기도 한다. 섭식 문제를 보이는 딸들은 분노를 몸에 숨겨놓는다. 건강염려증, 두통, 위궤양 등도 분노가 수용되면 사라질 수 있는 질병이다. 모든 에너지가 사라지고 생동감을 느낄 수 없는 상태로 만들어버리는 우울도 분노를 숨기는 한 방편이다. 불안 발작도 내면의 억압된 분노 때문에 일어나서 사람을 무기력하게 만든다. 성적인 유혹이나 거부를 통해 분노를 가리는 이들도 있다. 금욕적이고 순교자적인 역할을 하면서 일만 죽어라 하는 책임감이나 의무감이 강한 여성도 분노를 숨기기 위한 방편으로 일에 몰두하기도 한다.

아버지와의 좋지 않은 관계로 인해 부정적인 감정이 쌓인 경우에는 연인이나 남편과의 관계에서 분노가 행동화되기도 한다. 이들은 밸런타인데이에 남자친구가 사랑 고백을 제대로 하지 않았다고 분노하고 몹시 우울해하거나 히스테리컬하게 발작하기도 한다. 분노를 제대로 인식하고 표출하지 않으면 이렇게 자신과 타인을 힘들게 한다.

하회탈 웃음 뒤에 숨어 있는 격렬한 분노

하회탈 같이 행복하게 웃는 하정 씨는 30대 초반의 전업주부다. 첫 인상은 아무 걱정이 없어 보였다. 거친 말과 행동을 하는 아버지 밑에서 자란 하정 씨는 아버지를 기쁘게 하기 위해 늘 웃고 있었다. 아버지도 다른 형제들에게는 불같이 화를 내다가도 늘 웃는 얼굴의 하정 씨에게는 "우리 하정이는 싹싹해서 나중에 시집가서 사랑받겠어"라고 말하며 조용히 웃으시곤 했다. 이렇게 아버지에게 사랑을 받을 수 있는 생존 전략을 일찍부터 배운 하정 씨는 성인이 되어서도 누가 싫은 소리를 하고 심지어 화를 내도 하회탈처럼 웃기만 했다. 실제로 심리치료를 위해 그림 검사를 하자 '활짝 웃고 있는 하회탈'을 그렸다. 하회탈의 이미지와 하정 씨의 이미지는 절묘하게 어울렸다. 남편과의 관계가 힘들어서 상담을 하러온 하정 씨가 계속 문제를 부인하고 웃고 있자 슬그머니 그 역동이 궁금해졌다. 아버지와의 관계를 물어보자 아버지에게 늘 고분고분하고 웃기만 하던 하정 씨는 대학교 3학년이던 어느 날 "아버지 때문에 그동안 너무 힘들었어요"라며 크게 대들었다고 한다. 그런데 그다음 날 아버지가 심장마비로 돌아가셨다. 하정 씨의 죄책감은 이루 말할 수 없었다. 자기가 아버지한테 대들지 않았다면 심장마비로 돌아가시지 않으셨을 거라는 생각이 늘 잠재의식에 머물러 있었다.

결혼을 해서 남편이 아버지 같이 버럭증 환자처럼 화를 내도 하정 씨는 계속 싱글벙글 웃기만 하면서 남편의 비위를 맞추려고 애를 썼다. 그러면 그럴수록 하정 씨의 무의식은 힘들 수밖에 없었다. 10년 이상 이런 적응방식을 택했던 하정 씨는 문득 '이렇게 살면 내가 죽을 수 있겠구나' 하는 생각에서 상담을 받고 싶어 왔다고 했다. 그 무렵 하정 씨는 이유 없이 화가 나고 그 화를 남편에게 풀지 못하니 아이에게 폭발시키곤 했다. 아이가 크게 잘못을 하지 않았는데도 심한 말을 하거나 심지어는 테니스채로 때리기까지 했다. 이렇게 살다가는 아동학대로 붙잡혀가거나 아이들을 망치겠다는 생각이 들어 상담을 하겠다는 결심을 굳힌 것이다.

하정 씨는 아버지로 인한 화가 겹겹이 쌓여 격렬한 분노 덩어리를 품고 살면서도 겉으로는 '행복한 얼굴happy face' 가면을 쓰고 있었던 것이다. 탈춤꾼이 내면의 온갖 복잡하고 불편한 감정을 삭이면서 겉으로 웃어야 하듯이 하정 씨는 어려서부터 익숙했던 행복한 얼굴 가면을 쓰고 있었다. 그러나 내면의 진짜 감정true feeling을 만나주지 않으면 이런 가면은 오래가지 않는다. 인생에는 가면을 벗어야 하는 순간이 있다. 그때는 더 이상 가면이 통하지 않는 상태가 되는 것이다. 하정 씨는 다행히 자신의 내면을 관찰하고 그 원인을 살펴보려는 심리적 통찰 능력이 있는 사람이었고, 상담을 통해서 그 옛날 아버지에게 가졌던 분노감, 죄책감 등을 제대로 볼 수 있었다. 감정은 '보면 사라진다'는 말이 있다. 보려고 하지 않고 한쪽에 밀쳐두면 그 감정은 봐달라고 떼를 쓴다.

하정 씨 같은 딸은 이미 아버지가 저 세상에 가시고 없기 때문에 홀로 아버지에 대한 분노의 감정과 죄책감을 극복해야 한다. 그 과정이 쉽지는 않다. 가장 먼저 해야 할 일은 아버지에 대해 억압된 분노감을 알아차리고 그 분노를 우는 아이처럼 대해주는 것이다. 화가 나지 않은 척하고 일부러 웃는 것은 어렸을 적에나 통했던 생존방식이다. 이제 성인으로서 그런 미숙한 생존방식보다는 더 생산적인 방식을 모색해야 한다.

다행히 하정 씨는 몇 번 상담을 하는 동안 분노의 에너지를 다룰 수 있게 되었고 아버지에 대해 가졌던 죄책감에서 벗어날 수 있었다. 아버지가 심장마비로 돌아가신 것은 하정 씨의 잘못도 아니고 아버지의 잘못도 아닌 그저 상황이 그렇게 벌어진 것뿐이다. 아버지는 원래 심장이 안 좋았을 수도 있고 오랜 알코올 섭취로 심장 기능이 나빠졌을 가능성이 있다. 이러한 사실에 직면하면서 점차 죄책감에서 자유로워지고 남편에 대한 분노와 불안감을 다룰 수 있었다. 남편이 화를 내면 묵은 화가 스멀스멀 올라오지만 그 감정을 억압하거나 회피하면서 웃는 모습으로 그냥 넘어가려고 했던 것이 소화되지 않은 음식이 쌓여 있는 것처럼 그렇게 목에 걸려 있던 것이다. 이렇게 분노의 에너지는 뿌리를 찾아서 뽑아내야 한다. 겉으로만 잠재우려 하고 무마시키려 하면 아이러니하게도 자꾸 나타난다. 이를 '정신적 아이러니 효과mental irony effect'라고 한다. 분노는 억압하면 할수록 더 큰 에너지로 차곡차곡 쌓이며 마치 휴화산처럼 된다. 언젠가는 활화산으로 바뀔 모양으로.

연민과 이해를 통한 분노 조절

〈대한민국은 분노 공화국〉이라는 프로그램이 나올 정도로 나이를 불문하고 분노를 처리하지 못하는 사람이 많아졌다. 분노가 많은 사람은 독을 품고 있는 것과 마찬가지다. 어디서부터 이런 문제가 생겼을까? 문제의 원인은 매우 복잡하다. 감정을 표현하는 것을 억압하는 문화에서 비롯된 것일 수도 있고 한 개인의 기질이나 성격에서 기인하기도 한다. 원인이 어찌되었든 감정을 알아주어야 할 사람은 상대가 아니라 자신이다. 아무리 화가 나게 한 원인이 외부에 있다 하여도 지금 분노하고 있고, 분노의 찌꺼기가 자꾸 독성을 뿜고 있다면 원인을 떠나서 스스로 감정을 알아주는 연습을 해야 한다. 요즘은 마음만 먹으면 다양한 분노 다스리기 프로그램에 참

여할 수 있다. 필자가 마음챙김 분노 다스리기 프로그램에서 참가자들에게 자주 하는 말이 있다.

"지금 화가 나 있다면, 그것은 어느 누구의 잘못도 아니다. 분명 화가 나게 하는 상황과 조건이 있었을 것이다. 현재 마음을 꽉 채우고 있는 분노 감정을 대면하고 마음속 분노 찌꺼기가 남지 않게 소화시켜야 한다. 지금까지 자신이 쌓아놓고 제대로 알아주지 않았던 화난 마음은 어느 누구도 아닌 자신이 알아주어야 한다. 나도 알아주지 못하고 팽개친 감정을 알아줄 사람은 세상에 없다. 그 마음을 알아채고 이름을 붙여주면 더 이상 마음은 억울함을 느끼지 않고 소멸될 수 있다. 마음속에 돌봐지지 않은 채로 남아 있는 화난 어린아이 같은 마음을 풀어줄 수 있는 사람은 다름 아닌 자신이며, 이제는 피하지 않고 그 마음을 알아주고 끌어안아야 한다."

여기까지 이야기하면 대체로 사람들은 자기 안의 분노의 형태와 깊이를 알아챈다. 그리고 자신을 화나게 한 그 대상을 향한 분노의 불길을 거두어들인다. 감정의 주인은 자신이다. 지금 화가 나 있다면, 가슴 저 안쪽에 분노의 불씨가 차곡차곡 쌓이고 있다면, 그 분노의 원인을 제거하는 것도 중요하겠지만 무엇보다 자신의 분노의 씨앗을 알아채고 그 분노의 씨앗에 더 이상 물을 주지 않고 그냥 지나가게 하는 것이 최선이다.

분노를 알아차린 다음에 할 일은 분노 에너지를 보다 창의적인 에너지로 변형시키는 것이다. 그러한 작업을 하면 그동안 분노를 가리기 위해 사용했던 부적응적인 행동양식, 예컨대 술이나 음식 혹은 물건에 대한 강박적이고 중독적인 집착에서 벗어나서 내면의 창의적인 에너지와 여성적인 지혜를 가진 강한 사람으로 변할 수 있다. 분노를 수용하고 변형시키면 상대에 대한 연민이 우러나오고 인간의 내밀한 감정을 이해하고 통찰할 수 있는 내적인 여유가 생긴다.

아버지로 인해 마음 한편에 겹겹이 쌓아두었던 분노의 휴화산은 잘못하면 활화산처럼 자신을 비롯해서 이 세상 사람들을 향해 분출할 수 있다. 그렇기 때문에 휴화산처럼 잠들어 있는 분노의 얼굴과 뿌리를 직시하면서 분노를 어떤 식으로 잠재우려고 했는지, 그 방법이 얼마나 파괴적이었는지를 알아차리는 과정이 필요하다. 그 과정에서 아버지와의 관계를 마주하면서 관계를 재구성하는 일도 현명한 딸이 해야 할 몫이다.

아버지 탓으로 돌리고 원망만 하면 분노의 씨앗을 더 키울 뿐이다. 아버지 역시 어쩌면 자신의 부모로부터 대물림한 상처를 딸에게 똑같이 대물림했을 수도 있다. 아버지 역시 잘못된 양육과 환경의 피해자였다는 사실을 깨닫게 되면 아버지를 더 이상 가해자가 아닌 상처 입은 한 인간으로 객관화시켜 바라볼 수 있다. 그렇게 되면 분노가 있던 자리에 연민과 이해의 싹이 자라기도 한다.

폭력이라는
어두운 그림자

아버지하면 폭력을 먼저 떠올리는 딸이 의외로 많다. 가부장적 문화의 잔재가 아직 남아 있는 탓도 있을 것이다. 여진 씨 가정도 그러한데, 월남전에 참전한 아버지는 이른바 군대식으로 아이들을 키웠다. 정해진 시간에 일어나 다함께 식사하고 저녁시간에 제때 도착하지 못하면 굶어야만 했다. 몰래 밥이라도 챙겨주는 날에는 어머니까지 혼쭐이 나곤 했다.

어린 시절은 물론이고 성인이 되어서도 여진 씨에게 아버지의 영향력은 너무나 막강했다. 7살 무렵 아버지 말씀 끝에 "왜요?"라고 한마디를 덧붙이자 아버지는 "어디 어른한테 말대꾸냐"며 여진 씨를 번쩍 들어 방바닥에 메다꽂았다. 순식간에 벌어진 일이었다. 그날 이후 여진 씨에게 아버지는 무서움

과 두려움, 공포감을 주는 존재로 자리매김되었다. 가족 특히 어머니에게 강압적이고 폭력적인 아버지를 지켜보면서 여진 씨는 절대로 결혼 따위는 하지 않겠다고 다짐했다.

폭력의 대물림

부모의 폭력을 목격하고 자란 아이의 반응은 연령, 성별, 발달 단계에 따라 다르지만 대체로 인지, 정서, 행동상의 문제가 자주 나타난다. 학대 받는 어머니 역시 폭력, 스트레스 우울 등으로 아이들의 정서적 욕구를 제대로 충족시켜주지 못하다 보니 그 속에서 자란 아이들은 폭력을 쓰는 아버지와는 물론이고 어머니와도 건강한 애착을 형성할 수 없다. 부모의 폭력을 목격한 아들이 나중에 때리는 남편이 될 수 있고, 딸 역시 전반적인 대인관계, 특히 이성관계에서 제대로 대처하지 못한다. 아버지의 폭력을 보고 자란 딸은 이성에 대해 관심보다 적개심이나 경계심이 더 앞선다. 남자의 호의나 관심이 부담스럽고 화가 나기까지 한다. 결혼을 하더라도 결혼생활이 평탄하지 않게 흘러가면서 또 다시 과거 아버지의 악령이 되살아나기도 한다. 아버지의 폭력이 싫어 초식남을 골라 만났는데 그 초식남이 너무 의존적이고 약한 모습을 보일 때면 화가 치밀기도 한다. 아버지의 폭력이 싫어 아버지와는 다른 남자를 선택하였지만 그 남자 역시 만나면 만날수록 폭력적인 아버지와 너무나 닮아 있는 경우도 있다. 또한 자신의 아이들에게 화를 낼 때는 아버지의 폭력적인 모습이 투영되는 것을 가끔 느낀다. 자기도 모르게 학습하고 모델링한 아버지 모습이 남자친구, 배우자, 자녀들을 대하는 모습에 언뜻 언뜻 나타날 때 딸들은 가슴이 무너진다. 일상적인 삶에서 아버지로부터 받은 어두운 폭력의 그림자가 항상 함께 하는 것이다.

폭력을 쓰지 않는 남자를 선택하고 싶었으나 아버지와 비슷하게 폭력성이 강한 남자와 결혼한 것을 뒤늦게 알게 되고 폭력의 대물림 속에서 무력감과 분노감을 느끼는 여성도 있다. 이런 여성들은 자기 안의 아버지의 모습을 되짚어보고, 헝클어진 끈을 차근차근 풀어가야 한다.

학습된 무력감을 넘어서

심리학 용어 중에 학습된 무력감Learned helplessness이라는 말이 있다. 심리학자 셀리그만Martin Seligman은 사전에 피할 수 없는 전기충격을 받은 동물은 이후 혐오 자극을 회피하기가 매우 어렵다는 것을 발견하였다. 무기력을 초래하는 것은 사전에 전기충격에 노출되는 것 자체가 아니라 전기충격을 피할 수 없다는 사실이고, 이런 상황이 반복되면 무기력을 학습한다는 것이다. 워커Lenore E. Walker가 처음 주장한 '매 맞는 아내 증후군battered wife syndrome'이 학습된 무력감 이론을 적용할 수 있다. 무기력은 학대에 대처하는 주도성과 동기를 약화시키고, 자신과 환경에 대한 통제력을 학습하는 데 어려움을 갖게 하며, 결국은 학대자에게 수동적으로 반응하게 만든다. 낮은 자아존중감과 자기비난, 죄책감, 우울감, 정신적 무력감 등을 초래하기도 한다. 자기가 통제할 수 없는 상황에서 자꾸 맞다 보면 그 상황을 벗어날 수 없다는 무력감을 학습한다는 이론은 물론 매 맞는 남자에게도 적용될 수 있다. 흥미로운 사실은 매 맞는 아내나 때리는 남편이나 상당수가 과거 성장기에 아버지를 비롯한 양육자로부터 폭력을 경험한 경우가 많다는 점이다.

과거로부터 학습된 무력감에 빠져 인생을 스스로 나락에 빠트리는 여성도 있지만 인간은 이렇게 수동적인 존재만은 아니다. 인간은 누구나 스스로 성장하려는 힘이 있고, 자신과 환경을 통제할 수 있는 존재다. 자기결정이 가능한 인간은 스스로 선택한 행동을 포함하여 자신에 대해 전적으로 책임질 수 있다. 그러나 과거에 발목 잡힌 사람은 과거에 일어난 좋지 못한 사건의 노예가 되는 경우가 많다. 현실과 직면하고 현실세계를 통제하여 자신의 욕구를 충족해야 하지만 과거에 고착되어 한 발자국도 나아가지 못한 채 옴짝달싹하지 못하는 것이다.

과거의 고리를 끊는 연습이 필요하다

현실치료를 창시한 윌리엄 글래서William Glasser는 "우리는 과거를 바꿀 수 없으며, 과거를 이해하려는 것은 우리의 관심을 현실로 돌리기 위한 것이다"라고 하였다. 그러나 사람들은 자신을 변화시키기 위해서 과거를 이해해야 한다고 말하면서도 과거에 경험한 어떤 안 좋은 일을 무력하고 무책임한 자신의 현재 행동을 변명하는 구실로 만들어버리는 경향이 있다.

자신의 수동성과 무력감이 과거에서 비롯된 것을 인식하면 그 과거의 고리와 끊는 연습이 필요하다. 자기 의지대로 되는 것이 하나도 없다는 것을 학습하였을지라도 지금부터라도 자기결정력을 회복하려면 자기 안에 숨겨져 있는 힘을 되찾아야 한다. 그 힘을 끌어내기 어렵다면 스스로 물어보라. "지금 이 시점에서 나 자신을 돌보려면 어떻게 해야 할까?" 이 질문에 대한 답은 마음 깊은 곳에서 울려나올 것이다. 만일 지금도 여전히 무기력하게 폭력의 희생자가 되고 있다면 주변의 법적·심리적 도움을 적극적으로 청하는 것도 한 방법이다.

내 마음이 하고 싶은 말

어려서부터 아버지의 폭력을 겪은 후 심한 대인기피증으로 사회생활이 어려웠던 한 30대 여성이 보내온 글이다. "이제부터라도 한걸음씩 억압과 제가 만든 규제 속에 웅크리고 있는 소녀에게 다가가 보려고 합니다. 지금까지 결코 벗어나지 못한 아버지의 존재부터 인정하고, 나는 내 자신의 삶을 살아야겠습니다. 나를 믿고 내 의지로 나의 길을 걷는 사람으로 한 발자국씩 내딛으려 합니다. '아버지의 딸'이 아닌 '아버지와 별개인 딸'로 말입니다. 제 인생 전체를 되돌아보고 바로잡을 수 있는 스위치를 얻은 것 같습니다. 물론 그 스위치를 쥐고 있는 것은 제 자신이겠지요?"

학습된 무력감을 주장했던 셀리그만은 낙관주의 역시 학습할 수 있다고 하였다. 수동성과 무력감을 어쩔 수 없이 학습하였다면 이제는 여성의 시각으로, 그리고 한 인간의 시각으로 수동성과 무력감을 극복하기 위해 변화에 대한 가능성과 낙관성을 학습할 필요가 있다. 스위치를 쥐고 있는 것은 자신이다. 셀리그만이 말한 것처럼 스스로 자신의 삶을 통제할 수 있다는 '통제력'을 회복하면 운명을 바꿀 수 있다.

통제력을 회복하려면 우선 자기 마음속에 있는 말을 찾아내야 한다. "그 사람에게서 벗어날 수 없어" "나 하나 참으면 다 괜찮아질 거야" "여자니까 이렇게 살 수밖에 없어" 등 이런 말들이 자신을 무력화시키고 통제감 불능에 빠지게 만든다. 불행한 과거나 일에 대해 습관적으로 내뱉는 말, 언어 습관은 세상에서 자신의 처지를 어떻게 보는가에 따라 크게 달라진다. 누구보다 '자신'이 중요하며 '가치 있는 존재'라고 생각하는지, 아니면 하찮고 가망 없는 존재라고 생각하는지 생각해보라. 이것이 낙관주의자와 비관주의자를 가르는 척도라고 셀리그만은 말하고 있다.

아버지를 부정하는 것은 곧 자신을 부정하는 것이고
그러다 보면 자기가 가진 모든 것을 부정하게 된다.
아버지를 긍정하는 것이 자기 삶을 수용하고
긍정하는 것임을 깨달았을 때 비로소 자기 삶을 짓누르던
아버지에 대한 원망과 애증을 내려놓을 수 있다.

네
번
째
·
·
·
·
·

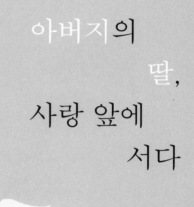

아버지의
딸,
사랑 앞에
서다

대다수의 아버지의 딸은 사랑에 빠지면 좌충우돌한다. 여성으로서 그리고 한 인간으로서 자유와 독립을 갈구하면서도 남자친구나 배우자에게 안전감과 온기를 느끼고 싶어 느닷없이 사랑에 빠져들고, 그 과정에서 성숙하기도 하고 상처를 입기도 한다. 이처럼 남자친구나 배우자를 선택할 때에도 아버지와의 초기 관계가 많은 영향을 미친다. 아버지에게 결핍을 겪은 딸은 아버지를 대체할 수 있는 대상에 과도하게 집착하면서 정체성을 잃는 경우도 있다. 이 과정에서 중독적이고 강박적인 사랑에 빠지기도 한다. 어떤 딸은 비루한 현실을 마치 마법처럼 바꾸어줄 백마 탄 왕자님을 쫓기도 한다. 구원환상에 빠져 자신을 구원해줄 사람을 찾기도 하고, 또한 자기가 구원자가 되어 남자친구 혹은 남편을 구원해주려고 하기도 한다.

독립적이고 개성이 강한 아버지의 딸들은 착하고 지루한 남자보다는 바람둥이 기질이 다분하고 행실이 좋지 못한 남자에게도 끌리기도 한다. 내면의 여성성이 잘 통합된 아버지라면 딸이 여성으로 성장하는 것을 자연스럽게 받아들인다. 그러나 아버지가 딸과 과도하게 밀착되면 딸의 심리적인 독립을 가로막기도 한다. 요즘 여성들은 어머니 세대와 달리 독립적이고 진취적이지만 여전히 일과 사랑, 육아 등의 문제에서 균형을 찾기가 어렵다. 그러나 대체로 아버지에게 건강한 부성상을 경험한 딸은 세상에서 당당하게 자기정체감을 찾을 수 있다. 여성으로서 자신 그리고 자신의 섹슈얼리티를 편안하게 받아들일 줄 안다.

키다리 아저씨는
내 안에 있다

좀 인기가 있다 싶은 드라마를 보면 대개 신데렐라 이야기를 재탕한 것이 많다. 뻔한 스토리인 것 같지만 수많은 여성이 그런 드라마에 열광하는 것은 자신의 인생을 확 바꿔줄 누군가를 기대하는 심리가 있기 때문일 것이다. 지금도 여전히 주변을 돌아보면 자기 인생을 뒤바꾸어줄 왕자를 기다리는 신데렐라의 꿈을 깨지 못하는 이들이 많다. 자신이 가진 능력과 배경으로는 괜찮은 위치에 올라서지 못할 때 여성들은 자기 인생을 바꾸어줄 남성에게 보호받고 의존하고 싶어 한다. 자신을 보장해줄 안전지대이자 경제적 보루로서 결혼을 선택하여 그 틀에 갇힌 채 남편에게 의존하며 살아가는 것이다. 이런 심리는 시대와 공간을 초월해서 널리 퍼져 있다. 그래서 현실과

달리 안방 드라마는 재벌가의 작은 왕자님과 비참한 현실을 나름대로 꿋꿋이 버티는 신데렐라 여자의 러브스토리가 그토록 많고, 소녀부터 나이 든 여자까지 가릴 것 없이 모든 여성의 로망을 자극하는 것이다.

책임지지 않는 아버지의 어린 딸

콜레트 다울링Colette Dowling은 《신데렐라 콤플렉스》라는 책에서 "여성들은 진정한 삶을 추구하는 것에 따르는 긴장감이 싫어서 이를 피하고자 순종적인 역할을 받아들인다"는 시몬느 보부아르Simone Beauvoir의 말을 인용하며, 남자의 보호를 받고자 하는 심리적 의존 상태를 '신데렐라 콤플렉스'라고 불렀다. 신데렐라 콤플렉스를 의식적으로 부정하는 여성도 무의식이나 잠재의식 속에서 구원의 남성상을 찾는다. 특히 신데렐라 콤플렉스에 빠진 여성은 무엇인가를 하거나 해야 할 때 두려움이나 불안을 느낀 나머지 주저하며 포기하려 한다. 실제로 못하게 가로막거나 억압하는 대상이 없는데도 지레짐작으로 겁을 내거나 두려워하며 아무것도 하지 못하고 누군가 대신 해주었으면 하고 바란다. 그들은 어려서는 아버지의 말이라면 절대적으로 신봉하고 자기주장을 못하다가 어른이 되면 남편에게 의존하고 종속된 위치에 있다가 더 나이가 들면 아들, 며느리에게 안방을 내주는 삶을 살아간다.

알다시피 구원받고 싶은 여성의 욕망의 일부분은 《신데렐라》, 《키다리 아저씨》와 같은 동화에 잘 반영되어 있다. 심리적으로 볼 때 키다리 아저씨란 아버지를 대체하는 남자 어른을 말한다. 어린 시절 아버지에게 충분히 좋은 사랑과 보살핌을 받지 못한 여성 중에는 자기 욕구와 필요를 아버지처럼 모두 충족시켜줄 대상을 배우자나 이성친구에게서 찾으려고 한다. 사실 현실에서 키다리 아저씨와 같은 남자친구나 남편을 만나기란 여간해서 쉽지 않다. 다행히 그런 남자를 만나 결혼한 뒤 어린 시절의 상처를 극복하고 치유하는 이들이 있기는 하지만 그렇지 않은 경우도 많다. 후자에 속하는 사람은 자기 마음속에 키워왔던 아버지 대체 인물, 키다리 아저씨에 대한 환상이 깨지면서 환멸로 바뀌어버린다.

《키다리 아저씨》에서 주디가 부잣집 아들인 키다리 아저씨와 결혼을 하고 해피엔딩을 맞는 것을 보고 막연히 운이 좋았다고 생각하고 이를 부러워하는 여성이 많다. 그러나 주디는 키다리 아저씨의 기대를 저버리지 않고 열심히 공부해 대학에 들어간 뒤 작가로 인정받는다. 키다리 아저씨의 후원금을 갚기 위해 돈을 보내기도 한다. 많은 여성이 이 부분을 간과하고 키다리 아저씨의 도움과 후원만 기억하는 편이다.

집안이 어렵거나 보살핌을 받지 못한 여성 중에는 집을 탈출하여 키다리 아저씨처럼 보이는 남편에게 의지하려는 목적으로 결혼을 감행하는 이들도 있다. 그들은 얼굴을 드러내지 않고 뒤에서 수호천사처럼 도와주다가 어느 순간 '짠!' 하고 나타나는 눈부시고 멋진 남자를 만나기를 학수고대한 것이다. 상담을 하다 보면 부잣집 아들인 줄 알고 결혼했는데 알고 보니 아무것도 없는 집안의 아들이었다는 사실을 알고 실망한 나머지 남편의 무능을 끊임없이 비난하고 신세를 한탄하면서 사는 여성을 많이 만난다. 그런 남자를 선택한 것은 어디까지나 자신이다. 억지로 결혼한 것이 아니라면 선택에 대한 책임은 자신에게도 있는데 그 책임을 나누어 지지 않으려고 하면 문제가 해결되지 않는다.

구원받고 싶은 욕망의 깊은 부분은 힘과 책임감을 아버지나 다른 남자에게 넘겨주고 그 대가로 편안함과 안전감을 담보받는 여성의 심리에 뿌리박혀 있다. 특히 어머니와 사이가 좋지 않은 아버지의 딸의 경우 이런 콤플렉스가 심하다. 어머니가 양육하는 역할을 잘하지 못한 아버지의 딸 중에는 어머니를 거부하였기 때문에 사랑과 양육에 대한 판타지를 아버지 나아가서는 남자친구나 남편에게 투사한다. 자신을 자유롭고 책임감 있는 여성이라고 볼지라도 무의식적으로는 배우자나 남자친구에게 기대고 싶은 자신의 욕망과 판타지로 인해 갈등을 겪는다. 예컨대 경제적 책임감을 배우지 못한 아버지의 딸들은 자기가 원하는 것을 얻기 위해 자신의 능력을 믿기보다는 타인을 조종하는 기술을 배우는 경우가 많다. 겉으로 보기에는 야무지고 독립적인 여성들도 무의식적으로는 여전히 남성에게 의존적인 아버지의 어린 딸인 경우가 많다. 이들은 자신이 감당해야 할 몫을 책임지려 하지 않는다. 그것이 저녁식사 값이든 영화관람료이든, 주택마련 비용이든, 세금계산서든, 생활비든 누군가가 계산서를 받아들고 해결하기를 원하는 것이다.

이런 유아적인 의존성에서 벗어나려면 아버지와의 관계에서 만들어진 조건을 반복하고 있다는 것을 스스로 의식하고 건강한 성인관계가 어떠해야 하는지 인식하는 것이 필요하다. 박탈과 분노 뒤에 이런 깨달음이 찾아올 수도 있다. 상대를 조종하려고 하다가 잘 안되면 그에 대한 맹목적인 의존과 기대를 버리고 자기 삶에 대한 책임은 자신이 져야 한다는 뼈아픈 현실을 깨닫게 된다.

〈겨울왕국〉이 이례적으로 천만 관객을 돌파하면서 신드롬이라고 할 정도로 큰 인기를 끌었다. 개인적으로 〈겨울왕국〉에서 가장 눈길이 가는 부분은 왕자의 역할이 보잘 것 없다는 점이다. 심지어 비열하기까지 하다. 잠자는 숲속의 공주도 왕자의 키스로 깨어나고 신데렐라, 백설공주 모두 왕자와 만나 행복해지는 스토리인데 유독 〈겨울왕국〉만은 왕자의 모습이 전통적인 동화와는 달리 공주의 왕국을 가로채려는 파렴치한으로 그려져 있다. 썰매를 끄는 목동도 나오지만 존재감이 크지 않았다. 결국 언니인 엘사의 사랑만이 동생을 살릴 수 있다는 것으로 결말이 난 것은 왕자와 공주가 나오는 동화에 익숙해 있는 많은 여자들에겐 신선한 충격이었다. 영화를 관통하는 엘사의 노래 'let it go'도 커다란 비밀을 간직한 채 갇혀 있던 엘사가 다른 사람들의 편견이나 시선을 신경 쓰지 않고 주체적으로 살겠다는 비장한 각오를 담고 있어 멜로디보다는 가사 내용이 더 인상적이었다.

연애를 할 때는 백마 탄 왕자님 같은 남자가 자신을 구원해줄 것 같지만 평생 공주 곁을 지켜주는 백마 탄 왕자님은 현실적으로 드물다. 누군가에 의해 비참한 현실에서 벗어나고 누군가를 구원해주겠다는 것은 심리학 용어로 '구원 환상rescue fantasy'이라고 부르는데, 정신분석가 크리스Ernst Kris는 신데렐라 이야기, 영웅 탄생과 관련된 신화뿐만 아니라 창조적인 예술가의 초기 삶에도 이러한 구원 환상 주제가 있다고 보았다. 구원 환상이 가장 잘 드러나는 것이 바로 이성관계다. 여자는 구원해줄 남자를 찾다가 드디어 결혼을 통해 그 소망을 이루고자 하지만 현실의 남자는 구원자가 아닌 경우가 많다. 물론 역경 속에서 살아온 여자가 좋은 남자를 만나 과거의 상처가 치유되고 심리적인 건강을 되찾고 성숙하는 경우도 많이 있다. 그러나 구원을 받고 싶은 환상이 환상으로 끝나는 경우도 허다하다.

여성에게는 누군가로부터 구원을 받고 싶은 욕구 말고도 누군가를 구원해주고 싶은 욕구도 많다. 특히 알코올중독자나 도박중독에 빠진 남자 곁에 머물면서 '나마저 떠나면 저 사람은 영영 일어나지 못하고 구렁텅이에 빠질 거야' '나라도 이 사람을 구해줘야 해'하며 갖은 고생과 노력을 하지만 결국에는 자신이 상대를 구원하겠다는 생각이 착각이자 오만이며 어리석은 생각이었던 것을 뼈저리게 깨닫는 순간이 온다.

구원을 받고 싶은 욕망, 상대 남자를 구원해주고 싶은 욕구나 환상을 가진 여성들은 신데렐라 콤플렉스에 대해 다울링이 한 메시지, "자유로워지고 싶은 열망과 보호받고 싶은 소망과의 갈등을 극복하고 자신의 존재에 책임을 져라"는 말을 기억할 필요가 있다. 결국 남자든 여자든 누군가에게 구원을 받기보다는 스스로 각자의 존재에 대해 깊이 책임을 져야 한다. 자신의 삶에 대해 자신이 지지 않는 책임을 상대가 대신 질 수는 없다. 백마 탄 왕자를 기다리기보다는 스스로 백마를 마련하고 그 위에 올라탈 수 있어야 한다.

내 안의 남성, 아니무스를 찾아서

융은 여성 안에 들어 있는 내적 인격인 남성을 '아니무스animus', 남성 안에 들어 있는 내적 인격인 여성을 '아니마anima'라고 지칭하고 있다. 여성 안에 들어 있는 아니무스는 흔히 말하는 남성적인 주도성, 힘을 의미하고 남성 안에 들어 있는 아니마는 흔히 이야기하는 여성적인 부드러움, 연약함

등을 상징한다. 융심리학 관점에서 보면 키다리 아저씨는 여성 안에 들어 있는 남성성을 지칭하는 것이다. 여성성과 남성성은 흔히 여자와 남자의 구분과는 다른 개념이다. 남자 안에 여성성이 들어 있고 여자 안에 남성성이 들어 있다는 것이다. 쉽게 말해 양성적인 것을 두루 통합한 사람이 건강하다. 자기 안에 남성인 아니무스를 건강하게 가꾸는 여성은 바깥의 남성이 아니라 자기 스스로 성취하고 주도성을 갖고 공부든 일이든 몰두하는 여성을 말한다. 굉장히 진취적이고 왕성히 활동하는 여성은 아니무스의 힘을 내적으로 가꾼 여성이다. 아니무스가 강한 여성은 어떤 힘든 상황에도 포기하지 않고 내적인 강인함으로 자신을 끊임없이 담금질하며 앞으로 달려간다.

물론 바깥에 있는 남자 혹은 남편이 필요 없다는 이야기는 아니다. 내면의 아니무스, 즉 키다리 아저씨를 가지고 있는 여성들은 남자친구나 남편에게 상호의존하면서도 주체적으로 삶을 살고 자율성과 독립성을 갖고 있다. '따로 또 같이'라는 말이 있듯이 자기 일의 영역을 따로 가지고 있으면서도 같이 공유하는 활동을 통해 만족감과 행복을 얻는 것이다. 혼자서도 건강하고 독립적인 여자가 남자친구나 남편과의 관계에서 더 건강해질 수 있는 법이다. 여자들이 남자친구나 남편과의 관계에서 행복하지 않은 이유의 일부는 이상적인 아버지ideal father처럼 자신에게 모든 것을 해주기를 바라면서 남자에게 지나치게 의존하거나 과잉 기대를 갖고 있기 때문이다. 이런 여자들은 그들이 아버지가 아니라는 사실을 알아차리고 키다리 아저씨에 대한 환상과 투사를 상대방에게서 거두어들일 때 상대방을 온전하게 있는 그대로 볼 수 있게 된다. 중요한 것은 자신이 먼저 내면의 키다리 아저씨를 잘 가꾸는 것이다. 그러면 어느 날 바깥에 있는 정말 괜찮은 키다리 아저씨를 만나 행복해질 수 있을 테니까.

내면의 키다리 아저씨는 융이 말한 여성 안의 남성적인 힘일 수도 있고, 교류분석가이자 사랑 중독 분야의 권위자인 브렌다 셰퍼Brenda Schaeffer가 말한 내면의 더 높은 자기higher self일 수도 있다. 쉐퍼에 따르면 누구나 내면에 지혜, 강인함, 초연함, 자비, 영적인 특성을 지닌 더 높은 자아가 있어서 이 높은 자아의 안내를 받으면 부모에게서 충분히 받지 못한 결핍을 스스로 메꿀 수 있다. 보살핌을 잘 받지 못하고 결핍된 상태에서는 또 다른 결핍을 끌어들일 수 있다. 실제로 어린 시절 고아처럼 결핍 속에서 자란 여성이 커서도 초기 결핍을 재경험하게 만드는 파트너를 만나는 경우를 많이 본다. 만일 부모에게 충분한 보살핌과 양육을 잘 받지 못했다면 내면의 더 높은 자기를 끄집어내서 스스로 자가양육self-parenting을 먼저 해야 한다. 그래야만 언젠가 바깥에서 정말 괜찮은 키다리 아저씨를 만날 가능성이 높아진다.

사랑일까, 중독일까

푸치니의 오페라 〈나비부인〉은 일본의 나가사키항을 배경으로 펼쳐지는 핑커톤이라는 미군장교와 일본인 게이샤 초초 상의 비극적인 사랑을 그리고 있다. 나가사키항에 정박한 아브라함 링컨호에서 내린 핑커톤은 새로운 항구에 닿을 때마다 늘 그랬던 것처럼 '데리고 놀' 여자를 구한다. 그리고 15살인 게이샤 출신의 초초 상을 만나 장난삼아 결혼식을 올린다. 핑커톤은 장난삼아 한 결혼이었지만 초초 상은 남편 핑커톤을 위해 조상 대대로 믿어온 종교를 버리고 기독교로 개종할 정도로 그를 사랑한다. 하지만 남편이 떠나고 기다림에 지친 초초 상은 미국에서 그가 다시 결혼했다는 이야기를 듣고 자결한다.

한편 1987년에 개봉한 영화 〈위험한 정사〉는 집착하는 사랑의 비극을 다루고 있다. 주인공 댄은 출판사 소속 변호사다. 그는 아름답고 지적인 아내 베스와 귀여운 딸 엘렌과 행복한 가정을 꾸리고 있다. 그러던 어느 날, 파티에서 우연히 출판사 부편집장으로 일하는 알렉스를 만난다. 지적이며 도발적인 알렉스는 댄의 아내 베스와는 다른 매력을 가지고 있는 여자다. 이런 알렉스에게 끌린 댄은 아내와 딸이 여행을 간 사이 그녀와 하룻밤 사랑을 나눈다. 하룻밤 사랑을 나눈 대가는 너무나 컸다. 결국 알렉스가 댄에게 집착하고 그 가족을 위협하다가 댄의 아내 베스가 쏜 총에 맞고 죽는 것으로 영화는 끝난다.

오페라나 영화뿐만 아니라 현실에서도 강박적이고 중독적인 사랑을 하는 사람들의 결말은 결국 비극으로 치닫는다. 사랑이라는 감정이 축복 받은 감정이고 사랑의 이름으로 많은 것이 가능하기도 하지만 사랑에 대한 잘못된 신화에서 비롯되는 중독된 사랑도 많다. '너무 아픈 사랑은 사랑이 아니었음을'이라는 노래도 있듯이 일단 지나친 사랑은 사랑이 아니다. 중독이다!

타인에게 올인하는 사랑중독자들

사랑은 서로를 행복하고 성숙하게 만든다. 이에 반해 사랑 중독은 애정 대상에게 지나치게 의존하고 몰두한다. 사랑 중독에 빠진 사람은 대개 과거 아동기에 충족되지 못한 욕구를 충족시키려는 방편으로 애정 대상에 과도하게 의존한다. 사랑 중독의 모순은 내면의 두려움과 자기 삶을 통제하려는 의도에서 누군가에게 의존하지만 오히려 통제감을 상실하고 타인에 대한 건강하지 못한 의존성, 즉 중독적인 사랑을 낳는다는 것이다. 이런 사람은 자신의 고유성과 정체성을 잃어버릴 정도로 상대에게 몰입하다가 자신의 기대와 욕구가 충족되지 않으면 세상을 잃은 것처럼 낙담하고 공허해한다. 심하면 자살을 시도하는 경우도 있다. 성숙한 사랑은 애정 대상에게 건강하게 집중하고 헌신하게 만들지만, 병적이고 중독적인 사랑은 자신을 잃으면서까지 상대방에게 맹목적으로 헌신하고 집착하게 만든다.

사랑 중독 현상은 남성보다는 여성에게서 많이 나타나는데, 그 원인은 유아기적 부모의 사랑에서 비롯되는 경우가 많다. 《사랑 중독》의 저자인 브렌다 셰퍼는 사랑 중독이란 과거 아동기 때 마땅히 얻었어야 하는 안전감, 파워, 소속감, 의미 등을 충분히 얻지 못한 데서 오는 정서적 결핍을 충족시키기 위한 시도에서 나온다고 하였다. 또한 자신의 문제를 직접 해결하지 않고 다른 사람한테 의존해서 타인이 자신을 돌봐주고 문제를 해결하게 하려는 수동적인 모습을 지니고 있다. 어떤 식으로 행동을 취하든, 사랑 중독자들은 두려움, 고통, 불편함을 치유하기 위해 다른 이를 찾게 된다. 그 과정에서 학대 행동을 참아내거나 자신도 모르게 그런 행동을 저지르기도 한다. 사랑 중독의 대상이 되는 타인에는 무의식적으로 얽매여 있는 인생에서 중요한 사람들, 즉 자식, 부모, 친구, 상사, 배우자, 연인 등이 포함되어 있다.

　사랑 중독은 상대방과 잘 헤어지지 못하고 스토킹을 하거나 심하면 자살을 하거나, 헤어지자고 한 애인에게 해를 끼치는 부정적인 영향으로 나타나기도 한다. 간혹 눈에 보이지 않는 대상이 자신을 사랑한다고 믿는 애정 망상의 형태로 나타날 수도 있다. 사랑 중독에 빠지면 우리 뇌는 마치 약물 중독자의 뇌처럼 바뀐다. 그러나 사랑하는 사람이 자신의 욕구를 항상 맞추어주는 것이 아니기 때문에 결과적으로 절망감, 우울, 불안, 무력감에 갇혀 헤어나지 못하게 된다. 정상적인 관계로 되돌리기 위해서 사랑 중독자들은 다시 그 대상에 집착하게 되는데, 그 대상이 이런 갈망 상태를 지속시켜주지 않으면 그 사람이 그렇게 해줄 것이라는 강박성 망상을 키워가거나 격정 상태나 두려움과 극심한 분노감에 빠져서 끔찍한 상황을 만들기도 한다.

　희선 씨도 사랑과 중독의 경계를 아슬아슬하게 오가고 있었다. 희선 씨는 일찍 아버지를 잃고, 엄마와 오빠들 사이에서 자랐다. 고등학교를 졸업하고 산업체에 들어간 희선 씨는 남자들과 부적절한 관계에 자주 빠졌고 곧 버림받았다. 술을 마시면 처음 본 남자와도 하룻밤을 보냈고 많은 남자를 만나고 사랑했으나 정작 마음은 늘 공허했다. 급기야는 부인이 있는 아버지뻘 남자를 사귀었고 점차 그 남자에게 집착하면서 시도 때도 없이 전화를 했고 전화를 받지 않으면 회사나 심지어 집까지 찾아가서 몇 시간씩 기다리기도 했다. 갖은 수단을 동원해 그 남자 부인의 핸드폰 번호를 알아냈고 수시로 부인을 협박하는 문자메시지를 보냈다.

　이런 여성은 과거 어린 시절 어머니나 아버지와 애착관계가 좋지 않은 경우가 많다. 희선 씨는 아버지를 일찍 잃었고 아버지뻘인 상대 남자로부터 실제 아버지가 제공해주지 못한 여러 보상을 누리면서 점점 깊게 빠져들었던 것이다. 동성 또는 이성과의 관계의 원천은 부모와의 관계인데, 부모와의 관계에서 거부당한 경험, 인정받지 못한 경험이 반복되면서 과거 결핍되고 박탈되었던 애정을 강박적으로 현재 애정 대상을 통해서 얻으려고 필사적으로 애를 쓰는 것이다. 이런 여성들은 현실적인 주변 남자들에게는 안전감과 애정을 충분히 얻을 수 없기 때문에 늘 공허하고 허전하다. 진정으로 타인과 연결되는 것에서 오는 만족감보다는 반복적으로 만족하지 못하고 늘 정서적 허기감을 느끼는 것이다.

서로 사랑하라, 심리적 거리를 유지하면서

남자든 여자든 관계가 끝났을 때에는 끝을 받아들이는 자세가 필요하다. 관계가 끝나는 것은 고통스럽지만 성숙한 사람은 사랑이 끝났을 때 자신과 상대방이 잘 대처할 수 있도록 충분한 존중과 예의를 보여준다. 건강한 관계에서는 서로 상대의 성장을 도와주고 진정한 친밀감을 경험할 수 있어야 하는데, 그러기 위해서는 자신이 원하는 것을 자유롭고 솔직하게 요청할 수 있어야 한다. 중요한 것은 타인을 바꾸거나 통제하려고 하지 않고 동등하게 주고받는 관계를 맺는 것이다. 많은 여성이 남자에게 희생하고 헌신하지만 자신의 동등한 권리를 요구하거나 행사하는 것을 어려워한다. 특히 사랑 중독에 빠지는 여성은 상대방이 자신을 거절할 것에 대한 두려움이 있기 때문에 자신의 의사를 표현하는 것을 어려워한다.

중독일까 사랑일까를 판가름하는 가장 간단하고 중요한 기준은 자신의 에너지가 이 관계로 인해 소진되는 느낌인지, 아니면 생동감이 넘치는지를 살펴보면 알 수 있다. 아이를 키우는 부모도, 사랑을 해야 하는 연인도, 현재 부부도 마찬가지다. 아이 혹은 이성친구 혹은 배우자로 인해 너무 에너지가 소진되는 느낌이 든다면 뭔가 사랑의 불균형 상태에 빠져 있다는 것을 의미한다. 집착을 내려놓고 건강하게 집중하려면 서로 사랑하되 건강한 거리를 유지하는 것이 중요하다. 서로 사랑하고 상호의존하면서도 자신을 잃지 않을 정도의 건강한 심리적 거리를 유지하는 것이 좋은데, 어떤 사람은 이런 거리감에 대해 지나치게 불안을 증폭시켜 관계를 망치기도 한다.

다음은 브렌다 셰퍼가 제안한 방법이다. 현재 맺고 있는 애정관계를 염두에 두고 먼저 중독적인 사랑에 관한 내용을 주의 깊게 읽은 다음 건강한 사랑의 특징에 대해서도 읽어보라. 각각의 중독된 사랑 특징에 대해 전혀 그렇지 않다=0, 거의 그렇지 않다=1, 가끔 그렇다=2, 자주 그렇다=3, 거의 항상 그렇다=4, 항상 그렇다=5에 체크하라. 건강한 사랑에 대해서도 마찬가지로 점수를 매겨보라.

중독적인 사랑

0	1	2	3	4	5	모든 게 소진되는 느낌이다.
0	1	2	3	4	5	자아 경계를 그을 수 없다.
0	1	2	3	4	5	가학피학적인 요소가 있다.
0	1	2	3	4	5	내려놓는 것이 두렵다.
0	1	2	3	4	5	위험, 변화 및 미지의 것이 두렵다.
0	1	2	3	4	5	성장할 수 없게 한다.
0	1	2	3	4	5	진정한 친밀감이 부족하다.
0	1	2	3	4	5	심리 게임을 한다.
0	1	2	3	4	5	뭔가를 되돌려 받기 위해 준다.
0	1	2	3	4	5	상대를 바꾸려고 노력한다.
0	1	2	3	4	5	상대가 충분하다고 느끼게 해야 한다.
0	1	2	3	4	5	자기 밖에서 해결을 찾는다.
0	1	2	3	4	5	무조건적인 사랑을 요구하고 기대한다.
0	1	2	3	4	5	상대에 대한 헌신과 책임을 거부한다(의존 거부 성향).
0	1	2	3	4	5	인정과 가치감을 얻기 위해 상대방에게만 의존한다.
0	1	2	3	4	5	일상적인 헤어짐에도 버림받는 느낌이 든다.
0	1	2	3	4	5	늘 부정적인 감정을 느낀다.
0	1	2	3	4	5	가까워지고 싶지만 두렵다.
0	1	2	3	4	5	상대방의 감정에 맞추려고 한다.
0	1	2	3	4	5	파워 게임을 한다(상대보다 우월한 위치를 점하고자 함).

0	1	2	3	4	5	개별성을 허용한다.
0	1	2	3	4	5	상대방과 하나 됨, 헤어짐을 기꺼이 경험하며 즐긴다.
0	1	2	3	4	5	두 사람이 가지고 있는 최상의 특성을 끌어낸다.
0	1	2	3	4	5	헤어짐을 받아들인다.
0	1	2	3	4	5	변화와 탐색을 열린 마음으로 체험한다.
0	1	2	3	4	5	상대방이 성장할 수 있게 한다.
0	1	2	3	4	5	진정한 친밀감을 경험한다.
0	1	2	3	4	5	원하는 것이 무엇인지 정직하게 물어보는 데 거리낌이 없다.
0	1	2	3	4	5	주고받는 것이 동등하게 경험된다.
0	1	2	3	4	5	상대를 변화시키거나 통제하려고 하지 않는다.
0	1	2	3	4	5	상대가 스스로 충분하다고 느낄 수 있게 해준다.
0	1	2	3	4	5	자기와 상대방의 한계를 수용한다.
0	1	2	3	4	5	무조건적인 사랑을 주장하지 않는다.
0	1	2	3	4	5	상대에 대한 책임과 헌신을 다할 수 있다.
0	1	2	3	4	5	자존감과 안녕감이 높다.
0	1	2	3	4	5	사랑하는 이에 대한 좋은 기억을 지니고 있다 ; 고독을 즐긴다.
0	1	2	3	4	5	자발적으로 감정을 표현한다.
0	1	2	3	4	5	가까워지는 것을 환영하는 한편 상처받는 데 개의치 않는다.
0	1	2	3	4	5	상대방을 보살피지만 적정한 거리를 유지한다.
0	1	2	3	4	5	자기와 파트너가 서로 동등하고 개인적 힘을 지니고 있다고 인정한다.

각 목록의 점수를 더한 다음 20으로 나누어 두 영역의 평균 점수를 각각 구해보라. 당신의 관계는 건강한 쪽과 문제가 있는 쪽 중에서 어느 쪽으로 기울어져 있는가?

※출처: 《사랑 중독》, 브렌다 셰퍼 지음·이우경 옮김, 학지사.

아버지의 딸,
사랑에 눈이 멀다

많은 여성들이 사랑에 빠지면 자기가 얻고 싶은 것, 얻지 못했던 것을 상대 남성이 줄 것을 기대하고 낭만적 판타지를 투사한다. 특히 아버지의 영향을 많이 받은 여성들은 사랑을 할 때 아버지상father figure을 투사한다. 그래서 어떤 정신분석학자들은 사랑은 투사의 성격을 띤다고 말하기도 한다. 자기 안에 있는 어떤 이미지나 상을 상대에게 던지는 것을 투사projection라고 하는데, 여성이 상대 남성에게 투사하는 것은 대개 내재된 아버지상일 때가 많다. 아버지는 딸에게는 최초의 남성상, 즉 아니무스상이다. 남성 원형은 딸들이 성장하는 동안 경험하는 문화적 · 사회적 영향을 받으며 색채를 입혀간다. 그러다가 어느 날 눈앞에 나타난 남성이 그 여성의 내면에 담겨

있는 남성상, 아니무스를 투영한 인물이 된다. 실제 그 대상은 그 인격 속에 한 여성을 매혹시킬 만한 특성을 가지고 있을 가능성이 크다. 물론 신기루처럼 여성이 원하지 않는 특성을 가지고 있기도 하다. 처음에는 투사된 슬라이드 필름처럼 콩깍지가 씌여 보이지 않지만 여성이 바라지 않는 특성, 혐오하는 특성까지 지니고 있다.

나쁜 남자에 빠져드는 이유

심층심리학적으로 보면 한 여성과 남성의 사랑은 여러 심리 과정을 거친다. 《강한 여자의 낭만적 딜레마》를 쓴 융 분석심리학자인 마야 스토르히Maja Storch에 따르면, 일단 사랑에 빠지면 여성은 자기의식 속에서 충분히 발달시키지 않은 온갖 임무를 사랑하는 대상에게 맡긴다. 가부장적 아버지상을 투사해서 자기가 원하는 것을 상대 남성이 이루어주길 소망하는 것이다. 자신은 나약한 어린 딸로 남아 있으면서 애인이나 남편이 전지전능한 아버지처럼 모든 것을 해주기를 기대하는 심리를 갖기도 한다.

지적이고 강한 여성이 어이없게도 나쁜 남자에게 끌리는 것도 투사된 이미지 때문이다. 마야 스토르히는 여성 안에 자리 잡은 남성 원형은 부재하는 아버지상을 끌어모으기 때문에 고독하게 방랑하는 늑대가 아니무스로 형성되어 있다고 해석한다. 그래서 이런 여성들이 사랑에 빠지면 내면의 '고독한 방랑자'라는 남성상을 주변의 남자에게 투사한다는 것이다. 그래서 다정다감한 남자보다는 전화를 잘 걸어주지 않는 차가운 남자에게 매달리게 되고 안정적인 남자보다는 늘 떠날 것 같은 불안감을 주는 나쁜 남자에게 사랑을 느끼는 것이다. 고독한 방랑자 남성상을 투사한 여성은 자기 곁에 늘 붙어 있고 헌신하는 남자에게 매혹되지 않고 지루하게 생각한다. 대신 무책임하고 성실하지 않고 심지어 다른 여성에게 끊임없이 추파를 던지는 남성에게 매력을 느낀다. 이 고독한 방랑자상은 말할 것도 없이 내재화된 아버지상이다. 이것이 건강한 부성상을 경험하지 못한 여성이 그토록 자기를 힘들게 하는 나쁜 남자에게 빠져드는 이유다. 실제 상담 장면에서 사랑 때문에 힘들어하는 여성들을 보더라도 마야 스토르히의 이론이 잘 들어맞는다는 느낌이 들 때가 많다.

내면의 아버지상, 남성상에 맞는 남자를 찾아 용케 사랑에 빠지더라도 곧 사랑의 감정은 시들고 아니무스를 철회해야 하는 순간이 온다. 콩깍지가 벗겨지면 남성의 실제 모습만이 남는다. 알고 보니 약점이 수두룩하고 섬세하지도 않고 배도 나오고 머리도 벗겨지려고 하는 모습도 눈에 들어오고 밥 먹는 모습도 싫어지는 순간이 온다. 융심리학자들은 사랑에 빠진 단계에 머물지 않고 더욱 성숙한 애정관계에 도달하려면 아니무스를 철회한 후 남성에게 투사했던 남성적 특성을 자기 안에서 발견해야 한다고 설명한다. 여성이 자기 안의 남성적 특성들을 인식하고 자기 것으로 받아들이면 더 이상 이런 측면을 떠안을 외부 파트너가 필요 없어진다는 것이다.

많은 여성이 외부 대상에게 투사한 속성을 자기 안의 것이라고 받아들이지 않기 때문에 상대에게 기대와 바람을 투영하고 실망하고 좌절하고 상대를 힘들게 하기도 하고 자기도 수난에 빠진다. 만일 연인이 혹은 남편이 자신을 힘들게 한다는 생각 때문에 괴롭다면 본인이 갖고 있는 속성 중의 어느 부분이 그 대상에게로 향한 것인지 본질을 꿰뚫어보아야 한다.

그런 후에 상대방에게 던진 지나친 요구를 거두어들이고 상대를 있는 모습 그대로 보려고 하면 사랑의 마법도 풀리면서 현실적인 해결방안이 나타날 수 있다.

유독 사랑 앞에서 무너지는 아버지의 딸

소영 씨는 30대 후반의 전문직 여성으로 모범생 같은 삶을 살아왔다. 자상한 남편과 아이 둘을 키우며 일과 가정 외 다른 데에는 눈을 돌리지 않을 정도로 틀에 박힌 생활을 했다. 그러나 새로 부임한 지사장을 처음 본 순간, 그에게 강하게 끌렸다. 혼자 짝사랑만 하던 차에 회식 자리에서 그와 우연히 옆에 앉아 이야기를 나누다가 그도 자신에게 호감이 있는 것을 알게 되었고 이후 약 2년간 비밀스럽게 낭만적 관계를 이어나갔다. 그러나 그는 점점 소영 씨에게 관심이 줄어들고 바쁘다며 만나는 것을 차일피일 미루었고 급기야 소영 씨의 전화를 잘 받지 않았다. 그에게 너무 깊이 빠져버린 소영 씨는 버림받은 기분을 느끼며 수년간 불면증과 자살 사고에 시달렸다. 소영 씨 역시 아버지의 딸의 전형인 걸으로는 강한 여성의 모습을 하고 있었다.

대부분 자기 이야기를 하면서 첫 시간부터 우는 여성들과는 달리 지적이고 강해 보이는 여성들은 상담을 받으면서 좀처럼 울지 않는다. 그리고 자기의 문제를 머리로는 잘 알고 이해하고 있지만 마음은 한 발자국도 나아가지 못하고 정체되어 있는 경우가 많다. 소영 씨도 그랬다. 그녀의 지성과 감성은 따로 놀고 있었다. 마치 지적인 뇌와 정서적인 뇌가 분리되어 전혀 교류를 하지 않는 것처럼 머리로는 알고 있으면서도 정서적으로는 자신의 경험이 소화가 되지 않았다. 상담을 하면서 점차 소영 씨는 자기 마음속에 자라지 않은 내면 아이, 어린 소녀를 바라볼 수 있게 되었다. 그 약한 소녀에게는 아버지가 생의 어느 순간에 갑자기 사라진 경험이 있었다. 아무런 말도 하지 않고 느닷없이 사라진 아버지를 내면의 어린 소녀는 늘 그리워하였고 그 그리움이 아버지를 연상시키는 직장상사에게 투사되었던 것이다. 갑자기 사라진 아버지와는 다른, 언제나 그 자리에 있는 성실한 남자를 배우자로 선택하였으나 감정적으로 매혹된 대상은 언제 떠날지 모르는 불안정한 아버지를 닮은 직장상사였다. 소영 씨가 그 사람에게서 벗어나려면 그 사람에게 투사하고 덧씌워진 아버지상을 철회해야 했다. 아버지를 닮은 직장상사에게 던져졌던 투사를 철회하면서 소영 씨는 아주 오랫동안 자기 내면에 갑자기 떠난 아버지에 대한 그리움과 원망을 안고 있는 어린아이를 달래주어야 했다.

소영 씨가 치료 과정 중에 꾸었던 꿈에는 정체불명의 남자가 많이 나온다고 했다. 꿈속에서 소영 씨는 칠흑같이 어두운 밤 강을 건너 저편으로 넘어가려고 하고 있었다. 배도, 사공도 없었고 주변은 너무 깜깜해서 앞을 내다볼 수 없었고 그저 발만 동동 구르고 있었다. 그때 갑자기 물속에서 민머리의 아프리카 남자를 연상시키는 남자 셋이 나타나 3,000원을 주면 강을 건너게 해주겠다고 했고 소영 씨가 3,000원을 내자마자 그 세 남자는 소영 씨를 번쩍 안아 순식간에 강 저편에 내려놓았다.

꿈속의 세 남자는 말할 필요 없이 여성 안에 있는 남성, 아니무스에 해당한다. 소영 씨와 같이 겉으로 강해 보이는 딸은 아버지에게 받고 싶은 사랑 또는 아버지를 대체하는 대상으로부터 절대적으로 받고 싶은 사랑이 오지 않을 때 깊게 절망한다. 영혼에 따귀를 얻어맞은 기분이 든다고 표현하는 여성도 있다. 소영 씨처럼 아버지에게서 받으려고 하다가 안 되면 미친 듯이 연애 대상이나 남편에게 갈구하게 된다. 남자에게 모든 것을 바치고 매달린다. 남자도 마찬가지다. 이 남자, 이 여자가 나의 모든 것을 충족시켜줄 것이라는 낭만적 환상을 가지고 시작하지만 불완전한 두 사람이 만나서 완전해지는 것은 사랑에 대한 낭만적 신화에 불과하다. 현실에서는 부서지고 약한 두 사람이 만나면 완전한 하나가 되기보다는 서로의 상처로 인해 할퀴고 서로를 무너뜨린다.

약한 소녀, 진짜 강한 여성이 되다

상담을 하다 보면 소영 씨와 같이 겉으로는 많은 것을 이루고 강해 보이지만 내면은 상처받은 어린 소녀가 자리 잡고 있는 경우가 많다. 일은 야무지게 처리하고 늘 열심히 살지만 사랑관계에서는 상처받은 여자아이가 내면에 똬리를 틀고 있는 것이다. 이들은 평소에는 잘 드러나지 않는다. 그러나 연인이나 배우자와 같은 남성을 만났을 때 내면의 어린 소녀는 전지전능한 힘을 가진 아버지상을 상대 남성에게 던진다. 이들은 치료 과정에서 내면의 약한 소녀를 알게 되고 이 소녀가 어떻게 진짜 강한 여성으로 발전할 수 있는지 배워나가야 한다.

상대 남성에게 투사했던 여러 특성은 자신도 노력하면 얻을 수 있다. 예컨대 외향적이고 잘 노는 남성을 좋아했다면 스스로 그런 속성을 자기 일부로 확인하여 무의식에 남아 있던 어린아이처럼 놀고 싶은 욕구를 의식으로 불러내고 자기 삶에 가져온다면 더 이상 잘 노는 바람둥이를 사랑할 필요가 없어진다. 이때쯤 갑자기 다른 유형의 이성이 눈에 뜨일 수 있다. 항상 곁에서 다정하게 챙겨주는 사람이 더 좋아질 수도 있다. 이 과정에서 자기 안의 창조적인 샘이 건드려져 글이나 그림, 음악 등 예술적인 자질로 표현하는 여성도 있다. 글을 쓰는 재능이 있다면 사랑하는 대상에게 열정적으로 에너지를 투자했다가 거두어들이면서 자신의 근원적인 문제를 마주하고 글로 풀어내기도 한다. 그림을 그리는 사람도 음악을 하는 사람도 마찬가지이다. 병적으로 집착했던 대상에 쏟았던 에너지가 실은 그 대상 자체를 사랑한 것이 아니라 근원적인 그리움, 정서적 허기와 맞닿아 있었다는 사실을 깨닫고 결국 무의식 저 깊은 곳에서 보물을 캐듯이 글로, 그림으로 혹은 음악 등 창조적인 활동으로 표현할 수 있다. 꼭 예술 활동으로 표현되지 않더라도 현실에서 더욱 생기 있는 사람으로 변할 수 있다. 그러고 보면 사랑에 눈이 한 번쯤 멀어보는 경험도 나쁜 것만은 아니라는 생각이 든다. 그 경험을 통해 자기 삶을 창조적인 어떤 것으로 변화시킬 수 있는 무의식의 보물창고와 맞닿을 수 있으니까 말이다.

혼자
가야 하는 길

　　30대 후반의 중견기업 팀장으로 일하는 보경 씨는 자의식이 매우 강한 여성이다. 그래서인지 바늘로 찔러도 피 한 방울 나지 않을 것 같다는 평가를 듣는다. 하지만 사랑하는 남자를 만나면 속수무책으로 무너진다. 사랑을 하면 불에 덴 듯이 하고 상대방은 번번이 보경 씨를 배신하고 힘들게 한다. 나름 그 분야에서는 성공한 여성인 보경 씨는 사랑만은 매번 실패했다. 그 원인은 그녀가 끌리는 남자는 성실하고 착한 남자보다는 이미 부인이 있는 카리스마 넘치는 남자, 여자보다 일을 더 좋아하는 냉정한 남자라는 데 있었다. 보경 씨는 자기만 바라봐주는 착한 남자는 지루할 뿐 어떤 끌림도 없다. 그러나 마초적인 남자한테는 묘한 매력을 느끼곤 했다.

이처럼 자의식이 강한 현대의 많은 여성, 특히 아버지와 동일시하며 세상에서 자기 존재를 돋보이려고 노력해왔던 딸들은 사랑 문제가 특히 어렵다고 호소한다. 똑똑하고 주체적인 삶을 살지만 사랑이라는 감정 앞에서는 극도의 혼란을 겪고 속수무책으로 무너져 내리는, 번번이 무너지고 마는 이런 딸들의 심리는 무엇일까?

강하고 지적인 여자의 딜레마

사랑을 할 때 여성의 내면에 있는 남성 인격인 아니무스는 가장 활발하게 작용한다. 여자아이에게 아니무스상은 어린 시절 처음 만난 남성인 아버지, 그리고 어머니의 아니무스에 영향을 준 어머니의 아버지, 어머니의 어머니 등 몇 세대에 걸친 과정을 통해 형성된다. 여성파워시대라고는 하지만 여자아이에게 숨어 있는 내면의 아니무스상은 전통적이고 남성적인 원칙을 강조하는 가부장적인 아버지일 수 있다. 지금의 30대 이상 여성은 이 가부장적 아버지상이 남성상으로 자리 잡는다.

비덜프Steve Biddulph는 《헤매는 남성들, 자유를 찾아나선 일곱 걸음》이라는 책에서 오늘날 아버지상의 대표적인 특징은 부재라고 했다. 산업혁명 이래 수세대에 걸쳐 아버지들은 종일 가족과 떨어져 일에 몰두하며 지내다 보니 다정다감한 여성적 특징보다는 내면에 감정을 억누르고 억압하는 남성상을 심었다는 것이다. 감정을 밀어낸 결과 아버지들은 남성의 독립심을 과도하게 발전시켰다는 것이 비덜프의 설명이다. 동양이나 서양이나 처자식을 부양한다는 의무감과 책임감에 짓눌린 아버지들은 공격성과 진취성을 내세우고 공감이나 협조와 같은 여성적 특성은 그림자 속으로 쫓아버려 딸의 영혼에 지워지지 않는 흔적을 남긴다. 융의 표현을 빌자면 '가부장적 아니무스Patriarchical Animus'가 생성되는 것이다.

가부장적 아니무스는 긍정적인 측면도 많다. 여성이 자신 있게 세상을 살게 해주고 야망과 직업의식을 고취시키고 자기 일을 가정보다 먼저 생각하게 해준다. 그래서 요즘 소위 잘나가는 여성들은 가부장적 아니무스의 긍정적인 측면을 잘 세워 자신감 있고 당당하게 일을 해나가기도 한다. 어떤 아버지의 딸들은 이런 측면의 아니무스를 잘 활용해서 일도 잘하고 사랑의 영역에서도 남성을 구속하려 하지 않고 혼자 있는 시간을 잘 활용하고 자신에게 투자할 줄 안다. 남자와 편안하게 사귀면서도 상대의 핸드폰 메시지에 연연해하지 않는다. 남자가 떠나가도 쿨하게 보낼 줄 안다. 그리고 홀로 있는 시간에 자기 내면의 약한 소녀를 깨닫고 돌볼 줄 안다.

그러나 부정적인 아니무스에 사로잡힌 강한 여성은 착한 남자보다는 집에 잘 들어오지 않고 바깥으로만 돌던 아버지 같은 남자에게 잘 이끌린다. 물론 모든 여성이 다 이런 것은 아니다. 아버지의 특별한 영향을 받은 딸들의 경우에 해당된다.

애정의 법칙

애정관계에서는 흔히 한쪽은 담는 자container, 한쪽은 담기는 자contained 역할을 저절로 맡게 된다. 존 샌포드John A. Sanford와 융 같은 분석심리학자들은 담는 자와 담기는 자에 대한 개념을 어머니와 아기의 비유를 들어 설명하였다. 어머니는 아이의 욕구를 충족시켜주고 아이가 느끼는 불안과 공포, 두려움을 완화시켜주는 '담는 자' 역할을 하고, 아기는 이런 어머니 품 안에 안김으로써 편안함과 안정감을 얻는다는 점에서 '담기는 자' 역할을 한다. 연인이나 부부 사이에서도 한쪽은 담는 자, 한쪽은 담기는 자 역할을 한다. 정신분석적으로는 이성적인 면에서는 아내는 담기는 자, 남편은 담는 자 역할을 하고 정서적인 면에서는 아내는 담는 자, 남편은 담기는 자 역할을 한다. 그러나 모든 부부에게 이런 공식이 성립하는 것은 아니다. 어떤 경우는 부인이 더 이성적이어서 담는 자 역할을 하기도 하고, 어떤 경우는 남편이 더 마음이 넓고 감성적이어서 부인을 담고 포용하는 역할을 하기도 한다.

문제는 담는 자 역할을 하는 사람들이 리비도, 즉 성적 에너지가 허용된 범위를 넘어서 다른 곳에서 부족한 것을 채우려고 하다가 넘치는 에너지가 출구를 찾지 못하면 다른 사람에게 애정을 투사하기도 한다는 점이다. 가령 연인을 위해서 하늘의 별도 따주려고 했던 담는 자 역할을 했던 남자친구가 갑자기 다른 여자에게 가버린다든지, 부인에게 헌신하던 남편에게 다른 여자가 생긴다든지 하는 현상이 이래서 일어난다. 이런 일을 당하면 여자들은 "어떻게 그 사람이 그럴 수가 있지요? 나를 사랑한 게 아니었나요?"라며 당황해한다. 그러나 이것도 인간의 본성 중 하나일 뿐이다. 넘치게 담는 역할을 한 사람도 자기 욕구와 에너지가 다른 쪽으로 흘러가는 것을 어찌할 수 없는 것이다.

'제 눈에 안경'이라는 말처럼 투사의 과정을 통해 우리는 콩깍지가 씌는 사랑에 빠진다. 그래서 사랑에 빠진 여성은 곧잘 자신의 의식 속에서는 충분히 발달시키지 않은 온갖 책임감과 임무를 사랑하는 남자에게 대신 맡기고 그 남자가 그것을 제대로 하지 못하면 실망하거나 절망한다. 특정 남성에 끌리는 것은 그 사람 속에 여성을 매혹시키는 특성이 있기는 하지만 실제로 그는 상대 여성이 원하지 않는 특성도 가지고 있기 마련이다. 우리나라 여성의 상당수는 가부장적 아니무스를 가지고 있어서 사랑하는 남자가 독립심과 책임감이 강하고 능동적인 남성이기를 바란다. 그래서 비싼 집과 비싼 차를 몰고 다니는 남자는 지하철이나 버스를 타고 다니는 남자보다 멋있어 보일 수밖에 없다.

마초 성향이 강한 남자는 대체로 범접하기 힘들고 정서적으로 냉담한 유형이 많다. 그런 남자들은 감정을 억압하는 전통적인 가부장적인 남성상을 대변하고 있다. 또한 불안정한 유형이어서 한 곳에 정착하지 않는다. 강해 보이는 여성은 흔히 내면에는 약하고 어린 소녀가 그림자처럼 똬리를 틀고 있다. 그래서 어느 순간 얼토당토하지 않은 나쁜 남자에게 아버지상을 던져버린다. 그리고 그 나쁜 남자가 자신의 기대와 열망을 채워주지 않으면 죽을 것처럼 실망하고 그리움과 원망, 애증의 감정이 교차한다.

내면의 약한 소녀는 진정으로 강한 여성으로 성장해야 한다. 이런 심리적인 발전이 남자와의 관계에서 어떻게 바뀌는지는 알 수 없다. 여성 자신이 내면의 약한 소녀를 강한 여성으로 발전시키지 못한다면 어떤 남자와 함께 있어도 위기를 겪을 수밖에 없다. 진정한 파트너가 생겨도 사랑을 유지할 능력을 갖추지 못한다. 위대한 사랑이란 온갖 고난을 감수하면서라도 붙잡을 가치가 있다고 말하지만 실제 현실에서는 성숙한 한 남성과 한 여성이 완전한 사랑을 이루기란 쉽지 않다.

무소의 뿔처럼 혼자서 가라

오래전에 읽었던 소설 《무소의 뿔처럼 혼자서 가라》에는 자의식이 강한 세 여자가 나온다. 저마다 꿈이 있던 그녀들은 나이를 먹고 결혼을 하고 가정을 꾸린다. 얼핏 보면 잘 사는 것처럼 보이지만 한 여자는 아이를 교통사고로 잃고 남편과 이혼한 돌싱이다. 다른 한 여자는 남편이 바람을 피웠다는 사실을 알고 결국 자살을 선택하고, 의사와 결혼한 세 번째 여자는 남편을 떠나서는 행복할 수 없다고 믿지만 계속되는 남편의 외도에 분노한다. 꿈이 많고 아름답게 빛났던 젊은 시절은 가고 인생의 쓴맛, 단맛을 알아버린 여자들은 이제는 아무 일도 일어나지 않기를 바라며 결국 불교경전 《숫타니파타》에 나오는 '무소의 뿔처럼 혼자서 가라'를 읊조린다.

자기만의 고유한 개성을 따라 길을 떠난 아버지의 딸들은 때로는 무소의 뿔처럼 혼자 가야 할 때가 있다. 확신을 가지고 자기 일을 옳다고 혹은 옳지 않다고 판단해줄 누군가를 찾기가 쉽지 않다. 친구들이 하는 이야기도 절실한 그 순간에는 별 도움이 되지 않는다. 사랑에 실패할 때 기억해야 할 사실은 그 대상을 붙잡아두려고 했으나 어쨌든 떠났다는 사실을 받아들여야 이후 진정한 인간관계를 맺을 수 있는 성숙한 인간으로 거듭날 수 있다는 것이다. 정서적으로 성숙한 여자는 남자에게 빠져 모든 것을 다 걸거나 매달리지 않으며 자기의 본 모습보다 강한 척하고 위장하려 들지 않는다. 그들은 남자에게 의존하면서도 동시에 자기만의 길을 갈 줄 아는 여자들이다. 가족심리학자 미누친Salvador Minuchin은 건강한 관계는 맹목적 의존성보다는 상호의존성을 바탕으로 동등하게 주고받는 관계라고 하였다. 동등한 관계를 맺는 사람은 여자든 남자든 혼자서도 잘할 수 있는 사람이다. 혼자 잘할 수 있는 사람은 둘이서도 잘한다. 혼자 잘 못하는 사람은 둘의 관계마저도 망치려 든다.

또 다른
아버지를 찾아서

가족상담자인 노먼 라이트^{Norman Wrights}는 아버지가 없이 유년 시절을 보낸 딸들에 대해 '아버지 없는 딸' 증후군이라 이름 붙이면서 특이한 증상이 있다고 하였다.

첫 번째 증상은 '결여' 요소다. 결여라는 말은 어떤 것이 없을 때 사용하는 말이다. 아버지가 없이 자란 딸은 늘 뭔가 부족하고 자신에게 없는 것이 자기 탓이라고 생각한다. 아버지가 떠난 것도 자신이 나빠서라고 생각하기 때문에 누구도 자기를 진정으로 사랑하지 않을 거라고 생각한다. 누군가 자신을 좋아하면 자신에게서 뭔가 얻기를 바라고 그러는 것이라 믿기 때문에 그 무언가를 주기 위해 너무 애를 쓰게 된다. 잃어버린 그 무엇을 찾으려고 하는데, 그 무엇은 아버지의 사

랑이다. 그래서 만나는 모든 남성에게서 아버지의 사랑을 찾으려고 한다.

두 번째 증상은 '두려움' 요소다. 정확히 말해서 '거절에 대한 두려움'이다. 아버지를 갑작스럽게 잃어버린 사람은 감정적으로 그리고 문자 그대로 모든 남성은 자기를 버릴 수도 있는 사람인 것이다. "난 거절당할 거야. 남자들은 나를 좋아하지 않으니까" "누군가를 사랑한다면 상처받게 될 거야. 그 사람은 나를 떠날지 몰라" "남자들은 믿을 수 없어" 등의 내면의 목소리는 늘 두려움을 불러일으키고, 그 두려움대로 실제로 그런 남자들을 반복적으로 만나기도 한다.

세 번째 증상은 '성을 통한 치유'를 믿는다는 것이다. 어떤 여성은 성적으로 지나치게 문란하게 행동하고 어떤 여성은 성적인 것을 피해버린다. 성적으로 문란한 여성은 남성과 관계를 맺는 것이 자신에게 치유를 가져다줄 것으로 착각한다. 심리학자들에 따르면 아버지가 없는 가정에서 자란 10대 소녀는 그렇지 않은 가정에서 자란 소녀보다 성관계를 더 일찍 시작한다고 한다. 아기를 갖는 것이 버림받지 않는 방법이 된다고 착각하는 소녀도 있다. 불행하게도 이런 생각은 잘못된 신화에 가깝다.

네 번째 증상은 '지나침' 요소다. 부족한 것을 보충하기 위해 너무 오버한다는 의미다. 이런 여성은 성공의 사다리를 오르면서 멈출 줄 몰라 한다. 완벽주의 성향 때문에 결코 만족하지 않고 자신을 과잉확장하는 방식으로 자신이 중요하게 생각하는 영역에서 과도하고 지나칠 정도로 몰입한다.

마지막 증상은 'RAD^Rage, Anger, Depression'라고 한다. 아버지가 없는 여성은 분노라는 큰 냄비를 갖고 있다는 것이 노면 라이트의 생각이다. 이런 여성은 아버지에 대한 분노를 먹는 것, 성적인 관계, 알코올, 성공에 집착하는 것으로 환기시키기도 한다. 분노는 우울의 또 다른 얼굴이듯이 분노하던 여성은 해결되지 않는 슬픔을 안고 살게 된다.

아버지가 없는 딸의 문제를 노먼 라이트는 '마음속의 구멍'이라고 표현했다. 아버지가 채워져야 할 자리에 빈 공간이 있어 늘 허기감과 상실감을 갖고 산다는 것이다. 아버지를 잃어버린 딸은 일찌감치 정서 발달과 욕구가 성장을 멈춘다. 말하자면 사춘기를 거쳐 어른이 된 다음에도 내면에는 자라지 않는 어린아이가 있는 것이다. 그 어린아이는 7살짜리이기도 하고 어떤 때는 2~3살의 모습이기도 하다. 물리적으로 혹은 정서적으로 아버지가 떠남으로 인해 심리적으로 독립적인 어른이 되어가는 과정이 방해받은 것이다.

아버지의 부재로 생긴 결핍

아버지가 생애 초기에 없었던 딸은 자라면서 아버지 대체물을 찾곤 한다. 아버지를 찾아 나서지만 결과는 오히려 더 비참해지도 한다. 대표적인 인물이 노마 진 모텐슨Norma Jeane Mortenson이다. 우리에게는 메릴린 먼로Marilyn Monroe라고 알려진 여성이다. 중고등학교 시절 영화를 좋아했던 아버지를 통해 메릴린 먼로를 알게 되었는데, 그녀는 풍만한 몸매, 백치미, 섹스 심볼이라는 수식어가 붙은 배우였다. 나는 그 당시 알랭들롱, 해리슨 포드, 레이프 가렛 등에 빠져 있었고, 메릴린 먼로는 그저 남자 어른들의 술자리에서 오르내리는 여배우쯤으로 생각했었다. 심리학을 공부하면서, 특히 아버지의 딸이라는 주제에 몰두하면서 다시 메릴린 먼로가 떠올랐다. 16세에 결혼을 하고 4년 뒤 이혼한 그녀는 미국 프로야구 선수 조 디마지오Jor

DiMaggio와 결혼과 이혼을 반복한다. 여기서 그치지 않고 유명한 극작가 아서 밀러Arthur Miller와 세 번째 결혼을 감행한다. 몇 번의 결혼과 이혼을 반복하면서도 케네디 대통령, 아인슈타인 등의 유명인사와 염문을 뿌렸던 당대 최고의 여배우 메릴린 먼로. 그녀의 화려한 남성 편력 뒤에 틀림없이 어린 시절 아버지의 부재가 있었을 것으로 판단하고 전기물을 읽어보았다. 예상대로 메릴린 몬로의 아버지는 가정을 버렸고 어머니는 정신병원에 수용되어 고아가 된 먼로는 양부모 밑에서 자라면서 의붓아버지에게 숱한 성폭행을 당했다. 특히 아버지뻘이었던 극작가 아서 밀러는 그녀를 도와주고자 애썼으나 메릴린 먼로는 기분에 따라 수차례 혼외정사를 가졌고 결혼을 파괴해나가다가 결국 버림을 받았다.

메릴린 먼로처럼 어린 시절부터 아버지가 없었던 딸은 계속해서 아버지를 대신할 인물을 찾아 나서지만 끝내 아버지에게 버림받은 그녀처럼 자신도 남자들로부터 버림받는다. 메릴린의 남성 편력은 아버지를 찾으려는 갈망을 충족시켜주지 못했다. 그녀는 결국 아버지를 찾지 못했던 것이다. 아마 메릴린이 요즘 시대에 살아서 꾸준히 상담이나 심리치료를 받았다면 수많은 남성편력을 통해 아버지 대체물을 찾는 것을 멈추지 않았을까 하는 생각이 든다. 밖에서 다른 대체물을 좇는다고 해서 아버지 부재로 생긴 결핍을 메울 수는 없다. 스스로 그 구멍을 메워야 하는데, 많은 여성이 그렇지 못하다.

어렸을 때 아버지가 딸이 한 선택을 제대로 인정해주지 않거나 딸의 능력을 폄하하거나 딸의 꿈을 지지해주지 않거나 경제적인 안정감과 보호를 주지 못하면 딸은 성인이 되어 어려서 충족되지 못한 갈망을 연인, 친구, 남편, 직장상사에게 바라게 된다. 딸은 끊임없이 아버지가 주지 못한 것을 벌충하기 위해 다른 '대디'를 찾는다. 요즘 20대 초중반의 여대생이 '슈거 대디'를 찾는다는 기사를 접하면서 여러 생각이 들었다. 얼마 전 상담에서 만난 연수 씨가 생각났기 때문이다.

24세 여대생 연수 씨는 소위 말하는 슈거 대디와 부적절한 관계에 빠져 있었다. 슈거 대디라는 말은 미국에서 나온 말이다. 미국의 여대생들이 불황이 오자 등록금을 벌기 위해 40대 이상 중년 남성에게 성적인 욕구를 충족시켜주고 돈을 받는 데서 나온 말인데, 우리나라도 일부 여대생에게서 이런 경향이 나타나고 있다고 한다. 연수 씨는 아버지가 IMF 이후 돈을 벌기 위해 집을 나간 이후 소식이 끊겼다고 했다. 엄마가 식당일을 하면서 생계를 꾸렸지만 동생 둘을 포함해 네 식구가 살기에는 빠듯했다. 어렵게 대학에 들어갔지만 턱없이 비싼 물가와 등록금으로 늘 돈에 쪼들렸고 그러다가 친구의 귀띔으로 속칭 '스폰남'이라고 하는 슈거 대디를 구해 경제적 어려움을 해결하려고 했다. 스폰남은 돈을 대주고 마치 딸처럼 예뻐했다고 했다. 그러나 그는 곧 다른 슈거 베이비를 구했고 연수 씨를 멀리했다. 돈으로 엮인 사이였지만 아버지에게서 사랑과 경제적 안정감을 받아본 적이 없는 연수 씨는 이 중년남을 사랑하게 되었다고 했다. 그래서 그에게 버림받자 우울증에 빠져 학교도 나가지 못하는 지경에 이르렀다.

워낙 은밀하게 일어나기 때문에 실태를 제대로 파악할 수 없지만 직장 여성 중에서도 연수 씨처럼 중년 남성과 스폰서 관계를 맺는 경우가 종종 있다고 한다.

밖에서 아버지를 찾은 대가

스스로 노력해서 그 옛날 아버지가 못해준 경제적 성공을 거두는 여성이 있는가 하면, 슈거 대디를 통해 경제적 안정을 구하려는 여성도 드물지 않다. 이런 여성들은 언젠가는 아버지가 모든 것을 해결해주고 보호해줄 것이라는 원형적 약속archetypal promise을 잘라내야 한다. 그러기 위해서는 아버지 혹은 아버지 대용물이 자신의 욕구를 충족시켜줄 것이라는 환상을 내려놓을 필요가 있다. 그런 일시적인 관계에서 얻을 수 있는 것은 별로 없다. 중년 남성들은 아내와의 불화나 불만족스러운 성생활에서 벗어나기 위한 일시적인 일탈에서 끝나버리지만 연수 씨와 같은 젊은 여성의 경우 그러한 관계는 매우 위험하며 평생 지울 수 없는 상흔으로 남기도 한다. 그런 부적절한 관계를 맺는 남성이 점잖은 신사인 경우는 드물다. 협박범으로 돌변할 수도 있고 상해를 입히거나 심하면 목숨을 잃을 수도 있다.

대학을 졸업하겠다는 꿈과 소망을 위해서든, 당장 경제적 곤궁을 해결하기 위해서든, 명품백을 사기 위해서든, 밖에서 아버지를 찾는 것은 많은 대가를 치르게 한다. 자기 꿈과 소망을 당장 포기할 필요는 없겠지만 심리적으로 온전한 인간이 되기 위해서는 스스로를 보호하고 먹여 살려야 한다는 것을 깨달아야 한다. 현실이 녹록지 않다고 해서 너무 손쉽게 그리고 위험한 곡예를 하듯이 살아가는 여성들은 언젠가는 자기가 처한 상황 더 밑으로 떨어질 수 있다는 것을 알아야 한다. 힘든 현실과 타협하는 것은 다른 심리적 성장의 측면과 마찬가지로 어려운 과정이다.

돈과 권력을 갖고 있는 아버지뻘의 슈거 대디를 찾는 여성들은 여성주의feminist 심리학자들이 말하는 역량강화empowerment가 필요한 사람이다. 이들은 궁극적으로 자신에게 도움이 되지 않는 현재 상황이나 관계에 적응하기보다는 변화를 지향해야 한다. 남성과 여성의 관계도 사회의 권력 구조와 마찬가지로 권력 구조 관점에서 볼 수 있다. 어떤 아버지의 딸들은 남성과 여성이라는 권력관계에서 약자 위치로 스스로를 몰아넣기도 한다. 스스로의 힘으로 뭔가를 성취하기보다는 힘 있고 돈 있는 남성에게 의존하는 여성은 개인적·관계적 영역에서 어떻게 하면 스스로 힘을 가질 수 있는지 모색해야 하지만 이에 대한 인식 자체가 없는 안타까운 아버지의 딸도 많다.

여성 스스로 자신을 보호하고 자립할 수 있는 힘은 어린 시절 아버지와의 개인적 경험에서 비롯되기도 한다. 하지만 자립심과 내적인 힘을 길러줄 만한 아버지가 없는 딸도 많다. 이들이 인생의 후반부에 터득해야 할 사실은 남성과 여성의 관계는 일방적으로 한쪽에서 다른 한쪽에 주기만 하고 지배하는 권력관계가 아니라 주고받는 것이 동등한 관계여야 한다는 것이다.

섹슈얼리티에
눈뜨다

　딸은 태어나서 아버지와 정서적으로 교류하면서 여성성의 많은 측면을 배워나간다. 여성이라는 타고난 성을 어떻게 느끼는지, 남자와 함께 있을 때는 어떻게 행동해야 하는지, 남자에게 어떤 것을 원해야 하는지, 그리고 자신이 원하는 것을 어떻게 얻을 수 있는지는 아버지와의 경험을 통해 알게 모르게 체화된다. 아버지를 기쁘게 하기 위해서는 여자로서 어떻게 행동해야 하는지를 아버지를 통해 배우며 아버지의 반응에 따라 일반적으로 아버지를 포함한 남자에게 어떻게 해야 하는지 배운다. 아버지와 함께 있을 때 여자로서 안전하게 느낀다면 딸의 성 발달은 순조롭게 진행된다.

　아버지와의 기억에는 '넓은 가슴' '커다란 아버지의 몸' '아버지의 로션 냄새' '아버지의 까끌까끌한 턱수염' 등 아버지 몸에 대한 갈망과 기억이 숨어 있다. 어떤 여성은 아버지의 둔탁하고 큰 손이 자기 머리를 쓰다듬었던 기억을 떠올리고, 아버지가 자신을 배 위에 올려놓고 같이 잠들었을 때 아버지의 느린 심장 박동소리도 기억해낸다. 아버지와 어머니가 잠을 자는 사이로 비집고 들어가 아버지 품에 안겨 잤던 모습 등 아버지 몸과 관련된 이런 기억은 딸의 초기 성적 발달의 씨앗이 된다. 어떤 여성은 남자친구나 남편 무릎에 앉아 맛있는 것을 먹거나 TV를 볼 때 그 편안한 느낌이 어린 시절 아버지 품에 안겨 잠들었을 때의 안락한 기억과 맞닿아 있다고 고백하기도 한다.

딸의 성에 대한 태도는 성인이 되어서도 무의식적으로는 아버지와 연결되어 있다. 아버지들은 딸의 성적 발달에 대해 다양한 방식으로 대한다. 어떤 아버지는 딸의 성적 발달을 못본 척 억압하기도 하고, 질투심을 느끼기도 하고 경계를 위반하기도 한다. 억압, 질투, 경계 위반은 딸의 건강한 성적 발달을 가로막는다. 특히 사춘기 무렵 딸의 섹슈얼리티가 부상할 때 억압적인 아버지는 남자아이를 쳐다보지도 못하게 하고 엄격한 규칙을 정하고 딸을 구속한다. 이런 아버지들은 딸이 성적 본능을 따르는 것에 대해 과도한 두려움을 갖고 있다.

가장 행복하고 푸르렀어야 할 애경 씨의 청소년기는 생각해보면 우울함과 어두움 등 온갖 문제로 가득했었다. '내가 과연 행복하게 살 수 있을까' '나는 왜 태어났을까' '엄마는 도대체 왜 나를 낳았을까' '나는 왜 사랑받지 못할까' '어떻게 하면 고통 없이 죽을 수 있을까' 등 너무나 어둡고 암울하게 또 누구보다 치열하게 청소년기를 보냈다. 애경 씨가 청소년기에 불행할 수밖에 없었던 원인을 먼저 살피자면 첫째는 아버지 때문이었다. 애경 씨의 아버지는 군인 장교였다. 아들이 아니어서 살짝 실망하긴 하였지만 첫째로 태어났기에 애경 씨는 부모님의 사랑도 독차지하고 이웃들도 많이 예뻐해 늘 사랑받는 아이로 자랐다. 아버지는 군사훈련 등으로 집을 비울 때가 많았지만 바쁜 와중에도 애경 씨를 따로 불러 얼굴을 볼 만큼 사랑하셨다. 이랬던 아버지는 애경 씨가 나이가 들어감에 따라 점점 엄해지고 이유 없는 의심과 구속으로 그녀를 옭아매셨다. 남녀공학 고등학교에 간 애경 씨가 이성교제를 할까 봐 늘 의심했고 대학 입학시험 후엔 3개월 동안 집 밖으로 나가지 못하게 했다. 한마디로 감금을 당한 것이다. 설상가상으로 엄한 분위기에서 갇혀 자라다 보니 세상물정에 어두웠고, 남자에 대해서도 잘 몰랐는데 친구로 지내던 남자에게 데이트 강간을 당할 뻔한 사건을 겪으면서 외상 후 스트레스까지 얻었다. 세상은 온통 고통과 위험을 주는 것들로 가득했다. 결국 고통을 이기지 못한 애경 씨는 자살 시도를 3차례나 했다. 한 번은 약물 복용을, 한 번은 손목 자해를, 이도 저도 여의치 않자 아파트 옥상에서 투신 시도까지 했다. 다행히 늘 미수에 그쳤지만 어떻게 하면 죽을까 하는 생각만 하고 다녔다. 청소년기의 불행은 성인이 되어서도 계속 이어졌다. 세상을 바라보고 타인을 바라보고 자신을 바라보는 눈이 비뚤어져 있었기에 늘 불행하다는 생각이 떠나지 않았다.

애경 씨는 사춘기에 접어들면서 아버지가 남자와 같이 있는 것만 봐도 얼굴을 붉히며 죽일 듯 야단을 쳤다고 했다. 그녀는 이성관계가 특히 어려웠다. 남자에게 인기가 있는 편이었지만 어느 남자도 믿을 수가 없었다. 아버지 같은 사람을 만날까 봐 독신을 선포하고는 이성에 대해 경계를 늦추지 않았다. 아무 조건 없이 자신을 사랑해줄 수 있는 사람이 이 세상에 없을 거라고 생각하게 된 것은 아버지 외에도 폭언과 폭력을 휘두르는 오빠도 한몫했다. 주변에 접근하는 남자들이 예쁘다거나 좋다고 말하면 희롱하는 것 같아 화를 내거나 그 의도를 의심했기에 이성을 사귈 수가 없었다. 하지만 한편으론 너무 외로웠다. 그래서 이성을 만나보기도 했지만 길면 한두 번이고 특히 스킨십에 과도하게 민감해서 번번이 헤어졌다. 누군가가 손만 스쳐도 비명을 지르며 경기를 할 지경이어서 주변에서는 스킨십 주의보가 생길 정도였다. 다행히 지금의 남편을 만나 친구로 지내다 조심스럽게 이성교제를 하기 시작했다. 다혈질에 의심이 많은 아버지와는 달리 남편은 자상하고 무엇보다 이해심이 많았다. 남편이 애경 씨를 무조건 공감해주고 받아주자 점점 채워지지 않았던 마음의 빈공간이 사랑으로 가득 채워져 갔다. 평생 결혼을 못할 거라는 예상을 깨고 5년 연애 끝에 결혼에 성공했지만 처음 결혼생활은 참 어려웠다. 남편이 아버지처럼 변할까 봐 지레 걱정해서 남편을 의심하고 들볶았다. 부부관계도 힘들었다. 남편을 사랑하지만 성적인 관계에서는 늘 소극적이었고 성적인 친밀감을 느낄 수가 없었다. 부부간의 성적인 행위도 동물적이고 온당하지 못하다는 생각이 들고 뭔가 어색했다. 그러나 남편은 한결같이 이해하고 기다려주었고, 그런 사랑을 받다 보니 애경 씨도 변하기 시작했다.

몸을 욕망하고 행복할 권리

아버지가 딸의 여성, 섹슈얼리티를 자연스럽게 받아들이지 못하면 애경 씨처럼 오랫동안 자신의 여성, 성을 즐기지 못하는 여성이 된다. 예전의 아버지들은 바람을 피운다든지 해서 부인과 자식을 버리는 경우도 많았고, 애경 씨 아버지처럼 딸이 성에 눈뜨는 것을 참을 수 없어 하고 억압하고 금기시했다. 그런 아버지의 영향을 받은 많은 딸들은 자신의 성적인 욕구에 대해서도 아버지의 태도와 마찬가지로 금기시하고 억압하곤 했다. 다행히 애경 씨는 신앙생활과 지극한 남편의 사랑으로 왜곡되어 있던 성에 대한 태도가 바뀌긴 하였지만 결혼을 해서도 회복이 안 되는 경우도 많다. 어린 시절 성적인 것을 억압하는 아버지의 태도로 인해 애인이나 남편과의 관계에서 금욕적인 태도를 취한다거나 성적인 행위를 혐오스럽거나 부끄럽게 생각해서 성을 자연스러운 인간의 욕구로 인정하지 못하게 되기 때문이다. 이런 경우 남편과 섹스 트러블이 생겨 부부 클리닉을 찾기도 한다.

《연금술사》로 유명한 브라질 작가 코엘료Paulo Coelho는 《11분》이라는 책에서 인간이 가진 성적 욕망, 특히 여성의 욕망을 이야기한다. 페미니스트들은 성과 관련해서 여성은 늘 대상화되고 여성의 욕망과 삶은 부재하거나 훼손되는 것으로 그려지고 있다고 비판한다. 그러나 코엘료는 여성의 몸과 욕망, 행복할 권리를 강조하며 그것이 곧 남자와 여자의 행복한 공존에 필요하다고 말한다. 성을 혐오하는 것은 성에 대해 어느 순간 왜곡된 지각이 자리 잡았기 때문이다. 딸이 성을 인간의 자연스러운 욕구로 인식하느냐 아니면 부자연스럽고 왜곡된 것으로 보느냐는 생애 초기에 아버지라는 렌즈를 통해서다. 만일 아버지로 인해 성에 대해 부정적이고 왜곡된 생각을 갖게 되었다면 그런 딸들은 코엘료가 말한 것처럼 몸에 대해 욕망하고 행복할 권리를 찾기까지 시간이 많이 걸린다. 결혼을 했다고 누구나 몸의 욕망에 충실하고 깨어나는 것은 아니다. 어떤 여성은 자신의 성적인 욕망은 금기시하면서 단지 남자친구나 남편을 기쁘게 할 목적으로 자기 몸을 대한다. 성이란 자연스러운 것이지만, 성에 대한 부정적인 경험이나 가치관은 성적 즐거움이나 자발성을 감소시킨다. 수치심, 불안, 죄책감, 우울, 관계 갈등과 같은 감정 등은 자연스러운 성적 욕구와 표현을 방해한다.

몸에 대한 억압이나 금기가 풀리고 자연스럽게 욕구를 인정하고 충족하려면 우선 성에 대해 가지고 있는 왜곡된 생각의 근원을 되짚어서 그 생각의 타래를 하나하나 펴주어야 한다. 이 과정에서 성에 대한 왜곡된 생각의 근원에 아버지가 있다면 그 원인을 알아내고 치유하는 계기를 만나기도 한다. 물론 아버지뿐만 아니라 어머니를 통해서도 성을 혐오하게 되기도 한다. 어떤 어머니는 남편의 외도로 인해 성적인 것을 더럽고 혐오스러운 것으로 치부하여 성장 과정에 있는 딸에게 이를 각인시키는 경우도 있다.

섹슈얼리티에 눈을 뜨는 과정에서 아버지의 영향은 어머니보다는 직접적이지는 않지만 미묘하면서도 간접적으로 영향을 미친다. 섹슈얼리티가 자연스러운 인간의 욕망이 아닌 동물적 욕구에서 나온 것이어서 억압해야 하고 불편한 어떤 것으로 생각하는 아버지의 딸들은 이런 왜곡된 성 인식을 교정하는 노력이 필요하다.

—

아버지의 딸이
어머니의 아들을 만났을 때

르네상스 시대의 위대한 문학가 단테^{Alighieri Dante}는 베아트리체를 평생 잊지 못한 나머지 글로써 불멸의 사랑을 노래했다. 베아트리체를 처음 만난 것은 겨우 아홉 살 때였지만, 그는 첫눈에 사랑에 빠졌다. 18세가 되어서야 그녀를 다시 만났지만, 몇 년 후 베아트리체는 다른 사람과 결혼을 했고 그 이듬해 세상을 떠나고 만다. 베아트리체가 세상을 떠난 뒤에도 그녀만을 사랑한 단테는 자신의 마음을 아름다운 소네트와 불후의 서사시 《신곡》에 담아냈다.

단테가 베아트리체와 결혼해서 같이 살았다면 사랑의 맹세는 금방 깨졌을 것이다. 두 번밖에 만나지 않았기 때문에 환상이 깨질 기회가 없어서 그렇게 오랫동안 베아트리체를 사랑했을지도 모른다. 사랑에 대한 낭만과 신화를 갖게끔 해주는 동화에서도 우여곡절 끝에 왕자와 공주, 남자와 여자가 마침내 결혼해서 행복하게 살았다는 이야기만 나오지 지지고 볶는 이야기는 어디에도 나오지 않는다. 그만큼 현실에서는 달콤하지만은 않은 게 사랑 이야기이고 결혼생활이다. 결혼한 첫날밤부터 환상이 깨지는 경우도 있고 10년 이상 콩깍지가 씌어 잉꼬부부로 행복하게 살다가도 하루아침에 남편의 배신, 아내의 배신으로 결혼생활이 위기를 맞기도 한다.

아버지의 딸과 어머니의 아들

딸은 배우자를 선택할 때는 은연중에 아버지와 비슷한 남편을 선택하고 반면에 아들은 어머니와 비슷한 여자를 부인으로 선택하는 경우가 많다. 무의식이 많이 작용하는 것이다. 그래서 두 사람이 결혼하지만 실제로는 남편의 양쪽 부모, 부인의 양쪽 부모까지 모두 6명이 알게 모르게 결혼생활을 지배한다고도 볼 수 있다. 여자와 남자가 각자 부모에게 안정적이고 충분히 좋은 양육을 받았다면 연애관계나 결혼관계가 그다지 문제가 없을 것이다. 그러나 연인이나 배우자를 선택할 때 무의식이 많이 작용할수록 그 관계는 힘들어질 가능성이 높다. 부모의 그림자가 관계에 덧씌워지기 때문이다. 단테가 베아트리체에게 첫눈에 반한 것은 전형적인 아니마 투사다. 여자 역시 아버지상을 상대에게 투사한다.

예원 씨는 남편과 결혼해서 부부싸움이나 크게 말다툼을 한 일은 없다. 늘 조용하고 성실하고 책임감 강한 남편이다 보니 조용한 듯 잘 살고 있는 듯한 모습으로 살았다. 그러나 마음은 허전하고 외로울 때가 많았다. 여러 이유가 있겠지만 너무나 무뚝뚝하고 감정에 둔감한 남편의 태도도 크게 한몫했던 것 같다. 남편은 위로 누나 3명을 둔 3대 독자 막내로 태어났다. 워낙 손이 귀했던 집안인지라 말하지 않아도 원하는 것을 가질 수 있었고 누나들과 어머니의 과보호 속에 자라면서 다른 사람들의 눈치를 볼 필요도 없었고 주위 사람들이 오히려 남편의 눈치를 보면서 다 알아서 해주는 분위기에서 자랐다.

마마보이 기질이 다분했던 남편은 늘 받는 것에 익숙하다 보니 주는 것에 인색했다. 예원 씨는 맏딸로 아버지의 사랑과 관심을 듬뿍 받고 자란 터라 이런 남편이 처음에는 이해가 되지 않았다. 결국 두 사람은 받는 것에만 익숙한 사람으로, 둘 다 주는 것을 잘 모르고 어렸을 적 받았던 것을 배우자에게 되풀이해서 받기만을 기대했던 것이다. 예원 씨는 상담을 통해서 남편의 모습에서 자신의 아버지가 자신에게 주었던 관심과 사랑을 바라면서 원하는 사랑의 모습이 아니면 서운해하고 토라지는 자신이 있었다는 통찰을 얻었다.

과잉보호를 받은 어머니의 아들, 마마보이와 마찬가지로 아버지의 과잉보호를 받은 아버지의 딸, 파파걸은 둘 다 자기애적 욕구가 강할 수 있다. 받기만 하며 주는 법을 모르고 자기가 중심에 있다고 생각하기 쉽다. 하지만 두 파트너가 함께 살아가려면 타협점을 찾아야 한다.

　　남성이 아니마를 만나거나 여성이 아니무스를 만날 때는 대체로 부정적인 측면을 먼저 만난다. 융은 이를 아니마 기분^{anima mood}과 아니무스 의견^{animus opinion}이라고 표현하였다. 융에 따르면 부정적인 아니마는 남성을 우울하고 변덕스럽고 짜증과 원망이 많은 상태로 만들고, 부정적인 아니무스는 여성을 고지식하고 융통성 없고 완강하게 만든다. 그래서 감정 표현이 서툰 남편과 직설적이고 비판적인 말로 남편과 아이들을 휘두르는 아내가 나오는 것이다. 여성이 아니무스에 사로잡혀 있으면 그 자녀들은 엄마에게 따뜻한 모성애를 느끼기 어렵다. 비판적이고 단정적인 태도가 아이 또는 남편과의 사랑을 가로막는다.

　　파트너 선택에는 개인의 병리를 치료하려는 노력이 무의식적으로 작용하기도 한다. 남자도 성장 과정에서 애착 대상인 어머니에게서 독립해야 성인 남성으로서 정체성을 확립하고 성숙할 수 있다. 그러나 어머니로부터 과잉보호나 강압적인 양육을 받은 일부 남자들은 여자와 감정적인 충돌을 피하려고 애쓰는 부정적인 마더 콤플렉스를 갖고 있는 경우가 많다. 여자가 화를 내면 그 옛날 어머니에게 야단맞던 어린 소년처럼 작아지는 남자는 어머니의 사랑을 얻기 위해 무조건 복종하거나 아니면 자존심을 지키려고 반항하려는 거친 10대 청소년처럼 행동하기도 한다. 어린 소년처럼 문제가 생기면 일방적으로 양보하고 자기 입장을 포기하는 남자나 자존심을 내세워 방어적인 태도를 취하는 남자는 어느 쪽도 건강하게 대응하지 못한다. 남자가 감정을 제대로 표현하려면 여자가 화를 내거나 거부하는 것에 대해 불안감과 두려움을 극복해야 한다. 아니면 계속 미성숙한 소년으로 살 수밖에 없다.

사랑은 부족한 사람을 완벽하다 여기는 것

정서중심 부부치료를 만든 캐나다의 심리학자 수잔 존슨Susan Johnson은 부부 갈등을 겪는 남성, 여성들을 분석해보면 회피형 남성과 공격형 여성 조합이 많다고 하였다. 동서양을 막론하고 남녀관계에서 갈등이 생기면 남성은 회피적이고 수동적인 모습을 취하고 여성은 쫓아가면서 공격적인 태도를 취할 때가 많다. 융 분석가들은 남성의 수동성과 회피성이 여성 내면의 아니무스를 밖으로 끌어내는 경향이 있다고 한다. 여성의 아니무스가 힘의 논리로 남성을 제압하려고 하고 다그치면 엄마의 다그침을 듣고 말문을 닫아버리거나 문을 박차고 나가는 아들처럼 남성은 입을 다물고 피하거나 자존심이 상해서 반격을 하기도 한다. 남성이 이런 반응을 보이면 계속 밀어붙이는 것이 능사가 아니라 여성은 잠시 멈추어 설 필요가 있다. 남자의 자존심을 존중하고 상대를 지배하려는 태도를 내려놓지 않으면 관계는 악화일로를 걷게 된다. 남성 역시 여성의 터무니없는 공격에 화만 내거나 회피할 것이 아니라 침착한 태도를 유지하고 이성적으로 대응할 필요가 있다. 그러나 내면의 아니마 기분에 사로잡힌 남성은 변덕스럽고 까탈스러운 여성 못지않게 예민한 반응을 보이는데, 이렇게 되면 여성의 공격과 비난은 더욱 거세진다.

에리히 프롬Erich Fromm은 유명한 저서 《사랑의 기술》에서 인간 내면에는 부성 양심과 모성 양심이 있다고 했다. 부성 양심을 통해서는 복종, 성실,

절제, 인내, 책임을 배우고, 모성 양심을 통해서는 자비, 연민 등을 배운다. 부성 양심만을 갖고 있으면 냉정하고 난폭하고, 모성 양심만 갖고 있다면 우유부단하고 의존적이며 현실 대처 능력이 떨어지고 히스테리나 알코올 중독 같은 병에 걸릴 수 있다. 모성 양심과 부성 양심을 통합하여 이성과 감성이 서로 조화와 균형을 이루어야 하는 것이다. 결국 남성은 자기 내면의 아니마, 여성은 자기 안의 남성인 아니무스와 대화하는 법을 배워야 하고 현실에서 두 남녀는 대화를 하는 방법을 배우지 않으면 한 명은 기분에 사로잡히고 다른 한 명은 생각에 사로잡혀서 평행선을 달릴 수밖에 없다고 융 분석가들은 이야기하고 있다.

'여자가 어디 감히' '남자가 대범하지 못하고 쪼잔하게' '우리 엄마라면 절대 그러지 않았을 거야' '우리 아빠는 내가 하자는 대로 다 해주었을 거야' 등 그들을 부정적인 상호작용으로 이끄는 이러한 내적인 신념에 붙잡혀 있는 아버지의 딸과 어머니의 아들은 성숙한 관계를 위해 이 신념을 바꾸는 것이 중요하다. 내적인 신념은 각자의 아버지, 어머니로부터 생겨나는 견고한 믿음이기 때문에 행동이 변화하기 위해서는 내면의 금지사항과 거짓된 믿음을 완전히 뒤집어서 탈바꿈시켜야 한다. 현재 관계의 문제가 무의식적인 자아에 왜 그렇게 작용하게 만들었는지, 그리고 어떻게 하면 이 관계를 개선할 수 있는지 파악하려고 할 때, 내면의 '프로그래밍된 신념'에 대한 통제권을 되찾을 수 있다.

수잔 존슨은 "사랑은 완벽한 사람을 만나는 것이 아니라 부족한 사람을 완벽하다고 여기는 것이다"라고 했다. 부족한 아버지의 딸이 역시 부족한 어머니의 아들과 살 때 명심해야 하는 말이다.

남자든 여자든 누군가에게 구원을 받기보다는
스스로 각자의 존재에 대해 깊이 책임을 져야 한다.
자신의 삶에 대해 자기가 지지 않는 책임을 상대가 대신 질 수는 없다.
백마 탄 왕자를 기다리기보다는 스스로 백마를 마련하고
그 위에 올라탈 수 있어야 한다.

다
섯
번
째
· · · · · ·

딸에게
　　　좋은
　아버지가
된다는 것

딸만 내리 낳았다고 부인을 구박하고 딸을 천덕꾸러기 취급하던
예전의 아버지들과는 달리 요즘은 딸의 아버지가 되는 것을 즐거워하는
아버지가 많아졌다. 그도 그럴 것이 쉴 새 없이 재잘거리고 말랑말랑한
딸을 키우는 재미가 쏠쏠하기 때문이다. 좋은 아버지가 되고 싶지만
아버지는 딸을 키우는 데 서툴기도 하다. 딸바보가 되어 딸을 애지중지
키우는 아버지들은 행여 나쁜 녀석들이 딸을 채갈까 봐 노심초사한다.
딸이 여성의 몸으로 바뀌어가는 것을 편안하게 받아들이지 못하고
심지어 딸의 성적 발달을 달가워하지 않는 아버지도 있다.
아버지는 딸에게 사랑을 주는 만큼 제한도 설정해야 한다.
사랑만 주고 제한을 주지 않으면 딸은 삶에 필요한 규율과 자기 행동에
대한 책임을 배우기 어렵다.
딸이 아버지 사랑을 충분히 느끼지 못하는 경우도, 아버지와 딸이
너무 밀착되어 있는 경우도 언젠가는 아버지와 딸의 헤어짐은 반드시
찾아온다. 딸의 심리적 독립을 인정하는 아버지를 둔 딸은 아버지와
정서적으로 깊은 연결을 느끼면서도 건강한 경계와 분리를 배울
수 있다. 아버지라 할지라도 아무도 믿지 않고 자신을 믿는 것이
중요하다는 것을 알게 된다.
아버지에게 충분한 사랑을 받았든 상처를 받았든 인생의 어느 시점에서
딸은 아버지가 남긴 선물을 발견하게 된다. 그 선물의 내용과 의미는
딸마다 다르겠지만 아버지에게서 아무것도 받은 것이 없다고 생각한
딸도 뜻밖에 아버지가 주신 선물의 의미를 깨닫기도 한다.
그 선물은 다름 아닌 아버지가 자신에게 준 생명 그 자체라는 것을
말이다. 그리고 아버지의 딸로 살아온 세월만큼 이제는 아버지의 딸이
아닌 자기 자신으로 다시 태어나야 한다는 것을 뒤늦게 깨닫기도 한다.

서툰 아버지의 사랑

    스무 살 무렵 대학 진학을 위해 처음으로 시골을 떠나 서울에 왔을 때 아버지는 내가 혹여나 길이라도 잃어버리지나 않을까 노심초사하셨다. 서울이 아무리 복잡해도 스무 살에 길을 잃어버릴 리도 없고, 설사 길을 잃어버린다고 해도 대학생이 살고 있는 집을 찾지 못할 리는 없다. 그럼에도 아버지는 험악한 세상에서 어린 딸이 혹여나 나쁜 일을 당할까 봐 늘 걱정하셨다. 방학 때 고향으로 내려가서 같은 과 남자친구나 선배 이야기를 하면 경계의 마음을 늦추지 않으셨다. 어떤 때는 남자친구나 애인이 생길 것에 대해 기대하는 표정을 지으시다가도 이내 "아빠를 제외하고는 남자를 지나치게 믿지 마라"고도 하셨다.

딸이 어떤 삶을 살기를 원하느냐의 질문에 대해 많은 아버지들은 딸이 행복해지기를 바라고 자신이 원하는 일을 하고 원하는 사람을 만나 결혼하기를 바란다고 한다. 예전의 아버지들은 그저 딸이 좋은 남자 만나 시집 잘 가는 것이 최상의 희망이었다면 요즘 아버지들은 딸이 무슨 일을 하든, 누구를 만나서 결혼을 하든 그 자체로 독립적이고 아름다운 여성으로 당당하게 세상을 살아가기를 바란다. 어떤 아버지는 6살 된 딸과 몸으로 부딪치는 놀이를 하면서 재미있게 놀다가 문득 '딸이 지금 나와 노는 것이 행복한지' 궁금하고 끊임없이 걱정된다고 했다. 이처럼 요즘 젊은 아버지들은 딸이 예쁜 소녀로 자라나는 과정을 대견해하면서도 딸이 매순간 행복한지, 심지어 아버지인 자신과 놀 때에도 행복한지 궁금할 정도로 딸 내면의 정서적인 삶에도 관심이 많은 것 같다. 이런 아버지를 둔 딸이라면 어른이 되어서도 아버지에 대한 행복한 기억이 더 많을 것이다.

아버지에겐 딸이 그 어느 누구보다도 예쁘고 귀한 공주님이다. 그러나 공주들이 다 행복한 것은 아니다. 모든 것을 다 가진 왕의 딸이라 할지라도, 그래서 공주 소리를 듣는다 하더라도 딸이 반드시 행복한 것만은 아니다.

딸의 아버지가 된다는 것

남자가 아닌 여자들은 아버지가 되는 느낌을 잘 알지 못할 것이다. 다만 아버지는 남자이기 때문에 여자, 딸과는 다른 관점에서 세상을 바라보고 딸을 바라볼 거라는 생각이 들 뿐이다. 아들의 아버지가 되는 것과 딸의 아버지가 되는 것은 분명히 차이가 있을 것이다. 천성적으로 공감 능력이 높은 일부 아버지는 딸과의 관계를 그다지 어려워하지 않는 것 같다. 그러나 엄마들이 자기와 성이 다른 아들을 키우는 것을 어려워하듯이 대체로 아버지들은 같은 남자인 아들보다는 딸과의 관계를 더 어려워하는 것 같다.

요즘 젊은 아버지들과 상담실에서 이야기를 나누다 보면 "딸에게 아버지로서 어떻게 행동해야 하고 어떤 존재로 비춰져야 할지 모르겠어요"라고 호소하는 사람이 많아졌다. 특히 아들 형제만 있는 집에서 자란 아버지들은 딸의 아버지가 되는 것을 어려워한다. 여자들과의 경험이 많이 없기 때문에 부인을 대할 때도 그렇고 딸을 대할 때도 막막하게 느껴질 때가 많은 것이다. 딸의 아버지가 되는 것은 아버지에게도 특별한 경험이 된다. 어머니는 진화심리학적으로 아들이든 딸이든 자녀와 관계를 형성하기가 더 쉽다. 애착과 관련된 호르몬인 옥시토신과 프로게스테론, 에스트로겐 같은 여성 호르몬이 도움을 주기 때문이다. 타고나기를 여자보다 더 감성적인 남자도 간혹 있기는 하지만 대부분의 남자는 여자보다는 공감 능력이 떨어지게 마련이다. 엄마들처럼 천연 옥시토신 호르몬이 생리적으로 부족한 아버지들은 그렇기 때문에 좋은 아버지가 되는 것을 연습하고 공부해야 한다. 애착을 연구하는 심리학자들은 아이가 태어나서 생애 초기에 정서적으로 아버지, 엄마와 안정감 있게 연결되는 것이 그 아이의 앞으로의 삶에 매우 중요한 영향을 미친다고 주장한다.

딸 대하는 것이 어렵다

딸 입장에서 보면 아버지가 딸과 잘 지내는 것이 어려운 이유 중의 하나는 우선 성이 다르고 여자에 대한 경험이 적기 때문이다. 우리 아버지들은 남자로서 고정된 성역할을 어려서부터 배웠기 때문에 딸의 아버지가 되는 것이 어렵기만 한 것 같다. 지금의 40대, 50대 아버지들은 물론이고 노인이 된 아버지 세대는 어려서부터 가정을 부양해야 하는 역할이 가장 크게 남성적 성역할로 자리 잡은 사람들이다. 그렇기에 돈을 버는 일에만 몰두하고 가족의 정서적인 부분에 대해서는 아내 몫이라며 책임을 회피하기 일쑤다. 그러다 보니 엄마처럼 아이들을 가까이서 매일 지켜보며 양육할 때 얻을 수 있는 긴밀한 정서적 유대감을 느낄 사이가 없다.

남자들은 아버지가 되면서 자기만의 방식대로 딸을 대하는 요령을 터득한다. 하지만 어떤 아버지는 성장기 딸에게 좋은 기억을 주고 싶어도 자신 안의 상처로 인해 그러지 못하는 경우도 있다. 유난히 어린 딸을 키우는 것을 힘들어하고 평소에는 잘하다가도 아이가 울거나 떼를 쓰면 심하게 소리를 지르는 아버지가 있었다. 이 아버지는 딸을 사랑하지만 기질이 까다롭고 예민한 딸이 징징거리는 것을 참기 어려워했다. 아버지가 자꾸 심하게 야단을 치니 6살인 딸아이는 아버지를 두려워하고 피하기 시작했다. 심지어 아이가 아버지 앞에만 서면 자꾸 불안해하고 손톱을 심하게 물어뜯는 증상이 생겨 가족이 상담실을 찾아왔다. 아버지는 말했다.

"딸아이가 사랑스럽지만 징징거리는 것을 보면 피가 거꾸로 솟는 기분이 들어요. 그러지 말아야겠다고 결심해도 그럴 때는 화가 나서 참을 수 없어요." 그러면서 좋은 아버지가 되고 싶지만 자신은 안 되는 것 같다며 속상해했다. 이 아버지는 어린 시절 아버지 없이 엄마와 둘이 살았다. 엄마는 억척스럽게 일을 해서 아들을 먹여 살렸지만 아들은 아버지의 부재로 인해 아버지 역할을 모델링할 수 없었고 자라면서 정서적인 보살핌을 받지 못한 채 혼자 큰 거나 마찬가지였다. 정서적으로 누군가에게 기대지 않고 혼자서 알아서 해온 아버지에게 징징거리는 딸의 행동은 용납하기 어렵고 유난히 거슬렸던 것이다.

이 아버지에게 내려진 처방은 딸아이가 징징거릴 때 일단 그 자리를 피했다가 화가 진정된 다음에 아이와 대화를 시도하는 것이었다. 지금까지 해보지 않은 방법이라 처음에는 어려워했지만 몇 번 연습하고 나니 점점 쉬워졌다고 했다. 예전처럼 윽박지르기보다는 딸아이에게 "네가 왜 우는지, 그때 어떤 기분인지, 어떤 생각이 드는지 아빠에게 말해주면 아빠가 이해할 수 있을 것 같아"라는 말을 할 수 있게 되었다. 처음에는 어린 딸과 이렇게 논리적으로 감정에 대해 대화하는 것이 쑥스럽다고 했지만 젊은 아버지라서 그런지 상담에서 배운 것을 아이와의 관계에서 열심히 활용하여 나중에는 딸과의 감정 대화^{feeling talk}가 가능해지기 시작했다. 감정을 알아주니 아빠만 보면 불안해하던 딸의 증상이 없어진 것은 물론이다.

요즘 젊은 아버지들은 딸에게 좋은 아버지가 되기 위해 상담을 받는 것을 마다하지 않는다. 10년 전만 해도 상담을 받아가면서까지 딸을 잘 키우려는 아버지는 드물었는데, 시대가 많이 바뀌었다는 생각이 들 때가 많다. 뱃속에서부터 연결되어 있었던 엄마와 달리 아버지는 태어나면서 만나게 되는 중요한 타인이다. 그렇기 때문에 엄마보다 아버지는 더 노력해야 딸과 애착이 형성된다. 걸핏하면 딸의 감정을 무시하는 아버지 밑에서 자라면 딸은 감정을 말로 표현하지 못하고 억압하려고 하거나 아니면 아예 폭발적으로 표현할 수 있다. 잘못하다간 감정표현불능증^{alexithymia}이라는 증상이 생길 수 있다. 감정표현불능증은 감정을 인식하고 표현하고 조절하는 것이 어려운 증상을 말한다. 아들과 달리 섬세한 감정을 느끼고 표현하는 딸을 키우는 것이 아버지에게는 큰 도전이 되기도 한다.

딸 가진 아버지의 두려움

딸을 키우는 아버지의 마음속에는 어떤 일이 일어나고 있을까? 정확히는 딸에 대한 아버지의 염려와 두려움은 무엇일까? 많은 아버지가 개인적인 성향에 따라 그리고 자신이 처한 상황에 따라 딸에 대한 복합적인 감정과 반응을 보이며 살아간다. 예나 지금이나 딸을 키우는 아버지들은 세상의 나쁜 남자들로부터 딸을 보호하고 싶어 하지만 자신에게 그렇게 할 능력이 있는지 확신하지 못하다 보니 때론 매우 방어적이 된다. 무조건 보호하려고 하면서 밖에 내보내지 않으려고 하거나 아니면 딸에게 억압적인 모습을 보이기도 한다. 딸은 성장기에는 이런 아버지에게 벗어나고 싶어 하고 아버지를 버거운 존재로 인식한다. 그러나 성인이 되면 아버지의 두려움을 어렴풋이 알게 된다. '그렇게 커 보였던 존재인 아버지가 어느 순간 작아 보이고 사실 그때 아버지도 많이 불안하고 두려우셨구나!' 그런 감정이 밀려올 때 아버지의 마음과 두려움을 이해하게 된다.

요즘은 딸에게 뭐든지 다 해주고 싶어 하는 아버지가 많지만 딸의 성장은 아버지의 사랑만으로 충분하지는 않다. 이런 점에서는 엄마도 마찬가지다. 엄마, 아버지가 자식, 특별히 딸에게 해줄 수 있는 것은 제한적이다. '양육 가설nurture assumption'을 주장한 해리스Judith Rich Harris는 개인의 성격은 유전자 40~50%, 공유 환경 10%, 단독 환경 50%의 영향을 받는다고 하였다. 여기서 공유 환경은 아버지, 어머니를 포함한 가정환경을 말한다. 단독 환경은 가정을 벗어난 전반적인 환경을 말한다. 주목해야 할 것은 공유 환경의 영향은 미미하나 단독 환경의 영향력은 거의 유전자의 영향력과 같이 막강하다는 것이다. 단독 환경은 아이가 홀로 부딪히는 세계다. 지금까지는 공유 환경이 단독 환경보다도 훨씬 영향을 많이 미친다고 알려져 있으나 해리스와 같은 학자들은 아이들이 만나는 환경 영향이 크다고 한다.

딸들은 아버지라는 공유 환경을 벗어나 더 큰 환경에서 인생을 경험한다. 딸의 입장에서는 아버지가 자신을 사랑하고 있다는 것을 진심으로 느끼고 그 사랑을 바탕으로 가정이라는 공유 환경을 벗어나 보다 넓은 단독 환경에서 아버지의 기대가 아닌 자기가 원하는 대로 살아가는 것이 아닐까 싶다. 딸이 당당하게 세상을 향해 걸어가는 길을 아버지는 두려움과 불안감을 내려놓고 뒤에서 끝까지 응원하는 마음으로 지켜보는 것, 그리고 딸은 가끔씩 뒤를 돌아볼 때 저만큼 떨어진 아버지의 존재를 든든하게 느끼면서 앞으로 다시 나아갈 힘을 느끼는 것, 그것이 아버지의 딸들에게 필요하다.

딸바보 아버지들의
세상에서

딸이 공주가 되고 싶어 하자 이집트와 수단 경계에 임자가 없는 땅 약 800평방 마일약 60만 평을 사들여 왕국을 세운 아버지가 있다고 한다. 그는 그 왕국의 왕이 되어 딸을 공주로 만들었고, 이집트는 이곳을 독립왕국으로 인정했다. 외국의 이야기지만 이 기사를 읽고 처음 든 생각은 보통의 아버지들처럼 딸을 '공주님'이라고 애칭으로 부르는 것에 만족하지 않고 딸을 위해 왕국을 만들어 진짜 공주로 만든 그 아버지의 노력이 눈물겹다는 것이다. 한편으로는 공주가 왕자를 만나서 행복하게 살았다라고 끝나는 동화처럼 이 공주는 과연 앞으로 아버지를 떠나 자기를 행복하게 해줄 왕자를 현실에서 만나서 쭉 행복하게 살까 하는 단상에 잠깐 빠졌다.

이런 딸바보 현상이 마치 이 시대의 부성애를 대변하고 상징하는 말처럼 되어버린 것 같다. 딸바보를 자처하는 부성애는 깊이를 알 수 없을 정도로 과묵하고 표현력이 적었던 예전 아버지들의 부성애와는 완전히 다르다. 치맛바람 못지않은 바짓바람을 날리며 딸 사랑에 적극적이고 공격적이기까지 하다. 자녀를 하나 아니면 둘만 낳는 시대이다 보니 아들이 없는 아버지들이 딸에 집착하는 현상이 심해지기도 한다. 딸이든 아들이든 상관하지 않는 젊은 아빠들의 의식 변화도 한몫하고 있다. 여기에 발맞추어 인터넷에선 딸바보 아버지들의 이야기가 회자되고 열혈 딸바보 아버지 캐릭터가 드라마와 영화, 예능을 뒤흔든다.

딸바보라서 행복하다

과거와 달리 속마음이 우물처럼 깊어서 잘 알 수 없는 근엄한 아버지보다는 친구 같은 아버지가 이상적인 아버지상이 되었다. 1200만 관객을 넘긴 〈7번방의 선물〉도 딸을 애지중지하는 아버지가 주인공이었다. 아버지상이 따뜻하고 자애로운 딸바보 아버지로 바뀐 것은 사회 분위기도 한몫한다. 97년 시작된 IMF 사태와 2008년 금융위기 이후 남자, 아버지로 살아가는 것이 점점 팍팍하고 힘들어지고 있다. 예전에는 딸을 낳으면 비행기탄다는 게 딸 가진 부모들의 위안거리였다면 요즘은 아예 딸이 노후 보장성 보험인 시대가 되어버렸다. 치매가 걸린 노부모를 끝까지 보러 오는 것은 딸뿐이라는 이야기가 나올 정도이니 딸 하나가 열 아들 부럽지 않은 시대가 된 것이다. 게다가 성별보다 실력을 중시하는 사회로 이동하면서 상대적으로 딸의 사회적 성공 확률이 올라갔다. 개천에서 용난다는 말이 있 듯이 모두 가난했던 시절에는 집안의 아들에게만 사회적·경제적 성공을 기대했다면 지금의 부모들은 아들이든 딸이든 상관하지 않고 똑똑한 딸이 라면 더더욱 기대심리가 높아졌다. 이런 심리적·사회적 현상이 딸바보 아 버지 신드롬을 부추기고 있다.

뇌과학자들은 여자가 남자보다 '공감형 뇌'를 가지고 있다고 말한다. 공 감 능력과 의사소통 능력이 좋은 딸이 아들에 비해 사교적이고 가족 정서 를 자극하는 것도 딸바보 아버지 현상을 부추기고 있다.

파파걸의 착각과 환상

날씬하고 지적인 미모가 돋보이는 20대 승희 씨는 주변에 남자가 많이 따랐다. 그러나 그녀에게는 어떤 남자도 만족스럽지 않았는데, 그럴 때마 다 "우리 아빠는"이라는 레퍼토리가 나왔다. 처음엔 승희 씨의 미모를 보 고 끌렸던 남자들도 "네 아빠랑 자꾸 비교하지 마라"면서 '파파걸'인 승희 씨를 딱지놓기도 했다. 승희 씨는 "아빠가 저를 너무 예뻐하면서 키워서 그 런지 자꾸 아빠랑 비교하게 되고 남자친구가 조금만 잘못해도 서운하고 삐 치게 돼요"라고 했다. 파파걸의 가장 큰 문제는 자기 눈의 들보는 보지 않 으면서 상대 남자의 티만 보며 타박하는 것이다. 딸이 가지고 있는 그 어떤 결점도 딸을 너무 사랑하는 아버지의 눈에는 사랑스러울 수밖에 없다. 그 런 딸이라도 머리부터 발끝까지 예쁘게 봐줄 사람은 이 세상에 단 한 명도 없다. 그러나 이런 딸은 모든 남자가 아버지처럼 자기를 사랑하고 인정할 것이라는 착각과 환상을 갖고 있다. 그 환상을 심어준 사람은 물론 아버지다. 그래서 가끔은 아버지들이 딸이 아버지라도 믿지 못하게끔 일부러라도 좌절을 줄 필요가 있다는 것이 내 생각이다.

딸바보 아버지의 사랑 표현법

특히 딸 하나만 키우는 아버지들은 남다른 부성애를 보이는 경우가 많다. 퇴근 후 외동딸과 놀 때가 가장 행복하다는 한 아버지가 놀이터에서 딸또래의 남자아이들을 보면 "나중에 커서 우리 딸을 채갈 것을 생각하면 벌써부터 밉다"고 해서 같이 웃었던 적이 있다. 아직 유치원생밖에 안 된 딸을 두고 미래의 사윗감인 남자아이들과 신경전을 벌이고 있다니 앞서가도 한참 앞서가는 아버지인 것은 분명하다. 이렇게 애지중지 딸을 키운 아버지를 둔 딸이 성장해나가면서 어떤 심리적 · 정서적 변화를 보일지가 심리학자로서 매우 관심이 가는 부분이다. 자신에게 몰두하고 애지중지 여기는 아버지를 고맙게 생각할지 아니면 자신의 길을 가로막는 남자로 여길지.

딸을 애지중지 키우던 한 아버지는 딸이 10대에 들어서면서 아버지의 애정 어린 몸짓을 거부하고 문을 쾅 닫고 들어가는 모습에 충격을 받고 심지어 눈물을 글썽이기도 했다고 고백했다. 그 순간 그 아버지는 마치 애인이 자신을 버린 것 같은 기분이 들었다고 표현하였다. 어떤 50대 아버지는 30대에 접어든 딸이 신랑감을 데리고 온다고 말한 순간부터 심장 한가운데 구멍이 숭숭 뚫려 찬바람이 들어오는 느낌이 들었고 막상 그 신랑감이 오자 마주 대할 마음이 들지 않아 집을 뛰쳐나와 한참 서성거렸다면서 허허롭게 웃었다. 특별히 이 아버지들이 감성적이어서 그런 것일 수도 있겠지만 요즈음은 이런 아버지가 많아졌다. 심리적으로 딸과 많이 밀착된 아버지들이다.

그러나 어머니와 아들이 지나치게 밀착되면 아들의 결혼생활이 순탄하지 않듯이 아버지와 지나치게 밀착된 딸도 결혼 후 순조롭지 못한 삶을 살 수 있다. 딸에 대한 넘치는 사랑을 표현하는 것은 좋지만 사랑 못지않게 중요한 것은 제한을 설정하는 것이다. 아버지로부터 무조건적으로 사랑을 받았지만 적절한 한계를 배우지 못한 딸은 자기 행동에 책임을 지지 않고 제멋대로인 여성으로 성장할 수 있다. 딸이 잘못된 행동을 하고 규칙을 어겨도 그저 오냐오냐 해서 키우며 끌려다니는 아버지들이 있다. 이런 아버지를 둔 딸은 남자 앞에서 애교 부리는 것이 자신의 강점이라고 여기고 걸핏하면 애교나 교태로운 몸짓이나 토라진 척 하면서 성적인 부분으로 문제를 해결하려고 한다. 무언가를 요구했을 때 아버지가 모두 받아주었다면 딸은 모든 상황에서 애교나 앙탈을 부리고, 자신이 관심의 중심이 되기를 바라고 여성적인 속성만 발달시켜 연극성 성향histrionic personality trait이 강한 사람으로 자랄 수도 있다.

부드럽고 자상하고 친근한 아버지이면서 동시에 권위와 단호함을 갖춘 아버지를 둔 딸은 자기 자신에 대해서도 그렇고 주변의 권위적인 인물과도 불화 없이 잘 지낼 수 있다. 여자아이니까, 몸이 약하니까 하면서 딸이 조금만 힘들어해도 그 일을 못하게 한다든지 하면 딸은 그런 아버지에게 도전감과 책임감을 배우기 어렵다. 여성적인 장점을 살펴주면서 동시에 자기 책임감과 자기결정력을 북돋아주는 아버지에게 딸은 사회적으로 책임감 있는 성인이 되는 자질을 배우게 된다. 친구 같은 아버지 모습에 너무 집착해서 딸의 애정을 얻기 위해 무조건 눈감아 주고 허용해주는 아버지는 오히려 딸을 망칠 수 있다. 흔히 무조건적인 사랑을 무조건 다 들어주는 것으로 오해하는 아버지가 있다. 딸이 아무리 예뻐도 행동을 확실하게 제한해주어야 그 딸은 자기 행동의 결과를 예측하고 책임질 줄 아는 성인이 된다.

아버지가 정말 바보처럼 딸에게 지나치게 허용적인 경우 딸은 아버지를 비롯해서 주변의 어른이나 연장자를 존중하지 않는다. 딸을 진정으로 사랑하는 아버지라면 잘못된 행동과 올바른 행동을 가르쳐주어야 딸 역시 아버지가 자신보다 훨씬 현명하다고 느껴 믿고 따를 수 있다. 딸을 진정으로 행복하게 해주는 아버지는 부모로서의 권위를 잃지 않으면서도 딸이 아버지의 사랑을 느끼고 믿을 수 있을 정도로 사랑을 주는 아버지다. 그런 아버지를 둔 딸은 누구보다도 자기 자신의 권위를 인정하고 자신을 사랑하고 삶에 대해 당당하고 행복한 여자가 된다.

다가가기 어려운 아버지는 딸의 인생에서 도대체 알 수 없고 풀기 어려운 수수께끼 같은 인물이고, 냉정하고 엄격하기만 한 아버지는 딸이 일생 동안 지고 가는 무거운 짐이 될 수 있다. 이와 마찬가지로 딸바보가 되어 딸을 너무 애지중지해서 키우면 딸은 스스로 뭔가를 하기 어려운 심리적인 절름발이가 되어 자기 발이 되어줄 아버지 대체물을 찾느라 인생의 고난을 겪을 수 있다.

아버지의
한마디

요즘은 똑똑하고 야무진 딸이 너무 많다. 초등학교에서도 선두를 달리는 아이들은 여자아이가 대부분이고, 각종 고시나 전문직도 여성의 합격 비율이 높다고 한다. 그러다 보니 각종 취업시험이나 고시에서 남성 비율을 일정하게 할당해야 하지 않느냐는 이야기가 나올 정도다. 20세기 초 여성이 남성보다 지적 능력이 열등하다고 주장했던 학자들이 지금 이 현상을 보면 놀라움을 금치 못할 것이다. 그도 그럴 수밖에 없는 것이 초기 심리학자들은 가부장적 문화의 영향을 받아 여성이 남성보다 지적인 면에서 열등하다고 떠들어댔으니 말이다.

똑똑하면 결혼하기 어려울까 걱정을 들던 시절도 있었지만 지금은 딸을 곱게 키워 현모양처로 시집보낼 생각을 갖고

있는 아버지보다는 똑똑하고 사회적으로 유능한 딸로 자라기 바라는 아버지가 더 많아졌다. 필자의 큰 딸이 네 살 무렵 또래보다 말이 빠르고 언어 능력이 뛰어나다는 유치원 교사의 평가서를 본 남편은 "우리 딸이 말을 잘하고 똑똑한 것 같으니 나중에 여자 대통령이 되면 어떨까?"라고 했다. "말만 잘한다고 대통령이 되면 대통령 된다는 사람 넘쳐나겠는데?"라며 한껏 부풀어 오른 남편의 기대 풍선에 일침을 가했다. 남편은 말로만 딸에 대한 기대를 표현하였지만 취미생활이나 술자리도 마다하고 일찍 퇴근해 매일 밤늦은 시간까지 초등학생인 딸의 숙제와 공부를 봐주며 딸이 경쟁사회에서 조금 더 능력 있는 위치에 올라가기를 바라는 아버지도 적지 않다.

똑똑한 마벨라 이야기

주제통각검사Thematic Appercetpion Test라는 심리검사가 있다. 투사검사의 한 방법으로 어떤 그림을 주고 이야기를 꾸며보게 하는 것인데, 이 이야기를 통해 그 사람의 현재 또는 과거를 관통하는 주제를 찾는 검사다. 동화든 실제 이야기든 자기 인생에서 가장 기억에 남는 이야기, 자기 삶을 관통하는 어떤 이야기를 기억해내면 된다. 가장 기억에 남는 동화로 《똑똑한 마벨라》라는 책을 꼽은 한 여성이 있었다. 10대 때 아버지를 잃은 그녀는 아버지가 살아계실 때는 늘 아버지에게 "우리 딸은 똑똑해"라는 말을 들었다고 했다. 지지적이었던 아버지가 갑자기 돌아가시고 어머니는 남겨진 아이들을 돌보느라 지쳤는지 자식들에게 잔정을 표현하지 않았다. 그러다 보니 나이가 들어갈수록 어머니보다는 똑똑하고 예쁘다고 칭찬했던 아버지상에 대한 갈구가 커져갔다. '똑똑한 딸'이라고 이름 붙인 아버지에 대한 기억 때문에 힘든 일이 생기면 "나는 똑똑하니까"라고 자신을 다독이며 잘 헤쳐 나가곤 했다. 지금도 남편이 경제적으로 무능력하고 문제만 생기면 부인인 자신에게 떠맡겨 힘들기도 하지만 똑똑한 마벨라처럼 힘든 문제를 잘 풀어 나가는 지혜로운 여성상을 키워나가고 있다고 했다. 이처럼 한때 아버지가 딸에게 했던 말 한마디, 자주 했던 말은 딸의 인생에서 크고 작은 문제가 있을 때마다 그 산을 넘게 하는 힘이 되기도 하고 산을 넘기도 전에 주저앉게 만드는 저주의 말이 되기도 한다.

《똑똑한 마벨라》 이야기는 이렇다. 똑똑한 고양이와 어리석은 생쥐들이 있었다. 그러나 생쥐 중에서도 한 마리만은 어리석지 않았는데, 그 생쥐이름이 마벨라였다. 아버지는 마벨라가 똑똑해지도록 가르쳤다. 아버지는 마벨라에게 "마벨라야, 밖에 나가서 놀 때는 귀 기울여 잘 들어라." "마벨라야, 밖에 나가서 여기저기 다닐 때는 눈을 크게 뜨고 주위를 살펴라." "마벨라야, 말을 할 때에는 무슨 말을 하고 있는지 잘 생각해라." "마벨라야, 움직여야 할 때는 재빨리 움직여라"라고 늘 이야기했다.

어느 날 고양이가 비밀 모임에 생쥐들을 초대했다. 고양이는 생쥐들을 한 줄로 서게 했고, 맨 끝에는 고양이가 섰다. 키가 가장 작은 마벨라는 맨 앞에 자리를 잡았다. 모두 고양이가 가르쳐준 노래 "우리는 행진할 때 절대 뒤돌아보지 않아. 고양이가 맨 끝, 덥석! 덥석!"을 부르면서 행진했고, 생쥐들이 덥석을 외칠 때마다 고양이는 생쥐를 한 마리씩 덥석 잡았다. 마벨라는 갑자기 아버지의 말이 생각났다. 그래서 노래를 멈추고 귀를 기울이자 길게 줄지어 걸어가던 생쥐들의 소리가 들리지 않았다. 이어서 아버지가 늘 이야기했던 "눈을 크게 뜨고 주위를 살펴라"는 말이 생각났고 고개를 왼쪽으로 조금, 오른쪽으로 조금 돌려보았더니 생쥐들의 긴 줄이 보이지 않았다. 또 아버지의 말이 생각났다. "말을 할 때는 무슨 말인지 잘 생각해봐." 걸음을 멈추고 생각해보니 고양이가 맨 끝이라는 건 아무도 고양이를 볼 수 없다는 뜻이었다. 오른쪽으로 고개를 돌리자 고양이가 보였고 "움직여야 할 때는 재빨리 움직여라"라는 아버지의 말이 떠오르자마자 마벨라는 재빨리 덤불 속으로 뛰어들었다. 그리고 고양이가 마벨라를 잡으려는 사이에 가시덤불 속에 갇혀 있던 생쥐들이 모두 풀려났다.

아버지의 말 한마디

《똑똑한 마벨라》는 사람들 입을 통해 구전되면서 다듬어졌는데, 이는 아프리카의 림바족에게서 나온 이야기라고 한다. 림바족은 수백 가지 이야기를 통해서 전통적인 지혜와 교훈을 전해왔다. 여기서 마벨라의 아버지가 마벨라가 똑똑해지도록 가르친 것은 심리학적으로 매우 중요한 부분이다. 첫째, 세상의 소리에 귀를 기울이는 것은 청각을 동원해서 주변의 소리에 매우 예민해지는 법을 가르친 것이다. 자기 소리에만 파묻힌 사람은 주변의 소리에 관심을 기울이지 않는다. 그러나 주변에 귀를 기울이면 문제 상황이 어떤 것인지 잘 파악할 수 있다. 둘째, 눈을 크게 뜨고 주위를 살펴보는 것은 시각을 사용해서 주변에서 무슨 일이 벌어지는지 잘 관찰하라는 의미다. 셋째, 말을 할 때 무슨 말을 하고 있는지 잘 생각해보라는 것도 중요한 부분이다. 흔히 말을 많이 하는 사람을 보면 남의 말을 잘 듣지 않는다. 심지어 자기 이야기에 도취되어 장광설에 빠지는 사람들 중에는 애초에 남의 이야기에는 눈곱만큼 관심도 없고 자화자찬이나 자기 지식을 뽐내려는 사람이 많다. 이런 사람은 자기가 무슨 말을 하는지조차 모르고 말을 하기도 한다. 자신도 무슨 말을 하는지 모르고 한다면 듣는 사람 역시 그 사람의 의도나 생각을 알기 어렵다. 말은 곧 사고를 반영한다. 현란한 말을 쏟아내는 사람을 보면 자기 말이 주는 파장이나 효과에 별 관심이 없다. 그러나 내가 하는 말을 내가 잘 들어보고 그것이 무슨 말인지 생각이라는 것을 하게 되면 자기 말이 주변에 어떤 영향을 미치는지 잘 알 수 있다.

관계에서 문제가 생기는 사람들의 역동을 살펴보면 이 듣기와 보기, 생각하기가 잘 되지 않는다. 멈추고 잘 들어보고 잘 관찰해보고 잘 생각해보면 내가 이 순간 어떤 말과 생각을 해야 할지가 보이는 법이다. 그리고 마벨라의 아버지가 가르쳐준 마지막 지혜, 움직여야 할 때 재빨리 움직이는 것! 이것은 전통적인 행동주의심리학이나 인지심리학에서 강조하는 부분과 일맥상통한다. 행동주의심리학에서는 자극에 대한 반응, 즉 행동을 강조한다면 인지심리학에서는 어떤 사건에 대한 해석과 핵심 신념이 행동을 결정한다고 한다. '생각을 바꾸면 행동이 바뀌고 행동이 바뀌면 운명이 바뀐다'는 말처럼 생각을 하면 자기가 그 순간에 어떤 행동을 해야 하는지 답이 나온다. 그러나 어떤 사람은 24시간 생각만 하고 좀처럼 움직이려고 하지 않는다. 어떤 사람은 생각하지 않고 행동한다. 또 어떤 사람은 생각하자마자 움직인다. 생각만 하고 움직이지 않는 사람은 자기에게 기회가 오고 실행할 순간이 왔는데도 움직이지 않고 낭패를 보기 쉽다. 생각하지 않고 행동만 하는 사람은 멈추는 방법, 멈춰야 할 때를 잘 모르고 움직이는 사람이다. 반면 생각하고 움직여야 할 때 재빨리 움직이는 사람은 자기 의도에 따라 자기 삶을 원하는 방향으로 끌고 가는 힘이 있는 사람이다. 동화에서 마벨라는 아버지가 가르쳐준 지혜로운 말을 기억해냈고 그 말대로 행동했기 때문에 위기 상황에서 살아남을 수 있었고 동료 생쥐들을 구하기까지 했다. 이처럼 딸은 아버지가 평소 한 말에서 위기 대응 능력의 단서를 얻기도 한다.

아버지가 가르쳐준 지혜로움

자신을 똑똑하다고 추켜세웠던 아버지에 대한 기억과 긍정적 아버지 이미지, 심리학적으로는 건강한 아버지 이미지를 내면화한 아버지의 딸들은 힘들 때마다 오뚝이처럼 일어날 수 있다. 아버지는 딸에게 '똑똑이'라는 자기표상을 심어줄 수도 있고 '바보' 같다는 자기표상을 심어줄 수도 있다. 자기에 대한 생각이 긍정적이고 안정적이며 자기표상이 단단한 사람은 동화 속 주인공처럼 역경을 극복하는 영웅이 된다. 여성도 마찬가지이다. 긍정적인 자기표상을 갖고 있는 여성은 여자 영웅, 여걸, 여장부가 될 수 있다.

똑똑함이 지나쳐도 화근이 될 수 있다. 요즘 여자아이, 성인 여성들이 우리 어머니 세대에 비해 많이 똑똑한 것은 사실이다. 하지만 간혹 머리는 똑똑한데 헛똑똑이어서 실속이 없는 여성도 있다. 그들은 지식은 있으나 지혜롭지 못하다. 너무 똑똑한 여성은 똑똑하지 못한 주변 사람에게 관대하지 못하고 매우 신랄하다. 그 주변 사람은 다름 아닌 아들일 수도 있고 딸일 수도 있고 남편일 수도 있다. 똑똑한 딸이 나중에 똑똑한 엄마가 되어 자기 아이를 힘들고 피곤하게 만드는 우를 범하기도 한다. 아이다운 어설 프고 유치한 생각을 좀처럼 인정하지 않는 똑똑한 엄마가 너무 많다. 남편 과의 관계에서도 마찬가지이다. 똑똑한 여성 중에서는 남편의 생각이 어 리석다고 느끼고 좀처럼 자기 생각을 굽히거나 간극을 좁히려고 하지 않 는 이들도 있다. 그래서 주변을 피곤하게 만들고 자신도 피곤하게 만든다. 이 역시 지혜로움이 없기 때문이다. 지혜로움이 없는 똑똑함은 헛똑똑이 일 수밖에 없다. 그러나 지혜로움이 겸비된 똑똑함은 주변 사람에게 득이 되고 더 넓게는 세상을 구하기도 한다.

림바족의 할아버지, 할머니는 손자, 손녀에게 이렇게 말한다고 한다. "어떤 사람이 똑똑하다면 그건 누군가 그 사람을 똑똑해지도록 가르친 거다"라고. 똑똑한 여자들이 빠져들기 쉬운 착각은 다름 아닌 '내가 원래 잘나서'라는 생각이다. 날 때부터 똑똑하고 잘난 사람은 아무도 없다. 똑똑 한 마벨라 뒤에는 똑똑하고 지혜로운 딸로 만들려는 아버지가 있었다. 그 리고 마벨라의 아버지는 딸이 그저 똑똑한 것이 아니라 어려운 상황에서 누구보다도 재치 있게 상황을 헤쳐나갈 수 있는 지혜가 담긴 말을 통해 똑 똑해지도록 가르쳤다. 똑똑함만을 가르치는 아버지보다는 지혜로움을 가 르치는 아버지의 영향을 받는 딸이 거친 세상을 조금 더 야무지게 살아가 는 힘을 비축할 수 있다.

아무도 믿지 마라,
아버지라 할지라도

심리학자 에릭슨^{Erik Homburger Erikson}은 아이가 세상에 태어나서 생후 1~2년 사이에 습득해야 할 발달과제는 세상이 안전하다는 느낌, 즉 기본 신뢰^{basic trust}라고 했다. 이러한 기본 신뢰는 생애 초기에 어머니나 아버지와 같은 첫 양육자와의 관계에서 습득된다. 기본 신뢰감은 생명과 함께 시작되어 전 생애에 걸쳐 한 사람을 땅 위에 굳건하게 발을 디디게 하는 힘이 되어준다. 돌봄을 받는 경험은 세상에 대해 호의적인 마음으로 바라보느냐 아니면 불신의 마음으로 바라보느냐를 결정한다. 부모로부터 기본 신뢰를 습득하고 애착이 안정적으로 형성된 사람도 살다 보면 수많은 배신과 거절을 경험하게 마련이다. 하물며 부모에게 신뢰를 배우지 못하면 인생의 높고 낮

은 파도에 끊임없이 흔들리는 배처럼 살게 된다. 특히 생애 초기에 부모에게 신뢰는커녕 배신과 버림을 받았다면 평생 그 배신을 극복해야 하는 인생의 과제에 놓이게 된다.

믿음과 배신의 드라마

사랑과 배신의 드라마가 수없이 펼쳐지는 남녀관계처럼 딸에게 생애 첫사랑의 남자인 아버지와 딸 사이에도 변화무쌍한 사랑과 배신의 드라마가 펼쳐질 수 있다. 지영 씨는 어려서부터 뭐든지 다 들어주었던 아버지가 어느 날 갑자기 사라지는 경험을 했다. 어느 날 학교에서 돌아보니 집안의 가구에는 온통 딱지가 붙어 있었고 그날 이후 10년 이상 아버지의 모습을 본 적이 없었다. 아버지는 사업 실패 후 딸과 부인을 두고 야반도주하였고 그 이후로 연락이 되지 않은 것이다. 지영 씨는 처음에는 그토록 자신을 아껴주던 아버지가 사라진 것이 이해가 되지 않았고 받아들일 수 없었다. 그러나 시간이 지나면서 아버지에 대한 감정과 기억을 마음속에서 지워버리는 것으로 아버지의 배신으로 인한 부재를 극복하려고 하였지만 버림받고 배신당한 경험은 오래도록 회복되지 않았다.

유태인에게 전해오는 다음 내용은 아버지와 딸 사이에 일어난 믿음과 배신의 드라마를 잘 설명한다. 아버지는 어린 딸에게 계단을 한 칸 한 칸 올라가게 하면서 한 칸씩 올라가면 아버지가 뒤에서 잡아준다고 했다. 이 말을 들은 어린 딸은 한 계단씩 올라간다. 그때마다 아버지는 "올라가렴, 아빠가 붙잡아줄게"라고 말했다. 마지막 한 계단을 남겨두고 딸이 망설이

자 아버지는 역시 잡아줄 것을 약속하며 딸을 격려했다. 그 말과는 달리 이 번에는 붙잡아주지 않아 딸은 넘어졌다. 하지만 아버지는 일으켜 세워주지 않았고, 딸은 얼굴에 피를 흘리며 스스로 일어났다. 아버지는 딸에게 말한다. "아무도 믿지 마라. 아버지라 할지라도."

언뜻 보기에는 아이의 믿음을 저버린 매정한 아버지 같지만 이 이야기는 딸의 독립심과 자율성을 길러주기 위해 아버지가 딸을 훈련시키는 이야기로 많은 생각거리를 준다. 아버지와 딸들이 이 이야기의 의미를 기억했으면 한다. 한쪽에는 무책임하고 무능력하고 심지어 자기가 낳은 아이를 버리는 아버지도 있지만 그보다는 딸을 너무나 사랑하는 아버지도 많다. 물론 그런 딸은 이 세상에서 가장 든든한 지원군을 어려서부터 두고 있기 때문에 다른 딸들에 비해 유리한 고지를 점령하고 있는 셈이다. 그러나 딸을 과보호하고 지나치게 사랑하는 아버지는 딸이 이 세상에 혼자 남겨졌을 때 필요한 힘과 독립성을 길러주지 않는 경우도 많다. "엄마가 다 해줄게"라며 아들을 응석받이로 키우듯이 "아빠만 믿으렴. 아빠가 다 해줄게"라며 딸을 과보호하며 키우다 보면 그 딸은 세상의 남자를 바라보는 관점이 '우리 아빠'로 고정된다.

적절한 좌절은 성장의 기회가 된다

아버지가 일부러 딸에게 큰 배신감을 안겨줄 필요는 없지만 정신분석학자들이 주장하고 있는 적절한 좌절optimal frustration은 필요하다. 언젠가는 아버지가 만들어준 안락한 집을 떠나 세상이라는 거친 바다를 항해해야 하는 딸에게는 아버지의 눈먼 사랑이 힘이 되기도 하지만 독이 될 수도 있다. 좌절을 주되 적절하여야 한다는 것이 이 말의 핵심이다. 어느 날 사랑을 듬뿍 주던 아버지가 갑자기 딸의 인생에서 사라진다든지, 그렇게 자상하던 아버지가 사업에 실패했다고 술로 지새면서 갑자기 난폭해지는 그런 좌절이 아니라 유태인 아버지처럼 딸이 씩씩하게 앞날을 개척해나갈 수 있을 정도의 힘은 남겨주어야 한다. 지영 씨처럼 갑자기 아버지가 사라진 것 같은 좌절은 적절한 좌절이 아니라 애착 손상, 애착 트라우마에 가깝다. 생애 초기에 애착을 형성했던 아버지와 같은 주요 인물로부터 애착 손상을 경험한 딸은 남자를 믿지 못하게 된다. 아무리 가까운 연인이라고 해도 언젠가 아버지처럼 자신을 버릴 수 있다고 여기고 경계하고 쉽게 마음을 열지 않는다.

딸이 아버지의 배신을 성장을 위한 기회로 본다면 아버지를 비난하는 것을 넘어 자기를 가다듬고 의미를 찾을 것이다. 아버지 역시 오류가 많고 한계가 많은 인간임을 받아들이면 아이와 같은 기대를 내려놓고 자기존재감을 동시에 얻을 수 있다. 이것은 고통 없이 이루어지지 않는다. 기억하고 용서하는 것은 딸과 아버지가 모두 배신의 의미를 의식해야 하는 작업이다. 용서란 이 배신을 좀 더 넓은 아버지와 딸이라는 관계 맥락에서 보면 가능해진다. 아버지를 인간으로 보기 위해 딸은 이것을 인정해야 한다. 배신을 이해하고 용서하기까지는 몇 년 혹은 몇 십 년이 걸리기도 하고 아버지가 돌아가실 때까지 이루어지지 않기도 한다.

일어난 경험에 대해 긍정적인 측면과 부정적인 측면이 통합되려면 아버지와 딸 사이에 화해가 일어나야 한다. 만약에 그 사이에 아버지가 죽었거나 정서적으로 옆에 없다면 딸은 분노와 상실을 표현하기 위해 지지가 필요하다. 상처의 고통이 표현되어야만 실망, 분노, 후회 속에 아버지와 연결될 것이다. 친구나 지지집단, 상담 등도 필요할 수 있다. 그림이나 글쓰기로 표현하는 것도 치유의 한 방법이다. 그래야 앞으로 나갈 기회를 갖는다.

과거는 사람을 결정하지 않는다

아버지에게 세상에 대한 무한한 신뢰를 배운 사람들은 인생을 무난하게 살아가지만, 지영 씨처럼 아버지가 갑자기 사라져서 아무도 믿을 수 없는 상태가 된 경우 과거의 배신 받은 상처에서 벗어나는 것이 어렵다. 그러나 의도를 가지면 애착 손상의 상처에서 회복하는 것은 가능하다. 심리학자 필립 짐바르도Philip Zimbardo는 "누구나 과거의 영향을 받지만 과거가 전적으로 어떤 사람을 결정짓지는 않는다. 과거의 사건이 중요하기는 해도 인생에 결정적인 영향을 미치도록 내버려둘 수 없다. 과거에 일어난 일은 바꿀 수 없지만 그것을 보는 관점은 바꿀 수 있다"라고 했다.

중요한 타인에게 받은 배신의 상처를 극복하려면 자신을 다시 믿는 과정이 필요하다. 아버지와 같은 애정 대상에게 배신을 당한 사람은 자신은 사랑받을 자격이 없다는 뿌리 깊은 신념을 가지고 있다. '아무도 나에게 관심이 없어' '나를 사랑하는 사람은 없을 거야'와 같은 역기능적인 도식을 가지고 자신과 주변 사람을 바라보면 과거 상처를 끊임없이 되풀이하게 된다. 과거 사건은 이미 일어난 일이다. 이제는 상처받은 자신을 스스로 보듬으며 다시 세상으로의 항해를 시작하는 일만 남았다.

아버지와 딸,
각자의 복으로

우리나라 설화 중에 '내 복에 산다는 딸'이라는 이야기가 있다. 이야기의 줄거리는 이렇다. 한 아버지가 세 딸을 앉혀놓고 누구 덕에 잘 먹고 잘 사느냐고 물었다. 두 딸은 아버지가 원하는 대로 아버지의 덕으로 잘 산다고 이야기했지만 막내딸은 자기 복에 산다고 대답하여 노발대발한 아버지에게 쫓겨난다. 아버지의 집에서 쫓겨난 막내딸은 숯을 구워 먹고사는 가난한 총각을 만나 함께 살게 되었는데 고생 끝에 숯 구덩이에서 금덩이를 발견하고, 그 금을 팔아 큰 부자가 되었다. 그리고 두 언니에게 버림받고 쫓겨나 거지가 된 아버지를 다시 만나 모시고 잘 살았다는 이야기다.

'내 복에 산다는 딸' 설화와 비슷한 내용을 담은 외국 작품

으로는 셰익스피어의 유명한 희곡 《리어왕》이 있다. 리어왕은 딸 셋에게 자기가 지배하고 있는 영토를 나누어주기로 하고 자신을 얼마나 사랑하는지 묻는다. 두 언니는 아버지를 사랑한다고 과장하여 말하지만 셋째인 코델리아는 "저는 아버지를 자식의 의무로 사랑합니다. 그 이상도 그 이하도 아니에요"라고 말한다. 괘씸하게 여긴 리어왕이 코델리아를 내쫓지만 코델리아는 훗날 프랑스의 왕비가 되었고 언니들에게 버림받은 아버지의 비참한 이야기를 듣고 아버지를 구하기 위해 영국으로 가지만 아버지와 함께 포로가 되어 죽임을 당한다.

아버지가 듣고 싶은 말

아버지에게 쫓겨난 이야기는 아버지와 딸 사이에 일어나는 갈등을 모티브로 하고 있다. 여기서 쫓겨난 막내딸이 얻은 행운은 우연히 손에 넣은 것이 아니고, 천하고 더러운 것 가운데서 소중한 것을 알아볼 수 있는 독특한 지혜를 말한다. 새로운 삶을 개척하고 찾으려는 노력을 하다 보면 이처럼 아무것도 아닌 것에서 중요한 것을 발견할 수 있다. 심리학적으로 볼 때 아버지로 대변되는 것은 기존의 보수적이고, 관습적 사고이자 질서를 말한다. 이 이야기에서 아버지에게 쫓겨난 것은 속수무책인 상태로 내팽개친 것과 같지만 아버지의 집을 떠나서 혼자 힘으로 산 속에서 숯 구이 총각을 만나는 것은 적극적인 문제해결 과정으로 해석할 수 있다. 아버지가 부여한 구속과 강요를 떨쳐버리고 자기 삶을 스스로 개척해나가는 강한 여성을 상징하는 것이다. 이 이야기는 딸이 아버지를 벗어나서 자신의 삶을 스스로 개척할 때 새로운 삶의 계기가 마련될 수 있다는 것을 긍정적으로 표현하고 있다.

'내 복에 산다는 딸' 설화와 《리어왕》에 나오는 아버지는 딸을 통해 각각 자기존재감을 확인하려고 한다. '내 복에 산다는 딸'에서는 우리나라 정서와 맞게 누구 덕에, 누구 복으로 사는지 아버지는 딸을 통해 확인함으로써 아버지가 딸에게 제공하는 모든 것에 대해 공치사를 하는 것이다. 《리어왕》은 서양 작품이라 그런지 조금 더 직접적으로 딸에게 아버지가 자신을 얼마나 사랑하는지 묻는다. 아버지를 자식의 의무로 사랑한다고 말한 막내딸은 괘씸죄에 걸려 쫓겨난다. 동서양에 걸쳐 이런 비슷한 이야기가 있는 것을 보면 아버지와 딸 관계의 핵심이 되는 정서를 자극하는 무엇이 있기 때문일 것이다.

딸은 딸의 복으로, 아버지는 아버지의 복으로

우리말에는 유난히 부모 복, 남편 복, 자식 복 운운하는 말이 많다. '무슨 복에' '복에 겨워서' 이런 말도 흔히 사용한다. '누구 덕에 이만큼 사는데' '다 내 덕인 줄 알아라' 이런 말을 즐겨 하는 사람은 자식을 비롯해서 주변 사람에게 생색내기 좋아하는 사람이다. 엎드려 절 받기 식으로 자꾸 자기 덕이라는 것을 강조하면 듣는 사람들은 고마운 마음이 들다가도 거부감이 생기게 마련이다.

딸이 자기 덕으로 산다고 하면 많은 아버지가 실망하겠지만 사실 이 말에는 모든 아버지와 딸이 한번쯤 생각해봤으면 하는 핵심 주제가 들어 있다. 내 복에 산다는 딸, 자식으로서 의무감으로 아버지를 사랑한다는 말은 실은 딸의 주체성이 들어가 있는 대답이다. 우리나라 어머니, 아버지들은 유난히 자식에 헌신하고 그 헌신에 대해 보상을 바라는 경향성이 짙다. 자식이 부모에게 좋은 대접과 양육을 받았다면 그건 어디까지나 자식의 복이고 부모로서 당연히 해야 할 일을 했을 뿐인데 많은 부모가 해준 것에 대해 자식들이 감사해하고 보답할 것을 원한다. 이는 효나 예를 강조하는 우리의 전통문화 영향도 있겠지만 자식이 보험이라고 생각하는 부모의 보상심리가 강력하게 작용하기 때문이다.

허리띠 졸라매고 딸들을 잘 키워 큰딸은 교수, 작은딸은 의사로 만든 한 노부모가 있었다. 아버지는 돈을 벌고 어머니는 아이 교육을 맡아온 그당시 많은 부모들과는 달리 이 집은 아버지의 교육열이 굉장히 높았다. 아버지는 노인정에 가거나 친구들을 만나면 "내 큰딸이 교수이고 작은딸이 의사인데…" 하면서 자랑을 일삼곤 했다. 그러다 자랑스럽게 키운 딸들이 너무 바빠 친정아버지와 어머니에게 소홀히 하자 아버지는 여러 신체 증상과 우울 증상을 보였다. "누구 덕에 교수가 되고 의사가 되었는데" 하면서 딸들이 부모에게 잘하지 못하는 것을 괴로워하였고 자신의 인생은 헛되다며 신세한탄을 했다. 어떤 아버지는 "딸 키워봤자 다 소용없어요. 시집보내 놓으니 자기 살기 바쁘고"라는 말을 연신 내뱉는다. 옆에 있는 어머니는 "나는 딸들만 잘 살면 되는데 이 양반이 이렇게 딸들에게 집착하네요"라며 안타까워한다.

이 노부부를 보며 이제는 아들이든 딸이든 부모의 보험이 될 수 없는 시대라는 생각이 들었다. 흔히 자수성가한 아버지 중에는 자식에게 "누구 덕에 이렇게 호의호식하며 사는데"라며 말끝마다 아버지의 덕에 감사할 것을 강요하는 분들이 있다. 그러나 자식이 부모의 덕이나 공을 알아주는 것은 말로 강요한다고 되는 것이 아니라 아버지에 대한 감사하는 마음이 우러나와야 한다. 마음이 우러나오게 하는 것은 아버지의 강압적인 말이 아니라 자식들 스스로 느껴야 하는 것이다. 설사 아이들에게 헌신하고 공을 들인 것이 돌아오지 않더라도 자식이 잘 성장해서 유능한 사회인, 안정적이고 책임감 있는 성인으로 살고 있는 것에 고마워해야 하지 않을까 싶다. 이런 여유 있는 마음을 가지려면 아버지 역시 자식에게만 몰두하지 말고 자신의 삶에도 애정을 쏟을 필요가 있다.

딸은 자신의 복으로 아버지는 아버지 복으로 세상을 살아가는 것이라는 것을 아버지도, 딸도 기억할 필요가 있다. 그렇지 않으면 자꾸 아버지는 딸의 삶에 개입하고 간섭하려고 한다. 어려서는 내 딸이지만 다 큰 딸은 독립적인 개체로 자기 삶을 사랑하며 살아가도록 허용하고 내려놓는 아버지, 그런 아버지를 둔 딸은 아버지가 굳이 누구 덕에 잘 사느냐고 묻지 않아도 스스로 아버지 덕으로 잘 살고 있다고 느끼고 감사히 여길 줄 알 것이다.

아버지의
선물

아버지의 별명은 FM이다. 좋게 말하면 엄격하고 성실하며 꾸준하고 묵묵히 자신의 길을 걸어간다는 의미지만 나쁘게 보면 요령이 없고 융통성이 없다는 의미도 있다. 하지만 나는 아버지의 성실함과 꾸준함이 좋았다. 택시기사로 평생을 살아오신 아버지는 새벽 일찍 일어나서 하루를 시작하고 점심시간에 잠시 쉬셨다가 밤늦게까지 일하는 생활을 하루도 빼놓지 않았다. 시간 약속에 철저하며 건강을 위해 매일 운동하기, 세끼 식사는 꼭 챙겨 드시기, 금연하기, 술은 특별한 날에만 마시기 등 자신을 위한 관리도 철저하신 분이다. 그런 아버지이기에 가족들은 항상 그를 존경했다. 고등학교 시절 내게 아버지는 직업을 떠나 삶 자체가 모범이셨던 분이다. 초등학

교 졸업이 최종 학력이지만 배움에 대한 욕구는 누구보다 강하셔서 스스로 한자를 터득하시고 외국인 손님과 대화를 하기 위해 알파벳을 익히면서 끊임없이 공부를 하셨다. 중·고등학교 시절 방황하고 싶고 다른 생각이 들 때는 아버지와 어머니의 성실하신 모습을 보며 이겨냈다. 아버지처럼 철저하고 엄격하게 자신을 관리하는 사람은 되지 못했지만 어떤 일을 선택하든 열심히 성실하게 생활해야 함을 배웠다. 선생님이 된 지금도 끊임없이 공부를 갈망하는 것은 쉬지 않는 배움이 생활인 아버지의 영향이 크다.

아버지와 딸의 관계에 대해 리포트를 쓴 30대 후반의 한 여교사 이야기다.

아버지가 남긴 것들

이 여교사처럼 아버지에게 성실 유전자를 선물로 물려받은 딸도 있지만 아버지가 주신 선물이 어떤 것이냐고 질문하면 적잖이 당황하고 생경해하는 딸도 있다. 아마도 아버지에게 그 어떤 선물도 받은 적이 없다고 생각하거나 한 번도 아버지의 선물을 생각해본 적이 없기 때문일 것이다. 아버지가 딸에게 줄 수 있는 선물은 물질적인 것도 있겠지만 정신적인 것일 수도 있다. 어떤 딸에겐 아버지 손때가 묻은 주판이나 재떨이 등 구체적인 물건일 수도 있고 어떤 딸에겐 늘 환하게 웃던 아버지의 얼굴일 수도 있고, 아버지가 아끼던 노래, 바다, 외국 영화일 수도 있다. 아니면 아버지가 보였던 호기심, 창의성, 자신의 일에 대한 깊은 만족감도 딸에게 큰 영감을 줄 수 있다.

아버지의 선물하면 떠오르는 것은 딸마다 다를 테지만 나는 제일 먼저 손편지가 떠오른다. 시골의 초등학교 선생님이셨던 아버지는 서울로 대학 간 딸이 걱정이 되어 잠을 설치기도 하면서 손편지를 써서 매주 보내주셨다. 내용은 대개 비슷했다. "앞으로 외교관이 될 우리 둘째 딸 보거라. 서울에서 길을 잃지 않고 학교에 잘 다니는지, 버스노선은 잘 알고 다니는지 아버지는 늘 걱정이다. 너를 생각하면 아버지는 기운이 나고 자랑스럽다. 열심히 공부하거라. 언젠가 세계무대에서 네 능력을 발휘할 날을 아버지는 기대하고 믿는다." 또 어떤 때는 "이번에 집에 왔다 가면서 수첩을 놓고 갔더구나. 덤벙대는 버릇이 잘 고쳐지지 않는 것 같구나. 너의 단점은 이것뿐이다"라고 쓰시기도 했다.

아버지는 외교관이 되고 싶어 하셨다. 그 시절 아버지가 〈토요 명화〉 같은 외국 영화를 즐겨보신 것도 외국 문화에 대한 막연한 동경을 달래기 위해서였던 것 같다. 계모의 구박을 받으며 본가에서 쫓겨난 아버지는 어찌어찌해서 그렇게 가고 싶었던 대학을 가지 못하고 사범학교를 졸업하고 초등학교 선생님이 되셨다. 그래서인지 아버지는 영어를 좋아하고 영어에 특별한 재능을 보였던 둘째 딸인 나에게 외교관이 될 것을 은근히 때로는 노골적으로 바라셨던 것 같다. 심지어 내가 외교관이 되어 미국 남자나 아프리카 남자와 결혼하겠다고 하면 말이 통해야 하니 아버지도 미리 영어나 스와힐리어를 공부해야겠다고 호기를 부리기도 하셨다. 나도 국어보다는 영어를 좋아하고 국사보다는 세계사를 더 좋아했던 터라 중고등학교 시절 내내 아버지의 꿈이기도 하고 나의 꿈이기도 한 외교관이 되겠다는 생각을 했었다. 그래서 대학도 외교관이 되기에 유리한 학교, 학과를 선택했다. 가급적 우리나라에서 먼 곳에 있는 미지의 나라에 대한 동경을 키워나 갔다. 남미 브라질에 있는 아마존강이나 아프리카의 초원을 떠올리며 그런 미지의 나라에 나가서 우리나라의 국익을 위해 일하는 멋진 외교관이 되는 꿈을 꾸었다.

그러나 외무고시반에 들어가기 위한 시험을 준비하던 1학년 겨울방학에 갑자기 아버지가 돌아가시면서 외교관이 되겠다는 나의 꿈은 뿌리째 흔들렸다. 아버지가 안 계신 상황에서 내 꿈은 의미가 없어졌다. 지금 생각해보면 외교관은 내 꿈은 아니었다. 아버지의 꿈이 내게 전이되어 나의 꿈이 되어버린 것이었다. 그래서인지 아버지가 안 계신 세상에서 외교관이 되는 것은 신기루를 좇는 것과 마찬가지였고 의미가 바랄 수밖에 없었다. 그래서 중고등학교 때 나를 지탱해주었던 꿈을 접었다. 대신 뭘 할지 오랜 시간 방황을 하다가 서른이 되던 해 심리학으로 진로를 바꾸어 늦은 나이에 대학원 공부를 다시 시작하였다. 외교관이 미지의 땅에서 뭔가 탐색하며 국익을 위해 활발하게 일하는 사람이라면 임상심리학은 사람의 마음을 진지하게 탐색하는 직업이다. 어떤 면에서 미지의 나라에서 일하는 외교관과 임상심리학자는 다르지만 닮아 있다. 사람의 마음도 다 아는 것 같지만 미지의 영역이라는 것이 있다. 그것이 무의식일 수도 있고 의식일 수도 있고. 대부분 심리학자는 의식에 떠오른 것보다 무의식이나 잠재의식에 들어 있는 그 사람만의 고유한 내적 경험을 탐색해 들어간다. 아버지의 꿈을 이루지는 못했지만 대신 사람의 무의식이라는 미지의 영역을 탐험하는 심리학자로 일하는 모습을 아버지가 살아계셨다면 어떻게 생각하실까 라는 생각을 가끔 할 때가 있다.

딸을 자랑스럽게 생각하지 못하고 심지어 부끄럽게 생각하는 아버지도 인생의 어느 한때는 딸을 자랑스러워하고 자신의 꿈을 대신 꾸어줄 딸이라고 기대한다. 자라면서 그런 아버지의 기대를 충족시키는 딸도 있고, 기대를 저버리는 딸도 있다. 내 경우에는 아버지가 심어주신 외교관의 꿈이 10대와 20대 나를 움직이는 힘이었다. 남아선호사상이 강했던 그 시절에도 아버지는 아들이 아닌 딸에게 자신의 꿈과 기대를 가장 많이 투영하셨다. 아버지가 내게 보여준 무한한 응원과 지지가 힘든 순간에도 나를 버티게 한 힘이 되기도 했다. 그것이 실은 아버지가 내게 주신 진짜 선물이라고 생각한다. 많은 딸에게 아버지는 그런 선물을 주고 가신다. 그 선물의 의미가 무엇인지 아주 나중에 알게 되기도 하지만.

외교관에 대한 꿈이 직업에 관한 아버지의 영향이었다면 성실한 삶에 대한 태도 역시 아버지의 선물일 것이다. 선생님이었던 아버지는 학교가 파하면 술을 마시는 것 외에는 달리 할 일이 없으신 듯했다. 그래서 마을 사람들과 혹은 동료 교사들과 우리 집에서 술을 많이 마셨다. 술을 그렇게 드시고도 아침이면 제시간에 어김없이 일어나서 학교에 나가셨고 다른 누구보다 열심히 일하셨다. 나 역시 성실감 하나는 아버지의 유전자를 타고난 듯하다. 가끔 기질적으로 자유분방한 큰 딸아이는 엄마의 지나친 성실성이 자기를 힘들게 한다고 불평하기도 하지만 규칙적으로 시간을 잘 지키고 성실한 특성은 아버지가 내게 물려주신 정신적 유산이다.

아버지 역시 자신이 딸에게 어떤 것을 선물로 남길 수 있을지 잘 모른다. 그러나 딸들은 나이가 먹으면서 깨닫곤 한다. 그것이 아버지의 선물이었다고. 무엇보다도 아버지가 주신 선물은 다름 아닌 아버지가 자신에게 불어넣어준 생명, 그 자체였다는 것을 알고 아버지의 존재가 새삼 축복이었다고 깨닫기도 한다. 물론 모든 딸이 그런 깨달음을 얻는 것은 아니지만. 특별히 어떤 딸은 삶의 어느 순간에 멈춰 서서 생애 초기에 가장 중요했던 한 남자가 자신에게 준 선물의 존재와 그 의미를 알고 새삼 아버지를 추억하게 된다. 내 딸들의 아버지인 남편 역시 우리 딸들에게 무엇을 선물로 남겨줄지 그 선물을 앞으로 딸이 어떻게 받아들이게 될지 궁금해진다. 딸을 키우고 있는 아버지라면 나중에 딸들이 미소 지으며 기억할 수 있는 의미 있는 인생의 선물을 하나씩 남겨줄 수 있으면 좋을 것이다.

그 선물은 이왕이면 딸이 인생에서 방황할 때 방향을 제시해줄 수 있는 어떤 것이면 좋을 것이다. 자본주의사회에서 물질적 유산의 가치를 무시할 수 없지만 금방 없어질 수 있는 물질적 유산 말고도 아버지가 딸의 가슴속에 남긴 한마디 말, 삶의 태도, 가치관과 같은 정신적인 유산은 아마 평생 가도 없어지지 않을 아버지의 선물이 될 것이다.

아버지와 딸의
이별의식

　　아버지들은 결혼식 날 딸의 손을 잡고 들어가서 신랑에게 넘기는 그 순간에 대한 로망이 있는 것 같다. 내 아버지도 그러셨다. 언니와 내가 고등학생이었을 때 우리 손을 번갈아 붙잡으며 신부 입장을 연습하실 정도였다. 일찍 돌아가시는 바람에 두 딸과 그런 기회를 갖지 못하셨지만 아버지는 딸을 잘 키워 괜찮은 사윗감에게 넘겨주는 날을 학수고대하셨던 것 같다.

　　한 아버지는 서른이 넘은 딸이 갑자기 결혼할 상대가 생겼다고 하자 가슴이 쿵하고 무너지면서 심장의 일부가 뜯겨나가는 고통을 느꼈다고 했다. 그러나 정작 결혼식 당일에는 딸의 손을 잡고 들어가서 사위에게 무사히 넘겨주는 의식에만

너무 집중한 나머지 딸과 헤어진다는 느낌이 별로 들지 않았다. 그리고 하루 이틀 지나고 나서 딸의 빈 방에 들어서는 순간 눈물이 왈칵 쏟아져서 결국 몇 시간 동안 딸의 앨범을 부여잡고 엉엉 울었다고 했다. 신혼여행에서 돌아온 딸의 행복한 얼굴을 보자 섭섭한 마음이 들기는 하였지만 옆에 있는 든든한 사위 얼굴을 번갈아 바라보니 안도감과 평정심이 느껴지면서 이제는 딸을 내려놓아야겠다는 생각을 했다고 한다. 아마 많은 아버지가 이런 심정으로 딸을 보내고 마음을 추스를 것이다. 인생에서 많은 만남과 이별의 순간이 있듯이 딸과의 특별한 만남과 이별도 이런 순리를 거쳐 간다는 것을 알게 되면서 아버지도 딸도 서로를 편안하게 놓아줄 수 있게 된다.

내 소중한 애인, 딸과의 이별

심리학자인 드레서Elizabeth Drether는 셰익스피어 연극에 나오는 아버지를 크게 보수적인 아버지, 돈이면 뭐든지 다 된다고 생각하는 아버지, 자기중심적인 아버지, 질투심이 강한 아버지로 구분하였다. 보수적인 아버지는 딸이 자라 성인이 된 것을 인정하지 않고 어린아이처럼 통제하고 군림한다. 이들은 딸이 반항하고 독립적으로 행동하는 것을 불복종으로 생각하고 자존감에 타격을 입는다. 돈이면 된다고 생각하는 아버지는 딸을 조종할 만한 대상으로 다룬다. 현대적으로는 딸에게 재정적인 도움을 줘서 옆에 붙어 있게 하여 자기 욕구를 충족시켜야 하는 자기애적인 아버지다. 이런 아버지는 딸을 개별적인 존재로 받아들이지 않고 딸을 내려놓지 못하고 자기의 연장으로 본다. 딸과 경계를 유지하지 못하고 침투적이고 통제적이다. 이런 아버지는 딸이 자기가 인정하지 않는 직업을 추구하거나 남자를 만나는 것을 상상할 수 없어 한다. 질투하는 아버지는 딸이 자신이 삶을 살아가려고 하면 마치 상처받고 거절받은 연인처럼 행동한다. 딸이 독립적으로 하는 선택을 인정하려 하지 않는다. 다른 남자와 심각한 관계를 맺으면 정서적으로 냉담하게 반응하며 딸을 처벌하기도 한다. 드레서는 여성과의 사랑을 완성시키지 못한 아버지들이 자신의 욕구를 딸에게 투사한다고 말한다. 결혼생활에서 좌절을 맛볼 때 아버지들은 욕구를 딸에게 투사해서 아름다움과 순수, 심지어 모성적인 애정을 딸에게 구하기도 한다는 것이다. 거의 근친상간에 가까울 정도로 딸을 사랑하고 독재자처럼 딸들을 소유하듯이 사랑하는 아버지들은 딸을 잃을까 봐 두려워한다. 안정의 기초가 딸이기 때문이다. 심지어 딸이 일이나 다른 남자를 좋아할까 봐 두려워하는 아버지도 있다고 한다.

더 이상 아버지의 딸로 살지 않겠다

셰익스피어 연극에 나오는 아버지들과 마찬가지로 딸들도 인생의 어느 시점에서 아버지에게서 독립하려면 유아적 의존성을 반드시 뛰어넘어야 한다. 아버지와 밀착되어 있는 딸은 아버지로부터 독립을 획득하고 개별화되는 과정이 매우 고통스럽다. 아버지와 애착이 너무 깊고 아버지를 잃는다는 두려움이 너무 커서 엄두를 내지 못하기도 한다. 아버지의 어린 딸이 가지는 특권을 포기하기 어려워하는 딸도 있는데, 이는 아버지로부터 정서적·경제적 보상이 주어지기 때문이다. 이런 딸들은 아버지에게 의존하면서 그의 인정, 의견, 조언을 얻고 싶어 한다. 아버지의 딸이 가질 수 있는 이런 특권을 포기하면 공허감, 고립감, 두려움을 느끼고 아버지와 연결되어 있지 않다는 느낌을 갖는다.

딸이 아버지와 분리되려면 아버지를 있는 그대로 보아야 하며, 아버지 역시 딸을 있는 그대로 보아야 한다. 둘 다 서로의 콩깍지가 벗겨져야 한다. 이것이 이루어지면 딸은 모든 일을 스스로 결정하고 아버지의 인정 없이도 세상을 잘 살아나갈 수 있다. 딸과 분리되는 것은 아버지에게도 고통스러운 과정이다. 어떤 아버지에게는 더 그렇다. 유난히 아버지와 딸이 애인처럼 밀착되어 있다면 아버지는 그 딸의 인생을 어느 정도 지배하였고 딸의 보호자와 후원자라는 역할이 아버지를 무척이나 만족시켰을 것이다. 나이를 먹어가는 남자에게 가장 좋은 버팀목은 딸이다. 딸이 떠나간다는 것은 아버지의 인생에서 중요한 여자와의 애정을 떠나보내는 것이고 창조적인 에너지의 근원과 모성애 같은 사랑도 떠나보내는 것이다.

대부분의 여성은 누군가로부터 보살핌을 받고 싶어 한다. 아버지와 같은 강력한 남성에게 보호받고 구원받고 싶은 욕구가 있어서 쉽게 아버지, 혹은 아버지를 대체하는 남자를 떠나지 못한다. 구원에 대한 환상이 아버지 혹은 아버지 대체 인물로부터 벗어나지 못하게 한다. 아버지의 특별한 딸들은 특히 이런 역동에 취약하다. 어떤 딸은 독립을 하면 남자, 아버지에게 버림을 받을 것 같아서 인생에서 주도적인 역할을 하려고 들지 않는다. 어떤 딸은 외적으로는 아버지의 자립심을 모방하지만 내적으로는 누군가로부터 구원되기를 기다리며 독립을 유보한다. 대부분의 강한 여성은 철저히 보호받고 싶다는 점을 인정하는 것을 어려워하고 이것이 딜레마라고 표현한다. 페미니즘을 표방하던 글로리아 스타이넘^{Gloria Stenem} 같은 여성운동가도 40대 후반에 들어서면서 자신을 돌보아줄 남자를 만나고 싶다는 욕망이 강했고 그런 남자를 통해 위안과 안정을 얻었다고 고백하기도 했다.

아버지를 잃어버리는 의식, 결혼식

아버지가 딸의 손을 잡고 신랑에게 넘겨주는 것에 대해 남녀평등을 주장하는 사람들은 여자의 소유권이 아버지에게서 남편에게로 옮겨가는 것을 합법화하는 불평등한 관습이라고 주장하지만 이는 심리학적으로는 매우 의미가 있는 의식이다. 결혼식은 신랑과 신부의 결합의식이기도 하지만 지금까지 아버지와 딸을 묶고 있던 끈을 내려놓는다는 이별의식이기도 하기 때문이다.

딸의 결혼은 아버지를 잃어버리는 의식이다. 아버지는 딸의 결혼식을 위해 대가를 치른다. 작가 린다 부스^{Linda Booth}가 말했듯이 아버지는 딸의 '잃음'을 연기하고 자기 자리로 물러나서 딸이 자신의 성과 그 외의 모든 것을 버리겠다고 서약하는 것을 지켜보아야 한다. 미국과 달리 우리나라 신부는 아버지의 성을 그대로 유지하지만 서양은 성까지 버리게 되니 아버지로서는 이 결혼식이 특별한 의미가 아닐 수 없다. 많은 아버지가 딸을 데리고 결혼식장 통로를 지나 신랑에게 딸의 손을 건넬 때까지 딸을 독립적인 성인으로 봐주지 않는다.

한편으로는 결혼식을 통해 딸과 정서적으로 분리되지 않은 아버지들과 그 딸들의 문제도 심심찮게 상담 장면에서 만나게 된다. 아버지들이 딸의 결혼 이후에도 딸의 결혼생활에 너무 깊이 관여하는 것이다. 정민 씨가 그랬다. 정민 씨는 이른바 열혈 아버지를 둔 딸이었다. 딸이 명문 사립대를 마치자마자 아버지가 나서서 신랑감을 구해주었고 결혼 후 6개월 뒤 이혼도 아버지가 나서서 해결해주었다. 20대 후반이었지만 돌싱이 되어버린 정민 씨는 그런 아버지에게 한 번도 큰소리로 '아니요'라고 말한 적이 없었다고 했다. 그러면서도 아버지가 나서지 않고 조용히 자신의 결혼생활을 지켜보기만 했다면 그렇게 일찍 이혼을 하지 않고 신랑과 티격태격하면서 나름대로 결혼생활에 적응하지 않았을까 하는 후회가 남는다고 했다.

이런 사례를 보면 아버지가 딸과 분리되는 것을 더 어려워하는 것 같다. 물론 모든 아버지가 그렇지는 않겠지만. 결혼을 통해 아버지와 물리적으로는 분리되었어도 정서적으로는 얼마든지 연결감을 가질 수 있다. 딸의 결혼으로 딸에게 집착하고 통제하던 손길을 거두고 한 발자국 물러서서 딸과 정서적 친밀감을 느끼면서 딸이 살아가는 모습을 지켜보는 것도 나이 든 아버지로서 큰 즐거움일 것이다.

딸도 아버지도 기꺼이 헤어짐을 받아들이려면 건강하게 분리될 필요가 있다. 그래야 정서적으로도 건강하게 연결될 수 있다. 결국 아버지와 딸은 언젠가는 분리되어야 하고 딸은 아버지가 주는 정서적·경제적 안락함을 벗어나야 한다. 《아버지의 집을 떠나며》의 저자 매리온 우드맨Marrion Woodman이 한 말이 기억난다. "만일 우리가 아버지의 집을 떠난다면 우리는 스스로를 의지해야 한다. 그렇지 않으면 우리는 또 다른 아버지의 집으로 떨어져버릴 테니까."

여섯 번째 . . . .

이제
아버지를
떠날
시간

아버지에게 긍정적인 영향을 받은 딸들은 편안하게 아버지를
기억하지만 아버지 존재를 부인하고 살아온 딸들은 치열하게 애쓰는
시간을 보낸다. 건강한 아버지상의 부재는 평생 취약한 느낌, 사랑을
갈망하는 상태로 만들고, 아버지가 자신을 버린 것에 대해 자기 탓으로
생각하며 다른 사람의 사랑을 얻기 위해 애쓰게 만든다.
아버지가 물질적으로, 정서적으로 해주어야 할 것을 제공해주지 않고
딸에게 권위를 존중하지 못하게 만들고 딸 스스로 인생의 모든 것을
찾도록 고군분투하게 만들어 어느 누구도 의지할 수 없게 된다.
어린 시절 권위가 부족한 아버지로 인해 과잉보상하는 삶을
살게 되는 것이다.
아버지에게서 상처와 외상을 겪은 딸이라면 궁극적으로는 아버지와
화해하고 아버지에게 벗어나는 과정이 필요하다. 상처의 이름으로
아버지를 기억하는 딸은 아버지가 미친 부정적인 영향의 그림자에서
벗어나기 위한 각자의 여정을 떠나야 한다. 이 과정에는 그동안
부정해왔던 아버지의 존재를 새로 발견하는 것도 필요하다.
모든 상실에는 충분한 애도의 과정도 필요하다.
또한 어쩔 수 없이 살아가기 위해 가면 뒤에 감춰놓았던 억압된 분노를
알아차리고 그 분노를 놓아버리는 의식도 필요하다.
아버지를 용서하기 위해서는 자신을 먼저 용서해야 할 때가 있다.
이 과정은 쉽지 않다. 아버지와의 뿌리 깊은 갈등을 가진 딸은
아버지라는 말만 들어도 심장이 요동치거나 경기를 할 정도로 손사래를
치기도 한다. 그러나 용서와 화해를 통해 딸은 과거 아버지 혹은 내재된
아버지상에서 벗어나 자기만의 길을 갈 수 있다.
작가 사라 메이트랜드Sara Maitland의 말이 기억난다.
"나는 아버지의 딸이다. 아버지를 사랑하지 않고서는
나 자신을 사랑할 수 없다."

그 누구의
잘못도 아니다

    직업상 자기 잘못이 아닌 일로 자신을 오랫동안 자책하고 자학하는 이들을 많이 본다. 대개 이들은 인생의 어느 시점에서 부모와 같은 중요한 인물에게 상처를 입은 사람들이지만 오히려 자신 때문에 그런 일이 생겼다고 자책하고 괴로워하다가 마음에 병이 생기기도 하고 마음의 문을 꼭꼭 닫고 숨어 지낸다.

    오래전 영화인 〈굿 윌 헌팅〉에서 윌 헌팅은 감정 기복이 심하고 자기중심적인 자기애성 성격장애자로 나온다. 자책과 자학, 분노와 냉소로 똘똘 뭉친 그를 치료하던 정신과 의사 로빈은 그에게 "네 잘못이 아니야It's not your fault"라는 말을 10번 정도 또박또박 반복한다. 자신의 잘못이 아닌 것으로 평생 자기

를 비난하거나 자책하면서 괴로워하는 내담자에게 상담자는 〈굿 윌 헌팅〉의 명대사 "그건 당신 잘못이 아닙니다"라고 이야기해주는 것만으로 그를 오랜 족쇄에서 자유하게 해준다. 이 영화 속 주인공이 과거 외상으로 인하여 주변 사람들과 불안정한 관계를 맺고, 겉도는 대화로 자기를 포장하고, 불안한 마음에 쏟는 에너지 때문에 자신이 가지고 있는 능력을 자유롭게 펼치지 못한 것처럼 많은 사람이 과거에 발목을 잡혀 있다가 이 한마디에 발목이 풀려나는 것이다.

"네 잘못이 아니야"

오랫동안 우울증을 앓고 있던 윤아 씨는 외모가 출중해서 학창 시절부터 늘 남학생들의 선망의 대상이었고 졸업을 한 뒤에도 주목을 받았다. 미인대회에 나갈 정도의 화려한 외모와는 달리 삶의 굴곡을 겪으면서 이미 30대부터 관절 마디가 아프고 우울한 증상이 지속되었다. 표면상으로는 남편의 사업 실패, 이혼 등으로 만신창이가 된 것으로 보였으나 심층적으로 상담을 하다 보니 남편과의 관계보다 오래전 아버지와의 관계 단절이 이 여성이 겪고 있는 문제의 근원이라고 판단되었다. 윤아 씨는 부모가 이혼한 이후 대학교 1학년 때 두 동생을 보살피며 엄마 노릇을 하는 것이 너무 지겨워 남자친구를 따라 서울로 떠나버렸고 이후 술이 잦았던 아버지는 갑자기 심장마비로 사망했다. 그녀는 가족과 소식을 끊은 지 1년 뒤 주검으로 아버지를 마주하게 되었다.

윤아 씨는 나이가 들면서 큰 버팀목이었던 아버지를 힘들게 하고 죽게 만든 것이 자기 탓이라고 느끼며 밀려오는 회한과 자책으로 온 신경이 마비되는 증상이 나타나기도 하고 여기저기가 아파 약을 달고 살게 되었다. 오랫동안 아버지의 죽음에 대해 기억하고 싶지 않았고 애써 아버지 이야기를 피하곤 했다. 그러나 나이가 들면서 점점 더 생생하게 아버지의 죽음과 관련된 기억이 살아났다. 물론 윤아 씨의 아버지가 갑작스럽게 사망한 것은 딸이 가출해서만은 아닐 것이다. 알코올중독, 부인과의 이혼, 경제적 어려움 등 아버지 자신의 여러 문제가 복합적으로 작용했을 것이다. 윤아 씨는 밀려드는 죄책감을 부인하기 위해 그동안 아버지의 죽음에 대해서는 무의식적으로 기억하지 않으려고 억압하였고 일종의 해리 증상처럼 그 부분에 대한 기억을 떠올리는 것 자체를 기피했다. 아버지 사망에 대해 묘한 안도감을 느끼며 자신은 잘못이 없다고 애써 부인하고 살아왔지만 무의식 저편으로 밀쳐두었던 기억은 나이가 들수록 자꾸 되살아나 여기 저기 몸이 아프거나 마음이 아픈 상태로 만들었다.

이처럼 자식은 부모의 사망이나 거절, 거부에 대해 자기 탓으로 돌리는 경향이 있다. 어쩌면 그 아버지의 나약함과 문제해결력의 부족이 가장 큰 원인이겠지만 아직 철이 없는 자녀들은 자기 탓으로 생각하고 몇 십 년 동안 제대로 슬퍼하지 못하고 죄책감을 느끼는 것이다. 이들이 가장 듣고 싶어 했던 한마디는 〈굿 윌 헌팅〉에서 로빈이 했던 "그건 네 잘못이 아니야"라는 바로 이 말이다.

아버지의 죽음이나 버림받는 경험, 신체적 · 정서적 학대와 같이 중요한 타인에게 받은 상처를 관계 외상relational trauma이라고 한다. 보통 외상이라고 하면 천재지변과 같은 큰 외상을 이야기하지만 애착 대상인 부모에게서 두려움과 무력감, 굴욕감, 수치심, 그리고 버림을 반복적으로 경험하는 '작은 외상'도 가랑비에 옷 젖듯이 큰 외상 못지않게 개인의 삶에 영향을 미친다. 이런 관계 외상은 '누적 외상cumulative trauma'이라고 해서 어른이 되어서도 반복되기도 한다. 아버지에게 거절과 유기를 경험한 딸은 끊임없이 안정 대상을 갈구하면서도 내적으로는 두려움이 너무 강하게 작동한다. 그래서 실제 관계에서 안전한 관계를 만들고 편안해지는 길은 험난할 수밖에 없다. 고통스러운 과거를 피하려고 하면 할수록 무의식적인 갈등에 대한 방어가 작동하여 과거 상처받은 경험을 현실에서 그대로 재경험하기 때문이다. 일례로 상처받기 싫고 거부당할까 봐 다가오는 남자들에게 높은 담을 쌓고 지내던 여자가 어쩌다가 사랑에 빠졌지만, 그 남자가 과거 자신을 버린 아버지를 쏙 빼닮아 어린 시절 아버지로부터 겪었던 불안정한 상황을 재연하는 경우도 있다. 이들은 관계에서 외상과 상처를 너무나 많이 겪은 나머지 주변 대상들, 사랑하는 사람들과의 관계에서 버림받는 것을 필사적으로 두려워한다. 그래서 이성친구를 사귀면 거절과 버림받는 것에 대한 두려움 때문에 이성관계를 매우 변덕스럽고 불안정한 관계로 몰고 가서 감정의 격변을 겪기도 한다.

모든 딸은 아버지의 삶에서 자기도 모르게 뭔가 배운다. 딸은 아버지가 보여준 어떤 삶의 가치를 자기 삶 속에서 그대로 구현할 수도 있지만 어떤 것은 내버려두어야 한다. 딸이 아버지의 죽음, 이혼, 질병, 학대, 배신 등으로 상처를 받은 경우라면 아버지로부터 감정적으로 분리되기가 쉽지 않다. 이 경우 딸들은 아버지가 남긴 삶의 지혜나 가치를 구현하기보다는 아버지의 고통과 불안정한 삶의 태도를 답습하기도 한다. 말하자면 '불행한 관계의 대물림' 같은 것이 일어나는 것이다. 속된 말로 딸이 불행한 엄마 팔자를 닮는다는 것과 비슷한 일이 벌어지는 것이다. 하지만 아버지로부터 받은 상처를 치유하고 딸이 앞으로 나가기 위해서는 이 역시 필요한 과정이다. 고통스러운 과정을 겪고 나면 딸에게 어떤 식으로든 삶의 가치를 주었던 아버지와 정서적으로 연결될 수 있고, 딸은 자기 삶을 주도할 수 있는 힘을 다시 되찾게 된다. 그동안 고통스런 과거에 천착하면서 의식적이든 무의식적이든 자기를 힘들게 하였던 행동과 태도에서도 벗어날 수 있다.

상처받은 치유자

상처받은 치유자wounded healer라는 말이 있다. 죽을 만큼 괴로운 과거를 보냈지만 상처를 치유하고 누군가의 상처를 보듬어주는 치료자 역할을 하는 사람을 일컫는 말이다. 살아가면서 크고 작은 상처를 받지만 특별히 어떤 상처는 사람을 무너뜨리기도 하고 죽을 만큼 힘들었다가 다시 일어나서 누군가의 고통을 어루만지는 역할을 하게 한다. 이렇게 과거 상처가 누군가를 돌볼 수 있는 씨앗이 되기도 한다. 물론 자기 상처를 극복했을 때 얘기다. 상처를 극복하지 못한 사람은 타인과 세상에 대해 냉소적이지만, 상처를 극복한 사람은 다시 세상과 사람들과 그리고 자신과 화해하며 세상을, 타인을 조금 더 이해하고 보듬을 수 있는 힘을 스스로 키운 사람이다. 상처받았으나 그 상처로 자신과 세상을 보는 눈이 조금 더 넓어지고 깊어지기도 한다. 그 깊은 눈으로 상처 입고 신음하는 누군가를 보듬을 수 있는 힘을 끌어올린 이들은 고통에 무너지지 않은 사람이다.

상처 입은 치료자가 일반 치료자와 다른 점은 강렬하고 오랜 역기능적 가정에서 정신적인 면에서는 거의 죽음에 가까운 경험을 하면서 매우 민감하고 직관적인 정신 능력을 갖고 있다는 것이다. 이들은 인생의 역경이나 도전을 겪어내고 인간의 영혼을 치료하는 특별한 기술을 부여받은 사람이다. 이런 기술은 수업이나 교육을 통해서 얻을 수 있는 것이 아니다. 상처받은 치료자는 우울, 어두운 생각, 절망과 같은 정서적인 지하 세계로부터 나오는 길을 알려주는 사람이다.

《상처 입은 치유자》를 쓴 신학자이자 심리학자인 헨리 나우엔Henri Nouwen은 고통을 삶의 한 부분으로 이해하라고 한다. 고통을 없애거나 피하고, 속이려고 하지 말라는 말이다. 고통을 제거하려고 애쓰기보다는 고통과 함께하면서 고통을 직시하다 보면 고통의 핵심을 관통하는 혜안이 생긴다. 이 혜안으로 정신과 의사나 심리학자가 아니더라도 누군가의 고통을 직관적으로 알아차리고 도와주는 치유자의 역할을 할 수 있다.

아버지의 특별한 딸 중에는 이런 상처 입은 치유자들이 있다. 이들은 상처 입은 피해자로 자기를 규정하지 않는다. 아버지와의 관계를 피해자-가해자 구도로 설정하고 자신을 상처 입은 피해자로 보는 시각에 머물러 있다면 치료를 받아야 하는 사람이지만 상처를 극복할 힘을 스스로 발견한 딸은 그 상처를 통해 세상을 바라보는 시각이 바뀐다. 그 과정에서 아버지 역시 과거 잘못된 양육을 받았고 상처를 입은 사람이었다는 사실을 인식하게 되면 아버지의 상처를 바라보는 시각도 바뀌고 아버지와의 관계의 틀이 바뀐다. 이렇게 되면 상처 입은 치유자인 딸은 마치 진흙탕에서 피어나는 수련처럼 자기 상처에서 벗어나 누군가를 위한 꽃으로 다시 피어나기도 한다.

나는 나를
사랑할 수 있을까

세상의 모든 딸들이 아버지의 딸이지만 심리학적으로 아버지의 딸은 특별히 아버지의 긍정적인 또는 부정적인 영향을 많이 받은 여성을 말한다. 이런 여성은 동성인 어머니보다 이성인 아버지를 흠모하고 아버지와 동일시한다. 자신감 있고 남자답고 남들에게 능력을 인정받는 아버지와 닮고 싶은 것이다. 대개 아버지는 법과 질서를 상징하고, 어머니와 밀착된 관계에서 벗어나 세상을 향한 문을 열어주는 역할을 하는 존재다. 아버지는 아버지 역할이 있고 어머니는 어머니 역할이 있지만 양 부모 중 유달리 한쪽 부모와 심리적으로 동일시되는 경우 한쪽 부모는 무시되고 다른 쪽 부모의 영향이 비대해진다.

민지 씨가 그랬다. 민지 씨는 능력 있고 지성적인 아버지를 흠모하며 마흔이 다 될 때까지 지적인 면을 개발하는 것에만 몰두하고 몸을 소홀히 대하는 삶을 살았다. 늘 '나도 남자보다 잘할 수 있어' '남자만큼 할 수 있어'라는 생각을 했고, 그런 맘으로 공부하고 일을 했다. 딸만 두고 있어 늘 아들을 부러워하는 아버지를 보면서 자신이 남자면 얼마나 좋을까 생각하면서 자랐다. 그래서 항상 남자처럼 하고 다녔다. 매일 바지만 입었기 때문에 주변 사람들은 "혹시 다리에 뭔가 보기 싫은 흉터가 있는 것은 아니니?"라고 물을 정도였다. 남자친구를 여러 번 사귀기는 했어도 상대 남자들이 성적인 뉘앙스를 띠며 접근하면 늘 마음이 불편했고 심지어 가벼운 신체 접촉에도 죄책감을 느끼곤 했다. 게다가 남자친구를 만날 때마다 아버지가 과연 이 사람을 흡족해할까 신경이 쓰였고 아버지의 잣대로 남자들을 평가했다. "이 사람은 아버지가 좋아하지 않을 것 같아. 나와 맞지 않는 부족한 사람이야"라고 생각하면서 먼저 헤어지자고 말하곤 했다. 현재 민지 씨는 7년째 혼자 살고 있는데, 주변 사람들은 여자 혼자서 사는 게 무섭지는 않은지, 외롭지는 않은지 자주 물어온다. 그럴 때마다 "아니, 괜찮아"라고 대답하지만 사실은 많이 외롭고 무섭기까지 하다. 하지만 어려서부터 늘 독립해야 하고 스스로 삶을 개척해야 한다는 생각이 강했다. 결혼한 친구들이 "너는 어떻게 혼자 이사도 잘하고 전등도 척척 잘 다니? 나는 남편이 다 알아서 해주니까 그런 건 한 번도 해본 적이 없는데…"라고 말할 때면 많이 부럽지만 한편으로는 그 모든 것을 혼자 할 수 있다는 것이 대견하고, 이사하거나 전등 가는 일 때문에 남자가 필요하다는 생각은 들지 않았다.

민지 씨처럼 아버지의 기대를 충족시켜야 한다고 생각하는 여성들은 결혼을 생각하거나 사회생활을 시작할 때 아버지와 많이 부딪치면서 갈등을 경험한다. 특히 기대수준이 너무 높은 아버지들은 딸이 데리고 온 신랑감을 그다지 달가워하지 않는다. 민지 씨는 여러 남자 중 한 사람과 오래 교재하면서 결혼까지 약속했으나 맏딸에 대한 기대가 컸던 아버지로부터 헤어지라는 말을 듣고 하는 수 없이 4년간 만났던 남자에게 이별을 통보했다. 남자친구를 집에 데려가면 투명인간처럼 대하면서 "그 정도밖에 안 되는 남자를 네 신랑감으로 생각해본 적이 없다. 아버지를 실망시키지 마라"라는 말만 되풀이하시는 아버지에게 매우 화가 났지만, 그 마음을 제대로 표현할 수 없었다. "제가 사랑하는 사람에 대해 아버지는 왜 그렇게 함부로 하세요?"라고 말하고 싶었지만 서슬이 퍼런 아버지에게 자기주장을 할 수 없었던 그녀는 결국 상대 남자와 헤어졌다. 그 후 상실의 상처와 아버지에 대한 반항심리 때문에 외국으로 근무지를 옮겼고 낯선 문화와 환경 속에서 '내가 진정으로 원하는 삶은 어떤 것인가'를 고민하게 되었다. 그리고 아버지가 원하는 삶과 내가 원하는 삶이 다르다는 생각과 함께 지금껏 아버지가 원하는 대로 인생을 살려고 애쓰며 살았다는 통찰이 생겼다. 다시 한국으로 돌아와서는 독립을 결심했고 결혼 적령기가 한참 지난 뒤인 서른 중반에 부모 집에서 분가를 했다. 간섭하고 통제하던 아버지와 분리된 뒤 첫 느낌은 매우 '편안하다'는 것이었다. 여자 혼자 사는 것이 위험하고 힘들지 않겠냐, 외롭지 않겠냐와 같은 주변의 우려와 달리 나만의 공간에서 시간을 보낸다는 것이 너무도 자유로웠고 해방감마저 들었다. "빨리 일어나라, 밥 먹어라, 운동해라, 왜 빨리 안 자니" 이런 말을 듣지 않아도 된다는 사실이 기뻤다. 남자친구를 사귀는 일도 훨씬 수월해졌고 여자로서 자신의 매력에 대해서도 이전보다 더 편안하게 받아들일 수 있게 되었다. 생전 입지 않았던 치마도 입게 되었고 성에 대해서도 더 자연스럽게 관심을 표현할 수 있게 되었다.

아버지의 각본에서 벗어나려면

아버지의 영향을 많이 받았다가 아버지에게 벗어나려는 사람은 우선 '나에게 아버지는 어떤 분이었나'를 깊이 통찰하는 것이 중요하다. 대개 이런 아버지는 정서적 친밀감보다는 자식을 자기 기대대로 키우려는 아버지가 많기 때문에 성인이 되어서도 이들은 자기 인생을 살지 못하고 아버지가 만들어놓은 각본대로 움직이는 경우가 많다. 의식적으로는 탈피하려고 해도 무의식은 아버지가 바라는 대로 살지 못하는 자신을 아버지가 그랬던 것처럼 인정하지 못하고 자신도 아버지처럼 자기를 무시한다. 민지 씨는 자식들 중 가장 말을 잘 듣는 딸이었지만 아버지 뜻보다는 자기 뜻대로 살기로 결정하면서 불가피하게 아버지와 대적할 수밖에 없었다. 그 과정에서 딸도, 아버지도 많이 힘들 수밖에 없다. 이런 시기가 지나가면 진정으로 딸은 아버지로부터 독립할 수 있다. 그러나 이 상황이 순조롭지 않으면 어떤 아버지들은 "딸자식 키워봤자 다 소용없어" 하면서 자식이 본인 뜻대로 되지 않는 것에 대한 회한과 허망함으로 힘들어하고, 딸은 아버지의 뜻을 거역한 것에 대한 죄책감을 가질 수밖에 없다.

딸들은 점점 나이가 들어가면서 어느 순간 전에 비해 존재감이 많이 작아지는 아버지가 측은해 보이기도 한다. 자식 입장에서 아버지가 미울 때도 있지만, 한 남자의 일생을 생각해보면 가장으로서 가족부양을 일생의 과업으로 여기며 힘들게 살아왔는데, 정작 가족들이 자신을 달가워하지 않는다는 사실을 알면 얼마나 견디기 어려울까 짐작이 된다. 대개 나이가 든 아버지들은 감정표현을 잘 하지 않으면서 부인과 자식들이 한편이라고 생각하고 서운함을 많이 느낀다.

민지 씨는 마흔이 넘어서야 아버지를 이해하게 되었다고 한다. 이제는 어떻게 서로 맞추며 살아야 하는지, 일종의 균형 상태에 이른 것 같다고 말한다. 아버지는 딸에게 일생을 헌신한 것, 자식이 다 커서 본인 뜻대로 되지 않는 것에 무력감을 느꼈다고 속마음을 종종 털어놓으셨다. 하지만 딸은 여전히 아버지 앞에 서면 작아지고 초라하게 느껴질 때가 많다. 그래서 자기 마음을 솔직하게 털어놓는 것이 더 어렵다. 딸에 대한 기대를 완전히 내려놓지 못한 아버지는 가끔씩 다시 공부해서 공무원 시험을 보는 것이 어떠냐, 교육대학원을 가서 임용고시를 보는 것이 어떠냐, 박사 학위를 딸 때까지 공부에 매진하면 어떠냐 등 지금보다 더 근사하고 폼 나는 직업을 갖기 바라신다. 물론 어떤 때는 '자식에 대한 기대가 크니 그럴 수도 있지'라고 생각하며 넘어가지만 때로는 그런 이야기를 듣고 나면 혼자 집으로 돌아오는 길이 쓸쓸하기만 하다. 아버지로부터 온전히 인정받지 못하고 있는 자신의 현실이 비참하기도 하고 실망감만 안겨드리는 딸인 것 같아 죄송한 느낌도 든다. 아버지의 영향력에서 완전하게 벗어나지 못하는 자신에 대한 무력감이 들 때면 마흔이 넘은 딸에게 끊임없이 무언가를 기대하고 바라시는 아버지가 밉기도 하다. 그런 감정에 압도되어 몸이 아플 때도 있다.

자식에게 끊임없이 자기 욕구나 기대를 투사하는 아버지를 둔 딸들은 독립 대 의존 갈등이라는 것을 겪는다. 독립 대 의존 갈등은 전형적으로 나이에 맞는 심리적 독립을 부모로부터 획득하지 못할 때 자식이 느끼는 양가적 감정이다. 심리적 독립을 하고 싶지만 늘 잔소리나 비난을 듣다 보면 스스로 할 수 있는 것이 별로 없다는 생각이 들면서 부모에게서 벗어나고 싶은 동시에 두려움 때문에 부모에게 의존하면서 내적 갈등을 겪는다는 것이다. 이런 딸들의 멘탈은 자라지 않는 성인 아이^{adult children} 상태로 머무르게 된다. 나이는 들었지만 심리적으로 아동기, 청소년기에 해당함을 알게 되는 순간이 편하지만은 않다.

민지 씨와 같은 딸들이 유념해야 할 사실은 아버지의 가치관과 기대 때문에 자신의 인생을 양보하는 일을 그만두어야 비로소 한 사람의 성인으로 살아갈 수 있다는 점이다. 그래야만 자기가 원하는 일과 원하는 미래에 죄책감 없이 집중하고 온전히 자기 인생을 살 수 있다. 궁극적으로는 딸이 사는 방식을 탐탁지 않아 하는 아버지의 반응에도 영향을 덜 받을 수 있고 스스로를 인정하며 살아갈 수 있다. 민지 씨의 마지막 말은 그런 점에서 인상적이다.

"나는 나를 사랑하고 싶다. 그럴 수 있을까? 늦었다고 생각되지만 지금이라도 내가 변화하고 있다는 것이 다행이다. 아버지의 딸에서 고유한 개성과 정체성을 지닌 나 자신이 되어가는 길은 더디지만 그렇게 앞으로 나아가고 있다는 확신이 든다."

눈물은 내 영혼을
정화한다

다이애나 효과^{Diana Effect}라는 말이 있다. 1997년 영국의 황태자비였던 다이애나가 사망하면서 영국인이 비탄에 빠져 눈물로 애도한 후 이상하게도 한동안 우울증 환자가 절반이나 줄어들었다. 정신의학자들과 심리학자들은 이 현상을 눈물을 통해 감정이 정화되면서 스트레스와 우울감이 해소된 것이라고 풀이하였다. 미국 피츠버그대학교 연구팀이 건강한 사람과 위궤양을 겪고 있는 남녀 137명을 나눠 조사했더니 위궤양 환자가 건강한 사람보다 우는 것을 더 부정적으로 생각하고 잘 울지 않는 것으로 드러났다. 슬픔을 과도하게 참는 사람이 스트레스 질환인 위궤양에 걸릴 확률이 높다는 것이다.

심리학자들은 오래전부터 눈물은 감정을 정화시켜주고

스트레스 호르몬도 배출하게 만든다고 주장하였다. 미네소타대학교의 생화학자인 윌리엄 프레이[William Frey]는 슬픈 영화를 볼 때와 양파를 썰 때 눈이 매워 나오는 눈물을 비교한 실험에서 '슬픈 영화 눈물'은 '양파 눈물'보다 스트레스 호르몬인 카테콜아민이 더 많이 함유된 것으로 보고하면서, 눈물이 스트레스 호르몬의 균형을 잡아준다고 하였다.

잘 울지 않는 여자들

울어야 할 때 우는 것이 정신건강에 좋지만 잘 울지 않는 여자도 있다. 마음속의 어두움과 슬픔을 잘 숨기는 여자들이 있다. 나름대로 내면의 갈등과 고통을 잘 방어하는 사람이다. 그러나 그런 방어기제가 제대로 작동하지 않게 되는 시점이 오면 뭔가 불쑥 불쑥 큰 덩어리 같은 것이 올라온다. 그 덩어리는 화의 덩어리이기도 하고 커다란 슬픔의 덩어리이기도 하다.

현주 씨는 어려서도 잘 울지 않는 아이였다. 갓난아기였을 때도 너무 울지 않아서 가끔 엄마는 아이가 숨이 막혀 죽은 건 아닌지 이불을 들춰봐야 했을 정도다. 현주 씨의 첫 기억은 정월 대보름날 친척집에서 사촌 오빠들과 쥐불놀이를 하면서 한쪽 구석에서 토하면서 울던 기억이었다. 놀이에 열중하면서 환호하는 오빠들과 마을 사람들 속에서 아무에게도 자신의 몸 상태를 이야기하지 못하고 토하면서 훌쩍이는 장면을 회상하면서 느낀 감정은 외로움과 슬픔이었다. 정신분석에서는 마음이 아픈 사람을 상담할 때에는 과거 아동기로 거슬러 올라가서 가장 첫 기억으로 떠오르는 일을 중요하게 생각한다. 첫 기억에서 느껴지는 감정적인 톤은 그 사람의 핵심 감정을 암시한다고 보기 때문이다. 현주 씨의 언니는 늘 몸이 아파서 엄마나 아버지의 관심은 온통 언니에게 가 있었다. 현주 씨는 언니가 늘 아팠기 때문에 자신은 아파도 아프다는 내색을 할 수 없었고, 자기까지 아프면 엄마와 아버지를 힘들게 할 것 같다는 생각 때문에 어쩌다가 아프기라도 하면 혼자 끙끙 앓다가 일어나곤 했다. 그래서 가족들은 현주 씨가 한 번도 아프지 않은 건강한 사람이라고 기억할 정도다.

술을 너무 좋아하던 아버지가 사업 실패로 빚을 지고 자살하면서 현주 씨는 고등학교를 졸업하자마자 가족의 생계를 책임져야만 했다. 힘겹게 일하며 돈을 벌고 동생들을 공부시키고 결혼을 한 그녀는 배우지 못한 한 때문에 야간대학을 다니며 공부도 하고 직장에서 안정적인 지위에도 올라섰다. 그러다 마흔이 되어가면서 자꾸 슬픈 기분이 물밀 듯이 올라왔다. 현주 씨도 이런 자신의 모습이 너무 당황스럽고 어처구니없게 느껴졌다.

눈물은 얼어붙은 마음을 녹인다

눈물은 상처 입은 아버지의 딸에게는 매우 흔한 감정이다. 그런데 이 눈물은 고드름 조각처럼 차갑게 얼어붙어 있기도 하고 급류처럼 흘러내려 아버지의 딸이 딛고 있는 땅을 범람하게 만들기도 한다. 눈물은 성장을 가져오고 봄에 재생을 촉진하는 비가 되기도 한다. 그러나 눈물이 얼어붙으면 관계도 얼어붙는다. 얼어붙은 눈물은 딸의 심장을 돌덩이처럼 차갑고 메마르게 만든다. 반면 넘쳐흐르는 눈물은 마치 소낙비 뒤의 진흙탕처럼 상처 입은 여성은 비통의 늪에 빠져들게 하고 자기연민에 빠지게 만든다.

상담을 하다 보면 생존을 위해 몸부림치며 강철처럼 살아오느라 현주 씨처럼 눈물이 얼어붙었다가 어떤 시점에서 봇물처럼 터지는 여성도 있고, 아예 눈물바다 속에 살면서 자기한탄과 비탄에 휘청거리는 여성도 있다. 상담실에 들어오는 사람들 중에는 눈물을 제대로 흘리지 않았던 현주 씨 같은 여성도 많다. 눈물은 분노와 마찬가지로 제대로 방출되면 치유를 가져오고 상처 입은 여성을 다시 살게 만든다.

아버지로부터 상처 입은 경험은 딸이 눈물과 관계 맺는 것을 방해한다. 어떤 아버지는 눈물을 두려워해서 아내와 딸이 눈물을 흘리는 것을 허용하지 않는다. 이런 아버지는 딸이 눈물을 흘리지 못하게 하고 유쾌한 페르소나를 유지하도록 강요하기도 한다. 우는 것은 패배나 약함의 표시이므로 딸에게 즐거운 표정을 짓고 낙천적으로 행동하라고 한다. 어떤 아버지는 규율이나 일을 강조하면서 눈물을 금지한다. 현주 씨 아버지처럼 약한 아버지는 딸이 속으로 눈물을 머금게 하고 겉으로는 눈물을 흘리지 못하게 만든다.

슬플 때 울지 않으면 다른 장기가 대신 운다

영국의 정신과 의사 헨리 모슬리Henry Moseley 경이 남긴 말처럼 울어야 하는데 잘 울지 않았거나 눈물을 잘 참아왔던 아버지의 딸들은 나이가 들면서 점점 신체 증상이 나타난다. 정신의학적으로는 신체화somatization 장애 또는 신체증상 장애라고 하는데, 실제로 몸에 이상이 생겼다기보다는 마음의 문제가 몸의 문제로 나타나는 것이다. 프로이트는 이렇게 억울하고 슬픈 감정, 분노 감정을 억압한 여성들이 히스테리 증상을 나타내는 것을 보면서 무의식 속에 억압되어 있던 마음의 갈등이 본인의 의사와는 관계없이 신체 증세로 변형되어 신경증적 증상이 일어나는 것으로 생각했다. 따라서 이런 히스테리 증상이나 신체 증상을 고치려면 무의식에 억압되어 있던 감정을 정상적 통로를 통해 의식적으로 방출해야 한다고 하였다. 상담을 하다 보면 잘 울지 않았던 여성이 상담자의 공감 반응에 마음이 열려 그동안 밀쳐두어 제대로 알아주지 않았던 슬픈 감정을 어깨를 심하게 들썩이며 표현하기도 한다. 이렇게 한 번 크게 울고 나면 뭐가 뭔지 모르게 슬픈 감정의 파편이 마치 흙탕물이 맑아지듯이 정화되면서 명징한 기분이 든다고 표현한다. 전문적인 심리용어로는 감정적인 제반응abreaction이 일어나는 것이다.

세상살이에 능숙하지 못하고 취약한 아버지를 보완하고 극복하기 위해 넘치도록 애쓰면서 삶을 통제해온 현주 씨 같은 아버지의 딸은 그 애씀이 궁극적으로는 자신의 자아를 너무 힘들게 만들었다는 자각을 하게 된다. 약하게 보이지 않으려고 안간힘을 써왔던 자신에게 약함을 허용하고 자발적으로 그리고 기꺼이 다른 사람들에게 자신을 열어보이게 되면서 갑옷처럼 단단하게 덧씌웠던 거짓 자아에서 벗어날 수 있다. 이때 자신의 내면을 조용히 응시하고 기다리다 보면 내면 깊숙이에서 맑은 눈물이 흐르는 것을 알 수 있다. 그 눈물은 이제껏 자신을 지켜주었던 그 갑옷이 더 이상 자신을 보장해주지 않는다는 것, 그리고 약점을 인정하고 내놓는 것이 이렇게 홀가분한 것이었구나를 느끼게 해준다.

〈겨울왕국〉에서 인상적인 장면 중 하나는 언니 엘사의 눈물이다. 엘사의 손이 닿기만 해도 모든 것이 얼어붙는다는 것은 심층심리학적으로 보면 엘사가 눈물을 흘리지 못해 가슴이 얼어붙은 상태를 의미한다. 얼어붙은 마음을 녹이는 엘사의 눈물이 동생인 안나뿐만 아니라 세상을 다시 살아나게 만들었다. 아버지로 인해 마음이 얼어붙어 눈물을 흘릴 수 없었던 딸도 결국 이 눈물이라는 기제를 통해 자신과 주변 사람과의 관계를 구할 수 있다. 눈물은 이렇게 얼어붙은 심장을 다시 뛰게 만든다.

요즘 들어 웃는 것이 몸에 좋다고 해서 억지로 웃게 만드는 '웃음치료'가 각광받고 있지만 울어야 할 때 잘 우는 것도 잘 웃는 것만큼 정신건강에 좋다. 웃음이 생체 면역력을 높여준다고 알려진 것처럼 울음 역시 오랫동안 쌓여있던 감정의 찌꺼기를 해소하고 슬픔을 머금고 있는 영혼을 정화시켜준다. 그래서 흘리지 못해 고여 있는 오랜 눈물old tear은 '신이 인간에게 준 치유의 물'이기도 하다.

완벽한 자유와
독립을 위하여

　최근 사석에서 만난 지인은 "우리 아빠가 생일이라고 직장까지 찾아와 선물과 용돈을 주고 가셨어" 하면서 자랑을 늘어놓았다. 아버지가 없는 나로서는 내심 부럽기도 하였지만 오십이 넘었는데도 아버지에게 용돈을 받고 행복해하는 딸을 보자니 한편으로는 아직 어린 아버지의 딸 상태라는 생각이 들기도 하였다. 아버지에게 분리되지 않고 성인이 되어서도 아버지와 딸이 너무 결탁되어 있는 경우 심리적으로는 아버지에게 절대 벗어날 수 없다. 이런 딸의 내면은 여성으로 자라지 못하고 항상 딸로 남아 있다.

　효진 씨는 결혼 1년 만에 첫 딸을 얻었고 1년 반 정도 지나 이혼을 한 후 싱글맘으로 살고 있다. 이혼을 한 계기는 전적으로 아버지 때문이었다. 효진 씨는 남편과 문제가 생기면 친정 엄마가 아닌 아버지에게 모든 것을 고해 바쳤다. 그러자 아버지는 딸의 문제에 적극적으로 개입하게 되었고 효진 씨를 대신해서 남편과 이혼에도 동의해버렸다. 이혼한 지 10년이 지난 지금도 아버지는 딸에게 집을 마련해주는 것은 물론 용돈과 생활비, 아이 학비까지 대주고 있다. 이쯤 되면 경제적으로 여유 있는 아버지를 둔 효진 씨를 부러워할 수도 있겠으나 말끝마다 '우리 아빠'를 연발하는 효진 씨와 이야기하면서 결혼을 다시 못하는 이유를 알 것 같았다. 아버지가 어린아이에게 하듯이 뭐든 다 해주니 남자가 눈에 들어올 리 없었다. 실제로 이성관계에 대해 질문하자 남자와 다시 관계를 맺는 것 자체를 버거워하고 무관심한 태도를 보였다. 심지어 부모님이 딸과 둘이 살고 있는 집을 방문하면 자신은 일흔이 넘는 아버지, 어머니와 같은 침대를 쓰고 자신의 어린 딸은 바닥에 자게 한다는 것을 자랑스럽게 이야기하는 것을 보니 몸은 어른이지만 마음은 어린 여자아이 상태에 머물러 있는 게 분명했다.

효진 씨는 이미 딸까지 있는 성인이나 정신은 5~6살 정도의 어린 딸, 아버지의 귀여운 어린 딸 역할에 머물러 있다. 이런 의미에서 결혼은 딸의 일차적 애정 대상이 아버지에서 배우자로 옮겨가게 만드는 사건이다. 그러나 효진 씨는 결혼을 했다가 아버지의 결정으로 다시 아버지 품으로 돌아왔다. 아버지와 효진 씨가 분리되는 것은 아마 아버지의 병이나 죽음 등과 같은 사건을 겪지 않으면 어려운 일일 것이다. 결혼, 질병, 죽음은 분리 과정을 위한 첫 단계를 촉발시키는 이정표가 되는 사건이지만 어떤 딸은 이런 이정표가 되는 사건을 잘 극복하지 못하기도 한다.

널리 알려진 《미녀와 야수》는 다들 미녀와 못생긴 괴물과의 사랑 이야기쯤으로 알고 있다. 현실에서도 미녀 여배우가 못생긴 남자 배우와 결혼을 하면 미녀와 야수 커플로 회자되기도 한다. 이 이야기는 좀 더 다른 관점에서도 읽을 수 있다. 융심리학자인 머린 머독은 《미녀와 야수》는 사랑 이야기이기는 하지만 딸이 아버지에게서 심리적으로 독립하는 과정을 아주 분명하고도 예리하게 보여준다고 설명한다. 미녀가 마법에서 풀려난 아름다운 왕자와 결혼해서 행복하게 살게 되는 것은 그녀가 사랑과 자기이해, 자율성을 찾고 그러면서도 아버지와 정서적으로는 연결된다는 의미를 담고 있다는 것이다.

여기서 미녀는 순결한 천성을 지닌 존재다. 미녀는 내적인 삶과 외적 환경이 조화로운 삶을 살고 있었다. 어머니가 없었지만 아버지와 함께한 미녀의 삶은 평화로웠다. 그러나 아이다운 순진함과 아동기 단계를 넘어서야 하는 때가 되었다. 하지만 그녀는 가족이라는 안전한 울타리를 넘어본 적이 없었다. 아버지를 위해 자신을 희생하기로 선택하면서 미녀는 개별화, 자기화가 되는 여행을 떠나는 것이다. 미녀가 기꺼이 아버지를 떠나서 야수와 결혼하기로 했을 때 그녀는 딸에서 성인 여성으로 성장하는 것이다. 아버지를 떠나 사랑을 의식적으로 선택하면서 미녀는 내적인 삶과 외적인 삶 모두에 대한 책임을 수용하게 된다. 아버지와 딸이 서로를 기꺼이 내려놓기로 결정할 때 비로소 아버지의 딸은 성숙하고 친밀한 관계를 맺을 수 있다는 것이 이 동화가 아버지의 딸에게 주는 의미다.

효진 씨처럼 아버지와 너무 친한 딸들은 자신을 하나의 독립된 인간으로 인정하지 않는 아버지를 인식하고 극복해야 하는 순간이 찾아올 수 있다. 경제적으로 독립하지 않은 딸은 어느 순간 아버지의 통제와 간섭에서 벗어나기 위해서는 스스로 자립해야겠다고 느낄 수 있다. 이를 위해서는 우선 아버지한테 애착되어 있는 정도를 잘 인식해야 한다. 그리고 '아버지의 어린 딸'로서 갖는 보상과 특혜를 포기할 때 비로소 독립은 시작된다. 여기서 보상은 경제적인 것도 포함되지만 아버지의 인정과 견해도 포함될 수 있다. 아버지 역시 딸의 의견과 결정, 선택을 존중하면서 딸과의 감정적인 관계를 새로이 정립해야 한다. 물론 이때 아버지도, 딸도 각자의 삶에서 중요한 어떤 것이 떨어져나가는 상실과 슬픔을 느낄 수 있다. 하지만 한 인간으로서 온전하게 독립하려면 아버지의 어린 딸이 누릴 수 있는 보상을 기꺼이 내려놓고 정서적으로, 경제적으로 의존하는 마음도 내려놓아야 한다.

통제하거나 희생하거나

아버지에게 의존하는 효진 씨와 달리 알코올중독자 아버지를 둔 딸들은 아버지에게 받지 못한 것을 남자친구나 배우자와의 관계에서 공동의존codependent을 보이며 추구하기도 한다. 공동의존이란 흔히 알코올 의존을 보이는 가족이나 연인 간에 정서적으로 밀접한 관계를 맺으면서 주체성과 경계선, 감정 표현의 어려움을 경험하는 역기능적 상태를 말한다. 공동의존의 핵심은 상대를 통제하거나 전적으로 희생하려는 태도에 있다. 책임감 때문에 그 사람을 떠나지 못하고 상대에게나 자신에게 피해를 주는데도 그 관계를 지속하는 것이다.

공동의존하는 여성이 가장 필요로 하는 것은 자신이 계속해서 상대에게 필요한 존재로 남는 것이다. 이들은 돌봄에서 기쁨과 심지어 삶의 의미를 찾기도 한다. 남자친구나 배우자에게 공동의존성을 보이는 여성은 실제로는 우울하고 위축되고 절망하고 있지만 끊임없이 상대 파트너를 돌보는 행동을 통해 자기 존재를 확인하려는 사람들이다. 공동의존은 심리학적으로는 '조성하기enabling'라고 해서 누군가를 돌봐주는 역할을 하지만 사실은 그를 파괴하는 행동을 무의식적으로 하고 있는 셈이다. 이들은 자존감이 낮고 문제를 부인하고 우유부단하며 자신을 희생자 역할에 밀어넣으면서 타인을 돌본다. 그리고 자신도 그에게 의존하는 공동의존성에 머문다.

이들 여성이 기억해야 하는 것은 누군가가 없어도 잘 살 수 있다는 것의 의미는 파트너와 배우자 없이 잘 살라는 의미가 아니라 자신에게 도움이 되는 방식으로 잘 살아야 한다는 사실이다. 자신을 사랑한다는 것은 기꺼이 독립적으로 생각하고 행동하면서 자기 마음이 가는 대로 살아가면서 편안함과 안정감을 느끼는 것이다. 정신적으로 구속된 공동의존 상태는 스스로에게 도움이 되지 않는다. 각자의 삶은 각자가 책임져야 공동의존 상태에서 자유로울 수 있는 것이다.

공동의존자에 대해 연구한 심리학자 비티R. Beatti가 제안한 공동의존 회복 방법은 다음과 같다. 우선 거리두기다. 다른 사람의 인생에 고통스럽게 얽혀왔던 관계를 자각하고, 그 사람이나 문제에서 거리를 두는 것이다. 삶을 억지로 통제하려고 들거나 과거에 집착하거나 미래를 걱정하는 데 애쓰기보다 '현재 이 순간을 살아야겠다'는 태도가 중요하다. 희생하려는 태도도 그만두어야 한다. 자신의 행동이 사랑과 친절에서 우러나오는 진솔한 행동인지 아니면 상대를 통제하는 데서 자기가치감을 유지하려고 하거나 타인의 인정을 받기 위한 것인지 분별해야 한다. 무조건적인 희생을 하면 도움을 베푼 그 사람에게 지치고 분노를 느낄 수 있다.

자신을 돌볼 수 있는 사람은 자신이다

아버지에 대한 의존이든, 남자친구 혹은 남편에 대한 공동의존이든 이런 종류의 의존에서 벗어나려면 무엇보다 자율성과 독립성을 획득해야 한다. 또한 궁극적으로 자신을 돌볼 수 있는 사람은 자신이라는 것을 받아들이고 아버지의 어린 딸에서 벗어나 아버지와 대등한 성인으로서 스스로를 사랑하고 돌봐야 한다. 이때 자신의 감정을 솔직하게 표현하고 자기 모습을 있는 그대로 수용하며 인정하는 것이 필요하다. 아버지에 대한 의존성에서 오랫동안 벗어나지 못하고 있다면 아버지에게서 독립하기 위해 할 수 있는 일이 무엇인지 진지하게 물어볼 필요가 있다. 누군가를 끊임없이 돌봐야 하는 공동의존 상태에 있다면 그러한 삶의 태도가 그 누군가를 위한 것이 아니라는 것을 인식해야 한다. 그리고 무엇보다도 외부 대상에 쏟던 관심을 스스로에게 베풀어 자신을 좀 더 건강하고 행복하게 가꾸려는 노력이 필요하다.

충분히
슬퍼했는가

아버지를 사랑하든 그렇지 않든 많은 딸에게 아버지의 죽음이나 상실은 매우 어려운 문제다. 아동이나 10대 청소년이었을 때 아버지를 상실한 경우라면 아버지를 이상화하며 성인이 되서도 아버지를 감정적으로 놓아버리지 못하고 어려움을 겪는다. 아버지가 떠난 타이밍, 아버지의 죽음이 어떠했는지도 딸이 그 상실을 어떻게 처리할지에 영향을 준다. 예를 들어 어려서 아버지가 사망한 경우 딸은 살아 있는 어머니보다는 아버지에게 애틋한 마음과 이상화시키는 경향이 있다. 살아 있는 사람보다는 죽은 사람에 대해서는 관대해서 그럴 수도 있고, 아이들은 죽은 부모에 대해서는 환상을 갖기도 한다. 죽음의 방식도 남아 있는 가족에게 중요한 영향을 미친

다. 오랫동안 병을 앓다가 아버지가 사망한 경우에 비해 갑작스러운 죽음, 예컨대 사고나 자살 등으로 사망한 경우 딸에게 오랫동안 상실에 대한 후유증을 남긴다.

예기치 않은 상실 이후

부모의 이혼이나 재혼, 질병 등으로 아버지와 분리된 경우에도 딸은 상실감으로 힘들어한다. 고등학교 2학년인 혜수는 부모의 이혼 이후 우울 증상을 보였다. 말이 줄고 입맛도 없는 기간이 늘어나자 엄마는 혜수와 함께 병원을 찾았다. 내과에서는 이상이 없다는 진단을 받고 상담실을 찾아온 혜수 엄마는 아이가 왜 힘들어하는지 이해하지 못했다. 상담을 해보니 아버지가 무능해서 엄마가 아버지를 내쫓아버린 경우였다. 한 달에 한 번씩 만나는 아버지를 보고 나면 혜수는 더욱 힘들어했다. 특히 힘없는 표정으로 돌아서서 가는 아버지의 뒷모습이 너무 쓸쓸해 보인다며 눈물을 흘렸다. 아이가 아버지의 상실을 힘들어한다고 이야기하자 혜수 엄마는 이혼 전에 아이들과 충분히 상의를 거쳐 동의를 받고 헤어졌는데 지금 와서 왜 그러는지 이해할 수 없다는 태도를 보였다. 느리고 무능력한 아버지와 달리 계산이 빠르고 강한 엄마 앞에서 혜수는 아버지와 헤어져서 힘들다는 이야기를 한 번도 해본 적이 없다고 했다. 이처럼 배우자와 애정이 식고 여러 이유로 이혼을 결정한 경우라도 아이가 같이 살지 않는 부모에 대한 상실감을 제대로 표현하지 못하게 하고 억압하는 분위기라면 아이는 오랫동안 그 부모의 상실을 충분히 애도하지 못한 데서 오는 심적 고통이 클 수밖에 없다. 이 고통은 바로 나타날 수도 있고, 오랜 시간 후에도 아물지 않는 상처가 되어 나타나기도 한다.

죽음이든 부모의 이혼이든 아버지와의 분리와 상실을 충분히 애도하지 못하고 충분히 슬퍼하지 못한 딸들은 혜수처럼 시간이 지나서도, 심지어 성인이 되어서도 아버지와의 애정관계에 갇히게 된다. 이상화된 아버지 이미지에 애착을 느끼고 아버지의 죽음, 상실에 대해 죄책감을 느끼는 딸은 커서도 성숙한 이성관계를 경험하기 어렵다. 이런 여성은 자신을 돌보려고 하는 남자에게 매력을 느끼지만 곧 지나서 그 구속에서 빠져나오고 싶어 한다. 이런 딸이 맞닥뜨려야 할 과제와 도전은 자신이 아버지를 죽게 했거나 떠나게 했다는 잘못된 믿음, 신화를 버리고 이제는 성인이 된 자신을 인정하고 아버지가 결코 다시 돌아오지 않는다는 사실을 직면하는 것이다. 그리고 이제는 남자들이 자신을 동등하게 사랑하게끔 허용하면서 아버지로부터 벗어나야 한다.

아버지의 장례식이 끝나지 않았다

10대에 아버지의 갑작스러운 자살을 경험했던 윤영 씨는 나이 마흔이 돼서도 아버지가 꿈에서 계속 살아 돌아오는 꿈을 꾸었다. 꿈속에서 아버지는 어떤 때는 지팡이를 든 노인의 모습으로 나타나기도 했고 어떤 때는 딸에게 나타나 "사실 나는 죽은 것이 아니라 일이 있어 잠깐 외국에 나갔다가 돌아오는 길이지"라며 딸에게 다가오기도 했다.

그녀는 아버지가 20년 가까이 꿈에 나타나자 이유를 알고 싶었다. 모래놀이치료 대가에게 분석을 받던 중 "아버지의 애도 과정을 끝내지 못한 것 같군요. 말하자면 지난 20년간 아버지의 장례를 아직 치르지 못했어요"라는 말을 듣는 순간 머리를 한 대 얻어맞은 기분이 들었다. 그리고 자신이 아버지의 죽음을 인정하지 못하고 있었고 심지어 부인하고 있었다는 것을 깨달았다. 아버지의 죽음을 인정하고 싶지 않은 데에는 여러 사정이 있었다. 아버지는 이혼 후 4남매를 키우고 있었는데 경제적인 어려움 때문에 딸이 재수하겠다는 것을 반대하셨다. 죽기 전날 문득 딸에게 전화를 건 아버지는 "미안하다, 아빠가 네가 원하는 것을 제대로 해주지 못해서"라고 말했는데 술 취한 목소리로 전화한 아버지가 귀찮기도 하고 화가 나서 퉁명스럽게 대답을 하는 둥 마는 둥하고 전화를 끊어버렸다. 윤영 씨는 오랫동안 아버지의 죽음이 자기 탓인 것만 같았다. '그날 밤 아버지의 전화를 좀 더 친절하게 받았더라면 아버지가 돌아가시지 않았을지 몰라' '아버지가 그렇게 돌아가실지 모른다는 조짐을 알아차렸어야 했는데' 이런 생각이 오랫동안 윤영 씨의 마음을 짓눌렀다. 그래서 아버지의 죽음을 인정하기 힘들었던 그녀의 무의식은 꿈속에서 아버지가 살아 있는 모습으로 아니 '살아계셨으면' 하는 소망을 실현하고 있었던 것이다. 그래서 꿈은 '무의식의 보물창고'라고 부른다.

물리적으로 부재해서 딸이 성장하는 동안 옆에 있어주지 못한 아버지, 옆에 있었지만 심리적으로는 없는 것과 마찬가지였던 아버지, 또는 일찍 사망해서 옆에 없었던 아버지는 딸의 마음에 이처럼 깊은 존재의 상실감을 남긴다. 이런 딸들은 사막 한가운데를 건너가는 심정으로 삶을 살아가기도 한다. 장례식이 아직 끝나지 않은 상태는 아버지를 상실한 시점에서 충분한 애도를 하지 않았다는 것을 의미한다. 많은 사람이 이를 인지하지 못하다가 인생의 어느 시점에서 이 문제에 맞닥뜨린다. 20년이 지났어도 아버지의 '장례식이 끝나지 않은 채' 살아온 아버지의 딸은 뒤늦게 감정적으로 장례식을 치러야 한다.

상실에 대한 충분한 애도가 필요하다

프로이트는 슬픔과 우울증을 비교하면서 애정 대상을 떠나보낸 후 느끼는 슬픔은 비교적 정상적이지만 충분히 애도하지 않으면 병리적 우울증으로 발전한다고 보았다. 보통 시간이 지나면 상실한 대상에 대한 리비도를 철수하고 현실로 삶의 방향을 전환해야 하지만 윤영 씨처럼 버림받은 느낌, 부정denial, 죄책감, 그리움 등이 만성적이 되어버린 경우도 있다. 애도상담의 대가인 윌리엄 워든William Worden에 따르면 애도 과정은 우선 상실한 현실을 인정하고 받아들이고, 비애나 고통을 충분히 느끼고 감내하고, 상실 대상이 없는 환경에 적응하고 익숙해지고, 상실을 인격적으로 극복하고 새 삶에 정진하는 단계를 거친다고 한다.

물론 이 과정을 순차적으로 겪지는 않는다. 사람에 따라 다양하지만 이 단계를 다 거쳤다고 생각했는데 몇 십 년이 지난 시점에서 갑자기 가슴이 시려오는 허전함과 고통을 다시 느끼기도 한다. 심지어 어떤 상실은 프로이트의 말대로 평생 가기도 한다. 머레이 파크스Murray Parkes는 애도를 '현실 인식의 과정'이라고 했다. 20년 동안이나 죽은 아버지가 나타나 죽지 않았다고 말하는 꿈을 반복해서 꾼 딸처럼 아버지의 죽음을 내면의 현실로 받아들이지 않은 결과 딸의 무의식에서 아버지는 수십 년간 살아 있었다. 이미 일어난 일을 심리 내면의 현실로 받아들이는 애도 작업이 완결되려면 어떤 식으로든 충분히 애도를 해야 하고, 이는 시간과 에너지가 투자되는 일이다.

상실감을 극복하기 위한 희망은 있다. 그 희망은 저절로 오지는 않는다. 애도 과정을 지금이라도 충분히 겪어야 한다. 애도 과정을 겪으며 서서히 애정 대상에 대한 상실감에서 벗어나 가슴 깊숙이 숭숭 났던, 그래서 한겨울 매서운 추위처럼 늘 시리게 만들었던 그 구멍을 메울 수 있다. 애도란 다름 아닌 충분히 슬퍼하는 일이다. 아무렇지 않은 듯 지나왔어도 슬픔은 오래된 눈물로 가슴속에 고여 있다. 오래전에 읽은 펄벅 여사의 글이 생각이 난다. "이 세상에는 두 가지 슬픔이 있다. 달랠 수 있는 슬픔과 달래지지 않는 슬픔이다. 달랠 수 있는 슬픔은 살면서 마음속에 묻은 슬픔이지만 달랠 수 없는 슬픔은 삶을 바꾸어 놓으며 그 자체가 삶이 되기도 한다."

아버지의 느닷없는 죽음이나 상실은 평생 달랠 수 없는 슬픔이 되기도 하지만 그 자체가 삶이 되기도 한다. 어쨌든 삶은 그렇게 슬픔을 머금은 채 살아지기도 하니까 말이다.

아버지는 더 이상
강한 남자가 아니다

여자아이들은 누구나 자라면서 한 번쯤 아버지를 사랑하는 단계를 거친다. "크면 아빠랑 결혼할 거야"라는 어린 딸들의 고백이 이어지기도 하는 이 시기에는 실제로 아버지와 딸 사이에 애정관계가 느껴진다. 아버지는 딸의 일생에서 처음 만나는 남자다. 아버지는 딸을 사랑하고 딸이 여자로 성장하여 만족스러운 인생을 즐길 수 있도록 도와주고 싶어 한다. 딸은 아버지에게 사랑스런 애인처럼 굴다가 나이가 들어가면서 서서히 아버지와 심리적으로 분리되어 간다. 어느 날 초등학교 5학년이던 딸은 불쑥 내게 "나이가 드니 아빠랑 멀어지는 것 같아"라고 말하였다. 왜 그런 것 같냐고 묻자 "그냥. 아빠랑 노는 것도 이제 재미없고 연예인 오빠들이 더 좋아졌어"라고 쿨하게 대답했다. 유난히 아버지를 따르던 큰딸은 사춘기 무렵 FT아일랜드 브로마이드로 방을 도배하고는 CD를 들으면서 분위기를 잡곤 했다. 물론 아버지가 자기 방에 들어가면 나가라고 소리 지르기 일쑤였다. 남편은 갑자기 변한 딸의 모습을 보고 "어떻게 하루아침에 저렇게 달라질 수 있지?" 하면서 서운해했다. 그 모습을 보면서 나는 '이제 올 것이 왔구나' 하는 생각이 들었다.

아버지와 분리되기

아버지와 심리적으로 분리되는 것은 아들이 어머니와 심리적으로 분리되는 것과 마찬가지로 자연스러운 발달 과정이다. 어렸을 때는 아들이나 딸에게 아버지는 대단한 존재다. 그러나 아이들이 자라면서 아버지는 더 이상 강한 남자가 아니다. 특히 딸은 아버지가 자신을 언제까지나 보호해줄 것으로 생각하다가 아버지가 그런 능력의 소유자가 아니라는 사실을 깨닫는 시점이 온다. 이때 엄마가 바람직한 여성상의 모델을 제시해주면 딸은 아버지에게 향했던 사랑을 자연스럽게 거두어들인다. 그래서 우리 엄마처럼 멋진 여자가 되어 우리 아버지처럼 멋진 남자를 만날 거야라고 생각하게 된다. 프로이트가 말한 어머니, 아버지, 아이 간의 오이디푸스 콤플렉스 해결은 딸의 경우는 바람직한 여성상의 모델이 제시되면 가능하다. 그러나 어머니와 아버지가 만족스러운 인생을 사는 모습을 보지 못했다면 딸은 어머니처럼 되고 싶지 않아 한다.

　모든 동화의 첫 문장은 위기 상황을 품고 있다. 동화를 연구하는 정신분석가들에 따르면 탈출구가 없는 상황은 인격 발달의 출발점이다. 특정한 상황이나 위기에 부딪치면 사람은 지금까지 작동해오던 과거 행동 모델로는 극복할 수 없는 한계를 느끼게 된다. 위기 상황에서 기회란 지금까지 일상생활로 받아들이지 않았던 인격의 부분들을 새롭게 발견하는 것이다. 융은 이런 자세로 위기를 향해 다가갈 때 인간이 성장할 수 있다고 말했다.

　위기를 극복하고 나면 예전보다 삶이 충만해진다. 가시밭길을 거쳐 자신에게 가는 길을 발견한다. 심층심리학적으로 보면 무의식적 부분과 갈등을 겪었고 그 결과로 이 무의식적인 부분을 일상생활에 편입시키는 것이다. 머린 머독은 《손 없는 소녀》를 재해석하여 이를 잘 보여준다. 악마에게 딸을 내주어야 하는 아버지가 "얘야, 내가 너의 두 손목을 자르지 않으면 악마가 나를 데려가겠다는구나. 나는 겁이 난 나머지 그렇게 하겠다고 약속하고 말았다"고 고백하자 딸은 이렇게 대답한다. "아버지가 원하는 대로 하세요. 저는 아버지의 자식인 걸요." 동화적인 해법으로 결말에선 하느님의 은총 덕에 새 손이 자라났다고 하지만, 잔혹동화 같은 느낌이 드는 이야기다.

　머독은 《손 없는 소녀》에 나오는 딸은 '내면의 약한 소녀'이고 동화에 나오는 아버지는 물방앗간 주인이자 너무 가난해서 딸을 보호할 수 없는 아버지라고 설명한다. 약한 소녀는 《손 없는 소녀》에 나오는 소녀처럼 강한 남성을 만나면 쉽사리 희생자가 되고 만다. 즉시 '아버지의 딸'이라는 역할에 빠져든다. 동화 속의 손 없는 소녀처럼 희생자 역할을 익숙하고 매력적으로 받아들인다. 내면의 약한 소녀는 강한 여성의 그림자 인물이기 때문에 강한 여성은 쉽게 알아차리지 못한다. 겉으로는 의식적인 상태에서 적극적이고 자립적이지만 내면의 그림자는 착하기만 할 뿐이고 남자의 폭력이나 전횡에 몸을 맡기게 된다. 외면이 강하게 보이는 여성일수록 나쁜 남자에게 쉽게 끌리는 허약한 소녀 같은 특성을 가지고 있다. 그렇기 때문에 이런 내면의 인물과 대면할 수밖에 없다는 것이 머독의 설명이다.

원형적 여성을 찾아서

물방앗간 주인 아버지를 둔 《손 없는 소녀》에서는 어머니가 등장하지 않는다. 어머니의 역할이 거의 없다. 어머니가 없거나 역할이 미미한 경우 여성적인 면이 열등하다는 이미지를 만들어주는 데 일조한다. 그래서 딸은 강한 여성이 되기 위해 어머니상뿐만 아니라 여성성을 거부한다. 어머니로부터 매력적인 여성상을 내재화하지 못한 여성은 겉으로는 여성을 부인하며 남자인 척 행동하지만 강한 여성이 여성성을 통합하려면 여성적인 것의 가치를 깨달아야 한다. 여성은 생명을 잉태하고 생명을 지켜내는 속성을 가지고 있다. 이는 여성들이 반드시 깨달아야 하는 엄청난 잠재력이다.

아버지와 얽혀 있는 오이디푸스적 실타래를 풀려면 여성은 인생을 모범으로 삼을 만한 훌륭한 어머니와 자신을 동일시할 수 있어야 한다. 머독은 그런 역할 모델을 할 수 있는 어머니가 없다면 건강한 정신을 얻기 위해 집단 무의식을 거쳐 원형과 접촉하고, 원형적 어머니를 발견해야 한다고 주장한다. 그래야만 무의식적으로 빌려온 남성적 힘이 줄 수 없었던 더 많은 카리스마와 개성을 발산할 수 있다는 것이다.

융심리전문가인 마야 스토르히는 여성적인 것과의 만남, 원형적 여성을 만나고 싶다면 우선 원형적 여성을 상징하는 것을 찾아나서야 한다고 말한다. 다산을 상징하는 여신의 그림에 빠지는 것도 한 방법일 수도 있고, 귀고리나 화장을 좀 더 짙게 해서 여성성을 드러내는 것도 한 방법이다. 전사처럼 바지만 입고 살아왔다면 치마를 입는 것도 좋다. 물론 억지로 노력할 필요는 없고 가슴이 시키는 대로 하다 보면 점차 옷차림이 달라지고 행동이 달라지며 신체의 느낌이 달라진다는 것을 깨닫게 된다. 여성적인 것의 가치를 느끼게 되면 여성성에 대한 생각이 변하고 뿜어 나오는 광채도 변한다.

홀로 견디는 시간도 필요하다

이혼이나 상실 경험을 극복하고 자기 길을 잘 가는 여성도 있지만 이별의 상실과 상처를 아주 오랫동안 극복하지 못하고 결국 홀로서기에 실패하는 경우를 숱하게 보아왔다. 이들은 연인이나 남편이라는 인생의 중요한 축이 떨어져나가면서 다른 세상을 견딜 수 있는 중심축이 뿌리째 흔들리는 경험을 하기도 한다. 특히 남편이나 연인에게 아버지에게 의존하듯이 살아온 여성들은 좀처럼 홀로 서지 못한다. 그러나 자의든 타의든 헤어짐을 맞았다면 그동안 연인으로 혹은 아내로 살면서 '이래선 안 돼', '이래야 해'와 같은 행동규범을 행동의 지침으로 삼았던 내면의 금기를 극복해야 한다. 규범에 얽매이지 말고 자기 욕구를 행동의 척도로 삼아야 한다.

그렇지 않으면 아버지 세계의 낡고 오래된 규범에 계속 머무를 수밖에 없다. 자기의 약한 측면을 인정하고 자기를 도와줄 강한 사람을 원하고 있다는 사실을 솔직히 인정할 필요도 있다. 이때 자기를 도와줄 강한 사람은 반드시 외부에 있는 사람이 아니어도 된다. 자기가 믿는 종교에서 말하는 하나님 아버지도 좋고 부처님도 좋고 뭔가 강한 힘에 기댈 수도 있다. 종교 외에도 자기 안에 있는 여성적인 힘과 접촉하며 자기 욕구를 따르는 것도 중요하다. 삶에서 맞닥뜨리는 어떤 문제는 의식적이고 합리적인 숙고를 통해 해결할 수 있다. 그러나 어떤 해결책은 무의식적으로 나올 수밖에 없다. 무의식은 시간을 요한다. 참을 수 없는 내적 긴장 상태를 우선 참고 견디는 것이 가장 중요하다.

머독은 새로운 손이 자라도록 7년 동안 숲의 고독 속으로 들어가 있었던 손 없는 소녀처럼 아버지의 딸이 성장하기 위해서는 홀로 긴장을 참아내는 '기다림의 시간'이 필요하다고 말한다. 여기서 숲속의 고독은 고통을 잊기 위해 외부세계로 두리번거리지 말라는 것이다. 전화기를 붙들고 친구들에게, 주변 지인에게 하소연해봤자 근본적인 해결책에서는 멀어진다. 살다 보면 누구나 어떤 관계에서든지 긴장을 경험할 수 있다. 이런 긴장은 어느 정도 견디며 통과해야 한다. 잊어버리려고 일부러 충동적으로 일을 벌이거나 새로운 사람을 성급히 만나거나 그도 저도 아니면 술 같은 물질에 중독되면 일이 더 번거롭고 힘들어진다. 홀로 자신의 고통을 직시해야 한다. 그래야 잘린 손에서 새 손이 나듯이 상처 입은 영혼에서 새로운 힘이 솟아난다.

화해하라,
그리고 사랑하라

분석심리학자들은 아버지의 딸들은 두 명의 아버지를 가지고 있다고 말한다. 한 명은 현실의 아버지이고, 다른 한 명은 내면의 아버지다. 현실의 아버지는 딸과 함께 하다가 나이가 들고 어느 날 세상을 떠난다. 그러나 내면의 아버지는 항상 존재하고 항상 딸에게 기대하고 판단한다. "나를 실망시키지 마라, 나를 창피하게 하지 마라, 내가 널 자랑스럽게 여기게끔 해라, 착한 딸이 되거라"라고 말한다.

내면의 아버지에게 관심을 받기 위해 아버지의 딸들은 계속 아버지가 쳐놓은 그물에 머물러 있게 된다. 딸들은 자신과 아버지를 묶어놓고 있는 기대와 투영으로 잘 짜인 거미줄에 사로잡히게 된다는 것이 분석심리학자 머독의 설명이다. 딸

이 커가면서 자기 직업을 갖고 이성 혹은 배우자를 만나고 자식을 낳아가면서 아버지로부터 독립했다고 생각하지만 무의식은 아버지의 그늘에서 벗어날 수 없는 경우가 많다. 어쩌면 탯줄처럼 묶여져 있는 관계는 의식적으로 이런 영향을 인정하고 묵도해야 풀린다.

심지어 어떤 딸은 하는 일마다 아버지가 어떻게 생각할까, 아버지가 인정을 해주실까 노심초사하기도 한다. 이런 딸들은 살면서 불가능한 것을 갈망한다. 삶의 모든 영역에서 아버지의 무조건적인 사랑, 존중, 지지, 인정을 받으려고 안간힘을 쓴다. 남자친구, 결혼해서는 남편, 자녀, 일, 친구관계 등에서 인정과 무조건적인 사랑을 추구한다. 이처럼 밑바닥에 흐르는 아버지와의 애착은 에너지를 고갈시키고, 어린아이와 같은 마음으로 아버지 혹은 아버지를 대체하는 그 무엇으로부터 끊임없이 인정을 갈망하게 된다.

인정받기를 갈망하는 딸들

30대의 채영 씨는 주기적으로 우울하고 불안한 증상을 보였다. 그 이유를 물으니 지금까지 열심히 살아왔는데 가족에게도 직장에서도 인정을 받고 있지 못하다는 것이었다. 주변 사람에게 잘한다는 이야기를 듣지 못하면 어떻게 될 것 같냐고 묻자 "내 인생이 너무 허무하고 불쌍해서 살 수 없을 것 같아요"라고 말했다. 채영 씨의 아버지는 말끝마다 "저렇게 신통찮아 나중에 시집이라도 갈지 모르겠네"라며 어린 채영 씨에게 불만을 표현하였다. 채영 씨는 아버지 맘에 들려고 열심히 노력하였으나 아버지는 늘 못마땅한 표정으로 자신을 바라봤다고 했다. 언제부터인가 아버지가 근처에 있으면 자꾸 눈치를 보게 되었고 더 잘하려고 애를 쓰지만 그럴수록 불안하고 긴장해서 실수를 연발하곤 했다. 그때마다 아버지의 잔소리는 더 심해졌다. 설상가상으로 재능이 많았던 언니가 교통사고로 사망하면서 아버지의 시름은 더 깊어갔고 가끔씩 채영 씨를 보면서 "신도 너무하시지. 저런 멍청한 것은 안 데려가고 그렇게 똘똘한 애를 데리고 가시다니" 하면서 혀를 끌끌 찼다.

우리의 밑바닥에는 누구에게든 차별받지 않고 공평한 대우를 받고 싶은 마음이 있다. 공평함에 대한 욕구는 이렇게 어린 시절 가정에서부터 충족되거나 좌절된다. 공평함과 인정 욕구가 충분히 충족된 사람은 주변 사람의 인정에 과도하게 목을 매지 않는다. 주변의 평가나 인정보다는 그냥 내적 동기에 의해 묵묵히 자기 일을 한다. 하지만 채영 씨처럼 좀처럼 인정을 받지 못하고 폄하되었던 딸은 과거에 부모에게 인정받지 못했던 억울함, 속상함이 남자친구, 직장동료와 상사, 남편과의 관계에서 이중 삼중으로 드러난다.

어려서 아버지에게 인정을 받지 못했던 딸들은 살면서 인생의 어느 순간에 주변 사람에게 과도하게 인정을 호소하는 경향이 있다. 연애를 하면서 드러나지 않았던 많은 상처가 드러나기도 한다. 연애는 부모와의 관계를 빼고는 가장 밀도 있고 애착적인 관계를 경험하게 한다. 이 애착적인 관계에서 과거 부모에게 받지 못했던 것이 의식, 무의식적으로 표현된다. 피상적인 대인관계에서는 상처가 드러나지 않지만 연애를 시작하면서 과거에 받았던 거절감, 외로움, 소유욕, 감정 조절의 어려움 등 자신도 알지 못했던 감정이 하나 하나 드러나면서 관계를 힘들게 하는 경우가 허다하다. 사랑하는 사람이 떠날까 봐 불안해하고, 자꾸 자신을 과장하려고 하고, 하고 싶은 말도 하지 못하고, 요구하면 싫어할 것 같아 그냥 순응하며 따라가지만 마음에는 불만이 가득하다. 다행히 결혼 이후 남편이 버림 받는 것에 대한 불안과 인정 욕구로 힘들어하는 부인을 절대로 떠나지 않겠다고 믿음을 주면 오랜 상처에서 회복하기도 한다.

"미안하다"는 그 한마디

2012년 드라마 〈내 딸 서영이〉의 주인공 서영은 집안의 가장 노릇은 팽개친 채 도박에 빠진 아버지 탓에 힘든 시절을 보내며 성장한다. 어머니가 위독하다는 기별에도 경마에만 빠져 있던 아버지를 용서할 수 없었던 딸은 아버지를 증오하며 살아가지만 우여곡절 끝에 아버지의 삶을 이해하고 화해한다. 애증의 부녀관계를 전환시킨 계기가 된 것은 바로 아버지의 "미안하다"는 말이었다.

아버지에게 상처를 받은 딸들에게 아버지와의 관계를 회복시켜준 사건에 대해 질문하면 서영이처럼 아버지의 '미안하다'는 한마디라고 말하는 딸이 많다. 은정 씨 역시 아버지가 어려서 가족을 돌보지 않고 도박에 빠지고 딴 살림을 차린 것에 대해 증오심이 많았다. 등록금을 부탁하고자 아버지 집을 찾아갔지만 아버지와 아버지의 새 여자에게 맞고 온 날부터 은정 씨는 아버지라면 떠올리고 싶지 않을 정도로 미움이 많았다. 그러다가 아버지가 집으로 돌아와 엄마랑 같이 사는 것을 보고 과거 일은 지나간 일이고 성인이 된 마당에 아버지를 이해하자고 마음먹었다. 그도 그럴 수밖에 없는 것이 아버지로 인해 가장 많은 피해를 본 사람은 어머니인데, 어머니가 이해하고 사신다면 딸인 자신이 아버지를 미워할 이유는 없다고 생각했기 때문이다. 그런데 아버지와 이야기를 하면서 자신이 아직도 아버지를 많이 미워하고 있고, 아버지 앞에서는 여전히 두려워하는 아이로 살아가고 있다는 것을 알게 되었다. 그런 딸에게 아버지는 딱 한마디를 하셨다고 했다. "'그동안 미안했다'라고 말씀하시는데, 힘들고 아팠던 많은 시간과 그 시간 동안 아버지를 용서하지 못한 많은 부분이 눈 녹듯이 녹아버렸어요. 그날 이후 저는 아버지를 용서하고, 더 사랑하게 되었습니다." 드라마에 나오는 서영이나 은정 씨처럼 아버지에게 직접 "미안하다"라고 듣는 경우에는 그래도 관계 회복이 수월하다.

그러나 아버지를 대체할 만한 좋은 남자친구나 남편을 만나지도 못했고, 아버지에게 직접 미안하다는 말을 듣지 못한 많은 딸은 어떻게 해야 할까? 이런 딸들은 아버지와 화해하고 세상과 화해하기 위해 조금 더 먼 길을 가야 한다. 그런 과정에서 맞닥뜨리게 되는 것은 오랜 상처와 깊은 아픔이다. 그 상처와 아픔을 오롯이 자기 것으로 끌어안을 때 화해의 시간이 가까이 다가온다. 이들에게 가장 중요한 것은 아버지와의 관계에서 받았던 상처를 의식화하고 인식하는 것이다. 많은 경우 아버지가 자신에게 그렇게 큰 영향을 미쳤는지 인식하지 못한다. 막연하게 아버지 때문이라고 생각은 해도 이렇게 세상과 불화하고 힘들게 살아온 중심에 아버지와 관계에서 생긴 풀리지 않는 감정 덩어리가 뭉쳐 있는지 알지 못했다고 고백한다. "아버지가 이렇게 내 삶에 부정적인 영향을 미치는지 몰랐어요, 그

냥 막연히 어린 시절 제대로 보살핌을 받지 못해서 그런가 하고 생각했었
거든요. 그러나 아버지의 영향을 알게 되니 그동안 왜 그렇게 힘들었는지
이해가 되고, 이해가 되니 이제부터 어떻게 살아야 할지 뭔가 희망이 보이
는 것 같아요"라고 이야기한다.

아버지를 떠나 가정을 이룬 많은 딸들은 이제 어머니로 살아가고 있는
데, 특별히 아이에게 훈육이라는 이름으로 자기가 예전에 받았던 상처를 고
스란히 뱉어내는 사람도 있다. 이들은 자기가 받았던 상처를 주지 않으려고
노력하지만 어느 지점에서 자꾸 넘어지고 고꾸라지는 경험을 반복한다. 가
정이라는 곳이, 가족이라는 이름이 따뜻하고 안전한 곳이 되길 바라며 아이
들을 키우고 싶지만 자기도 모르게 예전에 받았던 상처를 자신의 아이에게
되풀이하는 모습을 보면서 많은 딸들은 깨닫는다. 상처의 뿌리가 너무나도
깊어 그 뿌리를 보듬어주지 않으면 그 상처를 대물림할 수도 있다는 것을.

화해하고 다시 사랑 안에서 만나고

아버지의 딸들, 딸들의 아버지가 화해하고 다시 사랑 안에서 만나고 연
결된다면 세대 간 화해가 일어나고 관계가 치유되는 체험을 하게 된다. 성
인이 된 딸에게 아버지와 딸의 관계는 단순히 이자관계에 머물지 않고 주
변의 많은 사람과의 다자관계에 영향을 미친다. 아버지와 화해하지 못하
면 주변인과 불화를 겪을 수밖에 없다. 그래서 아버지와의 화해는 꼭 필
요한데, 현실의 아버지가 살아 있지 않다면 내면의 아버지와 화해하는 것
도 한 방법이다.

내면의 아버지란 딸의 마음속에 내재화된 아버지상을 말한다. 이 아버지상은 끊임없이 딸에게 말을 건다. 그래서 딸은 자기 목소리를 잃어버리고 아버지가 심어준 내면의 목소리inner voice에 길들여진다. 어떤 일을 성취하면 '아버지가 과연 기뻐하실까' 하고 내면의 아버지를 끊임없이 의식하게 되고 어떤 일을 실패하면 '너는 내 딸이 아니다, 너는 부끄러운 존재다'라는 내면의 아버지 목소리에 사로잡히기도 한다. 내면의 아버지는 물론 부정적인 것만은 아니다. 어떤 딸은 아버지가 심어준 가치관이나 삶의 철학을 내재화하여 위기 상황에서도 굳세게 버틸 힘을 얻기도 한다. 그러나 어떤 딸들의 마음속에 있는 내면의 아버지는 부정적인 목소리를 띠고 있다. 그래서 딸이 자기 목소리를 찾으려면 내면의 아버지에게 묶여 있는 실타래를 풀어야 하는데, 이를 위해서는 딸의 머릿속에 들어 있는 아버지의 목소리와 자신의 목소리를 구별해내어야 한다. '너는 어쩌면 그렇게 바보 같냐' '어디 여자가' '저렇게 제대로 하는 게 없어서 시집이나 갈 수 있을는지' 등 평소 아버지가 했던 말은 그대로 딸의 마음속에 깊이 새겨져 딸 자신을 평가하는 내면의 목소리가 된다. 그 목소리가 무엇이었는지 그리고 어디에서 비롯되었는지 잘 관찰해보면 아버지가 심어준 내면의 목소리에 따라 살기 위해 얼마나 애써왔는지, 그리고 그 과정이 얼마나 힘들었는지 알아차리게 된다. 그리고 더 이상 아버지 목소리를 따르기 위해 에너지를 소진하기보다는 자신이 진정 원하는 것, 자기 내면의 고유한 열정이나 울림을 따라야겠다는 다짐과 용기가 생기기도 한다. 이렇게 되면 더 이상 아버지가 심어준 내면의 목소리가 자신을 이래라 저래라 통제하지 못한다. 또한 이 과정을 거치면서 인간으로서의 한계와 감정을 존중하는 부드러운 목소리를 가진 내면의 아버지를 스스로 키워나갈 수 있다.

　아버지가 살아계신다면 현실의 아버지와도 화해하고 자신에 대해서도 관대해질 수 있는 계기를 만들 수 있다. 그러나 현실의 아버지가 세상을 떴다면 내면의 아버지와 좀 더 유연한 관계를 맺을 필요가 있다. 아버지가 어린 시절 심어주었던 내면의 목소리를 절대적으로 신봉할 필요가 없어졌다. 왜냐하면 이제는 어린아이가 아니고 스스로의 삶을 결정하고 선택할 수 있는 다 자란 딸이 되었기 때문이다. 내면 아버지와 화해를 하게 되면 현실의 아버지와 맺었던 감정적인 힘겨루기가 사라지고 아버지의 긍정적인 부분과 부정적인 부분 모두를 수용하면서 내면의 아버지에 대해서도 좀 더 부드러운 태도를 가질 수도 있다.

　한편 아버지와 관계가 너무 긍정적이었던 딸도 아버지와 관계 회복이 필요하다. 그들은 아버지를 지나치게 이상화시켜 세상의 남자들과 실제적인 관계를 잘 맺지 못하고 자신의 내적인 힘을 개발하지 못한다. 이들이 한 개인으로 강해지기 위해서는 아버지도 평범한 한 인간이라는 사실을 받아들여야 한다.

용서하는
힘

아버지의 "미안하다"는 말 한마디에 수십 년간 묵혀놨던
감정의 덩어리가 봄볕을 받아 해빙되는 겨울눈처럼 한순간에
사그라드는 경우는 다행인 셈이다. 어떤 아버지의 딸은 아버
지에게 그런 말을 들을 기회도 없고 마음의 눈이 녹을 순간을
경험하지 못한다. 언젠가 사석에서 이야기를 나누었던 한 작
가는 "예전에는 글이 거칠었는데 평생 미워했던 아버지를 용
서하고 마음속으로 화해하고 나니 글이 많이 부드러워졌다는
이야기를 들어요"라는 말을 들려주었다. 상담실에서 혹은 지
금까지 만나온 많은 여성들을 살펴보면 어떤 딸은 아버지의
사랑을 받으며 사랑스럽게 변해가고 어떤 딸은 아버지를 미
워하며 그 에너지를 주변 세상에 투영하면서 세상과 전투를

벌일 기세로 살고 있었다. 그래서 아버지를 증오하면서 세상과 멀어진 딸들이 아버지와 화해하여 세상과 그리고 자기 자신과 화해를 하는 것이 매우 중요한 발달과제라는 생각을 한다.

많은 딸들이 아버지가 했거나 하지 않았던 일에 대해 너무나 갇혀 있다. 아버지라면 당연히 그랬어야 하지만 제대로 보호해주지 않은 아버지, 신체적으로나 정서적으로 학대를 했던 아버지의 잘못에 대해 몇 십 년간 곱씹으며 원망감을 품고 있기도 하고, 그런 마음의 족쇄를 벗어던지고 싶지만 방법을 모르거나 습관적인 패턴에 갇혀 있기도 한다. 계속해서 화가 쌓이다 보면 상처가 딱지가 되고 이 상처 딱지는 불쑥불쑥 살을 헤집고 올라오기도 한다. 그래서 심리적 에너지가 소비되고 있다면 원망감과 증오감을 보살펴야 한다. 이런 감정이 지속되다 보면 혈압이 오르고 위궤양, 과민성 대장염, 심지어 관절염도 생긴다. 아버지와의 문제를 다른 사람들에게 투사하다 보니 대인관계도 좋지 못하다. 의심하고 과도하게 예민하고 늘 뿌루퉁하고 부정적이다.

아버지를 내려놓는 용서의식

과거의 상처는 어떤 식으로든 치유되어야 한다. 바꿀 수도 없고 잊을 수도 없는 상처를 치유하는 손쉬우면서도 어려운, 유일한 길은 용서다. 용서를 연구한 루이스 스미디스Lewis B. Smedes 박사에 따르면 용서는 '고통스러운 기억을 감사의 기억으로, 비겁한 기억을 용감한 기억으로, 노예로 만들었던 기억을 자유로운 기억'으로 바꾸어준다고 말한다. 무엇보다 용서는 과거에 대한 우리의 환영이 부서져버린 후 미래를 향한 소망을 탄생시킨다.

아버지에게 상처받은 딸들은 "아버지가 자기가 한 일을 모두 인정하고 용서를 빌었으면 좋겠어요"라고 말한다. 다행스럽게 아버지와 이야기를 나누면서 혹은 아버지 스스로 딸에게 한 행동이 너무나 잘못되었다고 판단해서 먼저 용서를 청할 수도 있지만 그렇지 않은 경우도 많다. 아버지가 노인이 되어버렸거나 이미 이 세상 사람이 아니라면 용서를 얻는 것이 쉽지 않다. 수년 동안 정서적으로 그리고 신체적으로 학대를 경험하였을 경우에 용서는 더더욱 어렵다. 그러나 용서는 과정이다. 당장 용서할 마음이 없는데 용서를 억지로 강요할 수는 없다.

현재 아버지를 용서하지 않고 화해하지 않고 있다면 자신의 삶이 어떻게 될 것인지를 적어보거나 말로 표현해보자. 그러면 아버지와 상관없이 삶을 위해서는 뚜벅뚜벅 걸어가야 하고 그 과정에서 반드시 아버지에 대한 분노나 원망감을 내려놓아야 한다는 사실을 직면하게 된다. 그다음에는 아버지가 왜 필요한 시기에 옆에 없었는지, 아버지가 왜 자신에게 그렇게 대했는지 알 수도, 알 필요도 없고 그저 아버지를 놓아드리는 의식이 필요하다. "살아오면서 아버지에 대해서 그리고 세상 사람들에 대해서 느꼈던 분노와 원망을 내려놓는다"는 확언을 스스로 해보는 것도 도움이 된다. 단 몇 줄 혹은 몇 장에 걸쳐 글을 쓸 수도 있다. "○○○에 대해 이젠 아버지를 용서하고 내려놓습니다"는 글을 쓰고 난 뒤 빈 의자 위에 아버지를 상상의 눈으로 앉게 한 다음 글을 읽어보는 것이다.

아버지를 용서하지 못해서 늘 원망감에 차 있고 세상을 투쟁하듯이 사는 딸들은 용서의식을 치르면 마치 줄다리기를 하다가 한쪽이 턱하고 내려놓으면 게임이 끝나듯이 끈질기게 영혼을 갉아먹고 괴롭히던 아버지와의 문제가 비로소 해결되는 느낌을 받는다. 용서 연구자인 스미디스는 용서와 화해의 차이에 대해 다음과 같이 설명한다.

용서하려면 한 사람이 필요하고
화해를 하려면 두 사람이 필요하다.
용서는 상처 입은 사람의 마음속에서 일어나지만
화해는 관계 속에서 일어난다.
우리는 잘못을 했다고 결코 말하지 않는 사람도 용서할 수 있다.
그러나 잘못했었다고 진심으로 말하지 않는 사람과는 진정한 화해를 할 수는 없다.
용서는 조건이 필요 없지만 화해는 몇 가지 조건을 단다.
먼저 자기 용서가 기본이다.

아버지와의 화해가 주는 자유

아버지가 과거에 자신에게 해주지 못한 것, 잘못한 일로 인해 여전히 고통에 빠져 있는 사람들이 원하는 것은 과거의 고통이 현재의 삶과 행복을 방해하지 않는 것이다. 이를 위해서는 스스로를 용서하는 것도 필요하다. '아버지 때문에 고통받는 내가 왜 나를 용서해야 하는 걸까?'라고 생각하는 사람도 있겠지만, 충분히 좋은 양육을 받지 못한 사람은 몇 가지 이유로 자신을 비난하고 자책하기도 한다. 그 이유에는 우선 아버지가 자신을 대하던 방식으로 자신을 대하는 것이 포함된다. 학대를 받거나 좋은 대접을 받지 못한 딸은 스스로에게도 좋은 대접을 해주지 못하고 스스로를 무가치하게 여긴다. 아버지를 싫어하고 심지어 경멸하였던 성향이 자기에게도 나타나는 것이다. 예컨대, 아버지에게서 폭력을 경험한 딸은 아이를 양육하면서 아이들을 학대하기도 한다. 심지어 자기학대를 일삼으면서 자신을 함부로 대하기도 한다. 그래서 아버지 용서와 자기 용서가 같이 일어나야 진정으로 치유의 길이 열린다.

아버지를 용서하고 자기를 용서하고 더 나아가 아버지 그리고 자신과 화해하면 세상을 향한 삐딱한 시선도 바뀌고 자유로워진다. 그 열쇠는 딸에게 있다. 세상에 대해, 주변 사람에 대해, 자신에 대해 이유 없이 화가 나고 만사가 불만스럽다면, 그리고 그런 행동을 하게 만드는 중심에 아버지가 있다면 아버지를 용서하고 자신을 용서하고 아버지와 진정한 화해를 하기 위한 발을 내딛어야 한다. 스스로 하는 것이 어렵다면 상담과 같은 전문적인 도움을 받는 것도 필요하다.

아버지를 용서하는 법

타인을 용서하는 것이 매우 어렵게 느껴질 때는 그 사람의 인간됨과 그 사람의 행동을 분리해서 생각하도록 노력하자. 그 사람의 행동은 받아들일 수 없을지라도 그 사람을 용서할 수는 있다. 용서를 배우는 것은 필연적으로 분노와 원한에서 벗어나기 위한 것이다.

상처를 준 아버지와 직접 만나서 대화를 나누는 것이 어렵다면 편지를 써보는 것도 한 방법이다. 그 편지는 부칠 것이 아니기 때문에 분노감을 충분히 표현해도 좋다. 이 시점에서 느끼는 분노는 반드시 합리적일 필요는 없다. 분노는 타인에게 자신을 분리시키는 독약이다. 이 과정에서는 과거에 이미 일어난 일을 바꿀 수 없다는 것을 인정하고 수용하는 것이 중요하다. 또한 분노와 원한에 매달리는 것은 건강한 애정관계와는 상반되는 부정적 사이클에 스스로를 가두는 것임을 인정해야 한다.

오래된 분노를 내려놓음으로써 새롭고 좋은 감정으로 다시 채울 수 있는 내적 공간을 만드는 것이 중요하다. 일어난 일은 이미 일어난 일이다. 수용이란 어떤 사람이나 그 사람의 행동을 좋아해야 한다는 것을 의미하는 게 아니다. 수용이란 적극적으로 받아들이는 것이다. 적극적으로 과거 일을 받아들이고 나면 과거에서 벗어나서 변화할 수 있는 길이 열린다.

자기만의 방을
찾아서

미국의 심리학자인 매슬로우Abraham Maslow의 욕구 위계설을 보면 가장 아래 단계에 있는 것이 생리적인 욕구와 안전의 욕구다. 생리적인 욕구가 충족되면 자기 몸을 보호하고 안전감을 느낄 수 있는 공간에 대한 욕구가 필요해진다. 사람들은 안전감을 주는 공간에서 안식을 느낀다. 단순히 신체적인 위협이나 손상을 막기 위한 방어적인 차원뿐만 아니라 심리적으로 안정감을 확보하게 되며 타인과 경계가 지워지기도 한다.

아이들이 어느 정도 자라 초등학생 정도가 되면 대개는 부모와 방을 같이 쓰려고 하지 않는다. 간혹 부모가 아이를 너무 애지중지 여기면서 중학생이 될 때까지도 데리고 자는 경우도 있지만 대개 아이들이 사춘기가 되면 자기만의 방을 갖

고 싶어 한다. 방이란 물리적 공간도 되지만 심리적 공간의 의미도 포함된다. 스스로의 정체감이 확립되는 시기에 자기만의 물리적 공간을 갖는다는 것은 자기만의 심리적 정체성이 시작되는 시발점이 되기도 한다. 나도 맨 처음 내 방을 가졌을 때 기쁨은 이루 말할 수 없었다. 드디어 내 방에서 나만의 세계를 꿈꿀 수 있다는 것과 더불어 누가 볼까 봐 비망록에 자물쇠를 채우지 않아도 될 것 같다는 안도감, 편안함, 독립감이 밀려왔던 기억이 난다. 아무한테도 방해받지 않는 느낌은 나만의 개체의식을 갖게 해주는 경험이다. 이처럼 방이라는 물리적 공간에는 심리적 의미가 들어 있다.

세상 어떤 것도 부럽지 않은 자기만의 방

미연 씨는 가난한 집안 탓에 고등학교를 졸업할 때까지 단칸방에서 아버지 어머니, 형제자매들, 6명이 함께 살았던 기억이 있다. 한창 예민한 사춘기를 보냈던 미연 씨는 식구들이 잠이 들면 방 한쪽 구석에서 스탠드를 켜놓고 문학소녀답게 시나 소설 구절을 베껴 적기도 하고 자물쇠가 달린 비밀 일기장에 글을 적기도 했었다. 그 시절 미연 씨가 가장 절실했던 것은 아무도 자기 물건을 건드리지 못할 자기만의 공간이었다. 고등학교를 졸업하고 취업을 한 뒤 20대가 되어 집을 떠나 월세방을 옮겨다니면서도 자기만의 조그만 공간이 있다는 사실에 안도했다. 그러나 결혼을 하고 갑자기 남편이 실직하면서 30대에 아이 두 명과 시어머니를 모시고 반지하 단칸방에 살게 되었을 때 어린 시절의 기억이 되살아나면서 집에만 들어가면 숨이 막히고 질식할 것 같은 증상이 생겼다. 병원에 가봤지만 특이

한 이상은 발견되지 않았고 결국 정신과 상담을 받아보라는 의사의 소견을 들었다. 미연 씨의 답답함, 질식할 것 같은 느낌은 다분히 심인성, 즉 심리적 요인이 원인이 되어서 나타나는 증상이다. 시어머니까지 같이 방을 써야 하는 현실은 사적 공간에서 안전감과 편안함을 누리고 싶은 기본 욕구가 침해당하는 상황이니 무의식적인 갈등이 신체 증상으로 표출된 것이다.

자기 방을 갖고 싶은 여성의 심정을 너무나 잘 대변하고 있는 책이 바로 버지니아 울프Virginia Woolf가 쓴 《자기만의 방》이다. 자기만의 방은 '여성과 픽션'이라는 주제로 강연을 하게 된 주인공이 '자기만의 방'을 화두로 꺼내면서 이야기가 시작된다. 여성이 글을 쓰려면 자기만의 방과 돈, 즉 경제적 여유가 있어야 한다는 설명도 따라붙었다. 그러면서 셰익스피어에게 능력이 있는 여동생이 있었다면 그 여동생도 셰익스피어만큼 글을 쓰고 유명해질 수 있었을까 하고 반문한다. 아무리 능력이 뛰어나고, 그 능력을 발휘하고 싶어도 셰익스피어가 살았을 그 당시는 여자가 글을 쓰도록 내버려 두지 않았을 것이라고 말하면서 버지니아 울프는 자기만의 방과 돈을 강조하였다. 버지니아 울프가 말한 자기만의 방과 돈, 이는 글을 쓸 수 있는 독립적인 공간과 독자적인 수입을 뜻한다. 버지니아 울프가 살던 1930년대 대부분의 여성은 능력이 있어도 발휘하지 못하고 아버지나 남편에게 종속된 삶을 살 수밖에 없었다. 자기 방과 돈을 소유한 여성은 극소수에 불과했다. 버지니아 울프가 살았을 당시 여성은 경제 활동이나 지적 활동 앞에서 철저히 소외되고 무시당했다. 그럼에도 불구하고 버지니아 울프는 글을 쓸 때는 "분노를 마음에 품지 마라, 여성성과 남성성이 조화를 이뤄야 한다, 다른 사람의 비평과 찬사에 휘둘리지 말고 자신이 쓰고 싶은 내용을 써라,

무엇보다 진실해라"라고 그 시대의 여성들을 독려했다.

21세기를 살고 있지만 20세기 초에 버지니아 울프가 주장했던 이런 말은 공허한 울림이 아니다. 똑똑한 여성이 많이 배출되어 사회적으로 높은 위치에 올라가는 시대이기는 하지만 여전히 사회적 · 경제적으로 평균 이하의 삶을 살아가는 여성도 많다. 재능이 있어도 그 재능을 전적으로 아이와 남편에게만 쏟느라 썩히기도 하고 재능을 개발할 엄두를 내지 못하는 여성도 있다.

20대, 30대에는 주로 지적 활동이나 직업을 위한 나만의 공간이 필요했다면 40대, 50대가 넘어가면 스스로의 개성과 품위를 유지할 정도의 자기 방과 돈이 필요하다. 경제적으로 어려운 상황에 처해 있는 사람은 이런 것이 사치스럽게 느껴질 수 있다. 그러나 물리적 공간을 확보하는 것은 심리적 공간과 지평을 넓히는 데도 도움이 된다. 시끌벅적한 시장통에서도 삶의 활력을 찾을 수 있지만 가끔씩 자기만의 공간, 자기만의 방에서 내밀한 사색을 통해 생각의 지평을 넓힐 수도 있고 안식을 구할 수 있다. 그래서 마음이 아픈 여성을 대상으로 집단상담을 할 때마다 강조한다. 자기만의 사적 공간을 가지고 자기의 욕구와 꿈을 보듬으라고. 그 꿈이 꼭 거창할 필요는 없고 '살아 있다는 느낌'을 줄 수 있는 어떤 일도 상관없다고. 그리고 그 일을 통해 경제적인 가치를 창출할 수 있다면 더욱 좋겠다고. 두 딸에게도 항상 말한다. 시대가 많이 바뀌어 여자라고 못할 일은 없으니 하고 싶은 일을 마음껏 해보라고. 아무리 능력 있고 괜찮은 남자를 만나더라도 '너만의 방'과 '경제적 독립'을 스스로 이루어낼 수 있어야 한다고.

버지니아 울프 이야기로 다시 돌아가면 버지니아 자신이 의지, 지적 능력, 확고한 내면세계를 갖추었기에 자신의 작품에서 이렇게 당당하게 주장할 수 있었을 것이다. '자기만의 방'은 심리학적으로는 여성의 주체성과 독립성을 의미하기도 한다. 만일 스스로 "나는 여자여서 안 돼" "나는 몸이 약해서" "나는 능력 없는 부모를 두어서" 등 자기장애화self-handicapping나 자기연민에 빠져 있으면 영원히 자기만의 방을 가지기 어렵다. 여성이라는 불리한 조건에도 스스로 이를 극복하려는 의지는 자기변명이나 합리화를 하지 않는 태도와 자기 주체성을 확립하려는 확고한 의지에서 나온다.

현재 경제적으로 능력 있고 여유 있는 남자친구, 남편이 있다 하더라도 나중에 어떻게 될지는 아무도 알 수 없다. 여성 스스로 생기 넘치고 섬세하고, 지성적이면서도 차갑지 않고, 부드러우면서도 강한 내면을 가진다면 자기만의 방을 통해 자기에게 주어진 생을 조금 더 풍요롭고 생동감 있게 보낼 수 있을 것이다. '자기만의 방'은 물리적으로 크고 거창하지 않아도 좋다. 자기만의 방은 지금 살고 있는 집안에서 가장 편안한 어떤 공간일 수도 있고 작지만 생산적이고 창조적인 뭔가를 할 수 있는 소박한 공간이어도 좋다. 그 공간 안에 있으면 세상 어떤 것도 부럽지 않고 충만감을 느끼면서 뭔가에 몰입할 수 있다면 자기만의 방으로서 손색이 없을 것이다.

자기만의 방은 일하고 단순히 돈을 버는 공간만은 아니다. 자기 욕구를 돌보는 공간이기도 하다. 어떤 아버지 딸들은 자기 욕구보다는 자기에게 중요한 타인의 욕구가 더 중요하다. 그러나 자기만의 방에서 자기 욕구를 알아채고 돌보는 것은 아버지 딸들이 주변의 중요한 사람들과 건강한 관계를 맺을 수 있는 토대가 된다.

자기 집의 진짜 주인이 되어야

아버지의 특별한 영향을 받은 딸들은 엄마를 부인하는 과정에서 여성적 본성에 깊은 상처를 입는다고 하였다. 그래서 상실했던 여성성과 재연결하고 의식세계에서 재탄생하고, 자신만의 진정한 내면의 힘을 발견해야 하는 과제에 직면하게 된다. 여성성과 연결되려면 말할 것도 없이 엄마 역할이 중요하다.

요즘의 아버지의 딸들은 예전의 우리 어머니들과 달리 분명하게 자기일을 해내는 어머니를 두고 있는 경우가 많다. 이런 어머니를 통해 힘과 관계의 면에서 균형을 이루는 역할 모델을 배운다. 사회적으로 성취를 하거나 능력을 인정받은 여성들을 대상으로 어머니가 미친 영향을 살펴본 한 연구에 따르면 이들의 어머니 역시 집안에서 아버지와 비슷한 힘을 갖고 공동체 활동에 적극적인 사람들이었다. 이런 어머니들은 딸에게 여성스러운 성품도 중요하지만 도전적인 성품을 기르도록 도와준다. 또한 과거에는 여성의 능력을 위협적으로 받아들이는 남성이 많았으나 요즘은 여성의 재능과 창의력을 이해해주고 부담스러워하지 않으며 심지어 열정적으로 지지해주고 지원해주는 남성도 많다. 예전에는 일과 가정 중 하나를 선택해야 하거나 두 가지 모두 잘하려고 하다가 어느 하나도 제대로 하지 못하는 여성이 많았지만 요즘은 남자친구 혹은 남편의 도움을 받아 프로이트가 강조한 일과 사랑 또는 일과 가정을 양립하는 것이 수월해졌다. 그래서 더 이상 아버지의 딸들은 예전의 성취 지향적인 여성처럼 가정을 희생하고 여전사가 되어 남성과 똑같이 되려고 지나치게 애를 쓸 필요가 없고 자기 힘과 내적 권위를 잘 사용하면서 일과 가정의 균형을 이루는 방법을 점점 더 지혜롭게 터득하고 있다.

버지니아 울프가 걱정했던 것과 달리 요즘 여성들은 내적, 외적 파워가 매우 강해졌다. 그래서인지 자기밖에 모르는 자의식 과잉상태에 빠진 여성들도 있고 한편으로는 아버지, 남자친구, 남편의 인정과 사랑에만 눈이 멀어 자기 고유의 정체성과 자의식을 갖지 못하는 여성들도 있다. 자유롭고 자주적인 동시에 관계적 자아를 추구하면서 자신의 삶을 스스로 통제할 수 있을 때 아버지의 딸은 진짜 '자기 집의 주인'이 될 수 있음을 기억해야 한다.

아버지의 딸

ⓒ 이우경 2015

초판 1쇄 발행 2015년 5월 26일
초판 2쇄 발행 2015년 10월 5일

지은이 | 이우경
펴낸이 | 이기섭
편집인 | 김수영
기획편집 | 오혜영 이미아
마케팅 | 조재성 정윤성 한성진 정영은 박신영
경영지원 | 김미란 장혜정

펴낸곳 | 한겨레출판(주) www.hanibook.co.kr
등록 | 2006년 1월 4일 제313-2006-00003호
주소 | 서울시 마포구 효창목길 6, 4(공덕동)
전화 | 02) 6383-1602~3 **팩스** | 02) 6383-1610
대표메일 | happylife@hanibook.co.kr

ISBN 978-89-8431-907-3 03180